WLADISLAW JACHTCHENKO

Manipuliere dich glücklich!

GOLDMANN

Buch

Rhetorikprofi Wladislaw Jachtchenko beherrscht die Kunst, andere zu überzeugen. Aber auch sich selbst kann man erfolgreich in die gewünschte Richtung lenken. Mit psychologischen Tricks können wir uns selbst zu mehr Glück und Zufriedenheit manipulieren. Wladislaw Jachtchenko erklärt in seinem neuen Buch 16 Techniken, die wir selber ausprobieren und zu einem individuellen Glückssystem kombinieren können. Sie basieren auf wissenschaftlichen Studien der letzten 40 Jahre, die der Autor leicht verständlich nahebringt. Seine überzeugende Botschaft: Glück ist machbar!

Autor

Wladislaw Jachtchenko hat Politikwissenschaft, Jura, Geschichte sowie Literaturwissenschaft in München und New York studiert. Nach seiner Tätigkeit als Jurist in einer Münchener Kanzlei und als wissenschaftlicher Mitarbeiter bei den Vereinten Nationen in New York folgte er dem Ruf seiner Leidenschaft und arbeitet seit 2007 als Rhetoriktrainer, Speaker und Coach. Er ist Gründer der Argumentorik-Akademie. Der Autor ist Top-10-Speaker auf internationalen Rhetorikturnieren und dreifacher TEDx-Redner.

Außerdem von Wladislaw Jachtchenko im Programm

Dunkle Rhetorik (22310)
Weiße Rhetorik (17872)

Wladislaw Jachtchenko

MANIPULIERE DICH GLÜCKLICH!

Psychologische Techniken für mehr Zufriedenheit

GOLDMANN

MIX
Papier aus verantwortungsvollen Quellen
FSC® C014496

Penguin Random House Verlagsgruppe FSC® N001967

1. Auflage
Originalausgabe August 2022

Umschlag: Uno Werbeagentur, München
Umschlagmotiv: © Xenia Kharmach
Redaktion: Andrea Kalbe
Satz: Satzwerk Huber, Germering
Druck und Bindung: GGP Media GmbH, Pößneck
Printed in Germany
CH · IH
ISBN 978-3-442-17936-7

Meinem kleinen Stückchen Glück gewidmet

Inhalt

Erste Dimension:
Die eigenen Gefühle manipulieren

Zweite Dimension: Das eigene Denken manipulieren

Dritte Dimension: Das eigene Verhalten manipulieren

Vierte Dimension: Den eigenen Glauben manipulieren

Vorwort: Das Glück als Fähigkeit

Wenn du das Glück begreifen willst,
musst du es als Lohn und nicht als
Ziel verstehen.

Aus Antoine de Saint-Exupéry:
Der kleine Prinz

Das Wichtigste zuerst: Zufriedenheit und Glücklichsein sind nicht nur innere Zustände, sondern erlernbare Fähigkeiten. So wie man sich Rhetorik, gesunde Ernährung, ein Instrument oder eine fremde Sprache anzueignen vermag, kann man auch die Fähigkeit erwerben, sich selbst glücklich und zufrieden zu machen. Die angenehmen inneren Zustände dürfen wir daher neu definieren: Sie sind keine fernen Ziele oder Zufallsprodukte, sondern der tägliche Lohn dafür, dass wir gekonnt an ihnen arbeiten. So wie der begehrte Waschbrettbauch das Ergebnis von gesunder Ernährung und regelmäßigem Sport ist, sind die innere Zufriedenheit und das Glücklichsein das Ergebnis gelungener und kluger Selbstmanipulation.

Die in diesem Buch vorgestellten psychologischen Techniken sind kein Glücksgeschwafel und basieren nicht auf vermeintlichen Erleuchtungserfahrungen des Autors. Stattdessen sind alle vorgestellten sechzehn Glückstechniken wissenschaftlich erforscht und mit zahlreichen Studien (siehe Anmerkungen ab S. 315) belegt. Die Spannweite der vorgestellten *Glücks-Software* ist übrigens riesig: Sie reicht vom richtigen Genuss der kleinen Dinge (Technik Nr. 1) bis zur Frage, wie man dem persönlichen Lebenssinn näher kommt (Technik Nr. 16), um dauerhaft zufriedener zu sein.

Eher ungeeignet ist das Buch für jene Leser, die das Glück gern romantisieren und damit unplanbar und unerklärbar machen wollen. Denn ich will im Folgenden das Glück entromantisieren und entzaubern. Das Buch bietet glasklare Anleitungen und viele Übungen, mit denen du das Glück als Fähigkeit trainieren und dich auch in schweren Zeiten zum Glücklichsein manipulieren kannst. Aber nun genug des Vorworts! Klären wir doch gleich in der Einleitung, warum es so schwer ist, zufrieden und glücklich zu sein.

Einleitung: Warum ist es so schwer, glücklich zu sein?

Der Geist ist eine Welt für sich, in der die Hölle zum Himmel und der Himmel zur Hölle werden kann.

John Milton

Ein weitgehend unbekanntes psychologisches Phänomen erschwert tagtäglich Milliarden von Menschen das Glücklichsein: die Negativitätsverzerrung (*negativity bias*[1]). Sie führt dazu, dass sich negative Gedanken und Gefühle auf unsere Psyche stärker auswirken als neutrale oder positive: Wir erinnern uns häufiger an verbale Attacken als an Komplimente; wir machen uns vor dem Einschlafen und beim Aufstehen mehr Sorgen, als dass wir Vorfreude empfinden; wir denken häufiger an Probleme und Konflikte als an Lösungen und glückliche Momente. Kurz: Der Mensch neigt von Natur zur Negativität.

Doch welchen Sinn hat diese Negativitätsverzerrung? Warum ist die Evolution so schlecht zu uns? Nun, es ist ganz einfach: Die Evolution möchte nicht unbedingt, dass du glücklich bist – sie möchte aber unbedingt, dass du überlebst. Ein zufriedener Homo sapiens ist gut, ein lebender Homo sapiens ist besser.

Evolutionär betrachtet macht die Negativitätsverzerrung unglaublich viel Sinn: Wenn der Mensch sich ständig um sein Überleben sorgt, ist es wahrscheinlicher, dass er überlebt: Wo habe ich zuletzt den Säbelzahntiger gesehen? Welche Beeren sind giftig? Wen aus meiner Gemeinschaft sollte ich lieber nicht noch einmal provozieren? Diese Fragen sind zwar unangenehm, erhöhen aber die Wahrscheinlichkeit, dass der Einzelne überlebt und seine Gene weitergibt. Würde ein Steinzeitmensch hochkonzentriert meditieren, in einem Flow-Zustand und losgelöst von der Realität singen oder malen oder trotz knackender Äste seine Morgenroutine ungerührt fortsetzen, wären seine Überlebenschancen deutlich geringer.

Obwohl sich unser Wissen und unsere Technologie heutzutage rasant weiterentwickeln, ist unsere Hardware (etwa unser Gehirn und unser Nervensystem) leider noch auf steinzeitlichem Level. Das ist die schlechte Nachricht. Doch die gute Nachricht ist: Vor allem unser Gehirn lässt sich wunderbar manipulieren! Die sogenannte Positive Psychologie, die seit den 1990er-Jahren vor allem in den USA eine breite Aufmerksamkeit findet, hat mittlerweile wichtige Erkenntnisse darüber hervorgebracht, was Menschen dauerhaft glücklich und zufrieden macht.

Die Idee dieses Buches ist, die vor Hunderttausenden Jahren in unserem Gehirn vorinstallierte alte Software (wie etwa besagte Negativitätsverzerrung) durch die neuen psychologischen Glückstechniken zu ersetzen. Die hier vorgestellte neue Glücks-Software hat ungewohnt klingende Namen wie *savoring, positive mental time travel, miswanting, flow oder time affluence*. Doch, liebe Leserin, lieber Leser, magst du mir die Anglizismen verzeihen, weil diese wissenschaftlich belegten Phänomene dich am Ende glücklicher machen werden.

Ist Selbstmanipulation nicht Selbstbetrug?

Jedes Mal, wenn ich mit einem Freund oder einer Bekannten den Titel und Inhalt meines Buches besprochen habe, kam derselbe Einwand: *»Ich will mich doch mit irgendwelchen Techniken nicht selbst betrügen! Dann lieber ehrlich und nicht ganz so glücklich sein.«* Ich finde den Einwand absolut nachvollziehbar. Beim Wort »Selbstmanipulation« kamen anfangs auch mir diese Gedanken. Doch warum ist Selbstmanipulation eben kein Selbstbetrug?

Die Antwort ist einfach: Wenn ich Kopfschmerzen habe und eine Kopfschmerztablette nehme, manipuliere ich mit ihren Wirkstoffen die natürlichen Abläufe in meinem Körper, und nach einer Viertelstunde geht es mir besser. Ich habe manipuliert, aber nicht betrogen. Ich weiß ja, dass ich die Tablette geschluckt habe und dass es mir ihretwegen nun besser geht. Genauso ist es mit den in diesem Buch vorgestellten psychologischen Glückstechniken: Ich weiß ja, dass ich sie aktiv und bewusst anwende – und am Ende geht es mir ihretwegen besser. Niemand würde eine Kopfschmerztablette mit Betrug gleichsetzen. Warum also nicht ganz pragmatisch die hier vorgestellten psychologischen Techniken als geistige Tabletten betrachten, die eine Verbesserung unserer inneren Zustände bewirken?

Wird Selbstmanipulation auch bei dir funktionieren?

Dieses Buch wird dir zeigen, welche Knöpfe du drücken kannst, um dich glücklicher und zufriedener zu machen. Drücken musst du sie selbst. Ein guter Freund von mir kennt fast alle der hier vorgestellten psychologischen Techniken. Er will sie aber partout nicht auf sein Leben anwenden. Obwohl er auch erst Mitte dreißig ist, sagt er sich lieber Sätze wie »*Ich habe mein Leben gegen die Wand gefahren*« oder »*Ich bin ein Loser*« oder, wenn im Mai etwas wirklich schieflief: »*Dieses Jahr ist für mich gelaufen!*« Dabei ist er kerngesund, lebt in einer der schönsten Städte Deutschlands, hat einen Job, fährt zweimal im Jahr in den Urlaub, geht auf Dates, hat Sex – führt also von außen betrachtet ein tolles Leben. Genau deswegen mag ich das Eingangszitat von John Milton so gerne: Egal wie gut oder schlecht unsere äußeren Umstände sind, der Geist kann aus jeder Situation und jedem Leben einen Himmel oder eine Hölle machen. Das Glück entsteht und vergeht immer im Innen, nie im Außen.

Bevor es mit den *4 Dimensionen der Glücksmanipulation* und der ersten Technik losgeht, noch ein letzter Hinweis: Betrachte die Glückstechniken als eine Art Büfett, aus dem du nur die Techniken herausgreifst, die dich sofort ansprechen. Es geht nicht darum, alle Techniken gut zu finden und sie noch vor Ende des Monats auszuprobieren. Vielmehr ist es so, dass unterschiedliche Menschen von unterschiedlichen Techniken unterschiedlich profitieren. Integriere gerne erst einmal nur das in deinen Alltag, was dir sofort zusagt. Danach kannst du immer noch nach Belieben andere Techniken hinzufügen. Es gibt keinen Grund zur Eile. Dieses Buch läuft ja nicht weg!

Die 4 Dimensionen der Glücksmanipulation

Glück ist kein Geschenk der Götter, sondern die Frucht innerer Einstellung.

Erich Fromm

Etwas Philosophie schadet nie. Daher eine existenzielle Frage gleich zu Beginn: Aus welchen Dimensionen besteht eigentlich unser Leben? Wenn du bei einer Tasse Tee eine Viertelstunde nachsinnen würdest, kämst du vermutlich auf das, was viele Gelehrte in vielen Kulturen gesagt und geschrieben haben: Unser Leben besteht aus genau vier Dimensionen.

1. unsere Gefühle (Emotionen),
2. unsere Gedanken (Denkmuster),
3. unser Handeln (Verhalten) und
4. unser Glaube (Religion, Spiritualität, Sinn).

Die Gelehrten sind sich seit jeher uneins, welche der vier Dimensionen die wichtigste ist und die anderen drei maßgeblich prägt. Die einen behaupten, dass es unsere Gefühle sind, die unsere Gedanken sowie unser tägliches Handeln leiten. Die anderen meinen, dass unsere Gedanken der Ausgangspunkt dafür sind, was wir fühlen und was wir als Nächstes tun werden. Spirituelle und religiöse Menschen betonen hingegen, dass am Ende etwas Transzendentes oder Göttliches unser gesamtes Fühlen, Denken und Handeln auf unerklärliche Weise leitet. Schließlich gibt es noch die ganz Schlauen unter den Gelehrten, die von einer komplizierten Wechselwirkung dieser vier Dimensionen ausgehen.

Ich sehe das ganz pragmatisch: Warum unser Glück nicht in allen vier Dimensionen zu unseren Gunsten manipulieren? Wenn wir nämlich auf allen vier Ebenen gleichzeitig am Glück »arbeiten« können, kann es uns egal sein, welche Dimension die prägendste und wichtigste ist. Daher geben diese vier Dimensionen die Struktur des Buches vor. In den vier großen Abschnitten wird es darum gehen, unser Fühlen, Denken, Handeln und unseren Glauben auf Glück auszurichten.

Das Schöne: Alle psychologischen Techniken lassen sich in diese vier Dimensionen einteilen. Und alle diese Dimensionen lassen sich mithilfe dieser Techniken manipulieren. In jeder der vier Dimensionen der Glücksmanipulation werde ich dir die effektivsten Glückstechniken vorstellen. Betrachte sie gern als das 4x4 der erfolgreichen Glücksmanipulation.

4 Dimensionen der Glücksmanipulation

Gefühle manipulieren	*Gedanken manipulieren*	*Verhalten manipulieren*	*Glauben manipulieren*
Momentgenuss steigern	erlernter Optimismus	in den Flow kommen	die gute Ich-Erzählung
mentale Zeitreisen	Misswünschen vermeiden	Charakterstärken einsetzen	dynamischer Glücksglaube
Achtsamkeit/ Meditation	irrationale Sozialvergleiche vermeiden	Beziehungen stärken	Religion und Spiritualität
Dankbarkeitsrituale	Zeit-Wohlstand erlangen	Schlaf verbessern	postreligiöser Lebenssinn

Natürlich lassen sich die einzelnen Techniken nicht messerscharf voneinander trennen und nicht zu hundert Prozent nur einer der vier Dimensionen zuordnen. Allerdings fallen alle Glückstechniken *schwerpunktmäßig* in eine der vier Dimensionen. Beispielsweise geht es bei der Technik des Momentgenusses (*savoring*) aus der ersten Dimension darum, das positive *Gefühl* eines schönen Moments zu steigern. Beim erlernten Optimismus (*learned optimism*) aus der zweiten Dimension dagegen geht es eher um einen klugen *gedanklichen* Ansatz, durch den wir eine neue, positive Perspektive auf ein Ereignis finden. Beim Schaffensrausch (*flow*) aus der dritten Dimension wiederum geht es um die bewusste Steuerung unseres *Verhaltens* bei der Ausübung einer bestimmten Tätigkeit. Und die vierte Dimension behandelt schwerpunktmäßig unseren *Glauben*, also unsere tief verankerten Glaubenssätze über uns selbst (*growth mindset*), über das Göttliche oder den Lebenssinn. Die vier Dimensionen geben unserem Thema Glücksmanipulation eine Struktur vor, wodurch du schneller in der Lage sein wirst, sie für dich einzuordnen.

Eines jedoch haben alle Glückstechniken gemeinsam: Bei richtiger und regelmäßiger Anwendung können sie unser Glücksgefühl und unsere Zufriedenheit dauerhaft steigern – und das, im Gegensatz zu Zigaretten und Chips, bei einer stets positiven Glücksbilanz. Das oben genannte Zitat von Erich Fromm würde ich daher gern wie folgt abwandeln:

> *Glück ist kein Geschenk der Götter, sondern die Frucht einer klugen Selbstmanipulation unserer Gefühle, unserer Gedanken, unseres Verhaltens und unseres Glaubens.*

Breaking News: Du manipulierst bereits täglich dein Glück!

Du bist dir wahrscheinlich nicht bewusst, dass du dein Glück jetzt schon ständig manipulierst. Allein die Tatsache, dass du ein Buch mit dem Titel *Manipuliere dich glücklich!* gekauft hast, zeigt, dass du deine Zufriedenheit hochschrauben möchtest. Du überlässt deinen Glückszustand also nicht dem Zufall, sondern möchtest Hand anlegen und zufriedener werden. Oder ein anderes Beispiel: Wenn du nach einem harten Arbeitstag ein Feierabendbierchen (oder ein Glas Wein) trinkst oder neue Schuhe im Internet bestellst oder spontan einen

Flug nach Mallorca buchst – was willst du in Wirklichkeit damit bewirken? Alle diese Aktionen sind ja kein Selbstzweck, sondern haben zum Ziel, den eigenen Glückszustand zu verbessern. Alkohol macht uns lockerer und geselliger, was mehr Glück bedeutet. Ein Einkauf im Internet führt zum Dopamin-Ausstoß, was mehr Glück bedeutet. Durch die gebuchte Reise nach Mallorca kommt Vorfreude auf das Meer auf, was mehr Glück bedeutet. Über kurz oder lang strebst du mit jedem Tun letztendlich dein persönliches Glück an[2]. Auch die Beförderung, die Heirat, Hobbys und Kinder sollen dich glücklich machen. Etwas radikaler hat es der französische Philosoph Blaise Pascal ausgedrückt[3]:

> ***Alle Menschen versuchen, glücklich zu sein.*** *Darin gibt es keine Ausnahmen, wie verschieden die Mittel auch sind, die sie anwenden. Der Grund dafür, dass einige in den Krieg ziehen und andere ihn vermeiden, ist bei beiden der gleiche Wunsch, begleitet von unterschiedlichen Ansichten. Der Wille macht nie den geringsten Schritt, außer zu diesem Ziel.* ***Dies ist das Motiv jeder Handlung eines jeden Menschen, sogar derer, die sich erhängen.***

Das ist eine sehr wichtige Erkenntnis: Wenn wir nach Geld, Liebe oder beruflicher Anerkennung streben, dann streben wir in Wirklichkeit danach, unser Glück zu maximieren. Du bist also, ohne es zu wissen, ein geborener Glücksmanipulant. Doch warum hast du keine 10 von 10 Punkten auf der Glücksskala? Die Wahrheit ist: Häufig geht unsere Glücksmanipulation schief und wir zahlen für ein kurzfristiges Glücksempfinden einen zu hohen Preis. Damit fällt die *Glücksbilanz* langfristig negativ aus, auch wenn du kurzfristig einen Glücksschub gespürt hast.

Beispiel Alkohol: Wenn du am Abend viel getrunken hast, es in der Nacht und am nächsten Tag wegen starker Kopfschmerzen jedoch bitter bereust, zahlst du nicht selten einen zu hohen Preis für den geselligen Abend. Oder du bestellst dir Schuhe, bereust aber anschließend, dass du bereits zu viel Geld in diesem Monat ausgegeben hast. Oder du buchst spontan eine Reise nach Mallorca, stellst jedoch nach kurzer Euphorie fest, dass du allein nicht fliegen möchtest.

In der Praxis fällt bei den meisten Menschen die langfristige Glücksbilanz häufig negativ aus. Damit will ich natürlich nicht sagen, dass in allen Fällen Alkohol, Online-Shopping oder Mallorca-Buchungen zu einer negativen Glücksbilanz führen. Man könnte auch argumentieren, dass ein schüchterner Mann erst mithilfe von Alkohol sich traut, seine spätere Traumpartnerin anzusprechen. In diesem Fall hätte unser Kurzzeit-Casanova trotz eines schlechten Schlafs und Kopfschmerzen eine langfristig positive Glücksbilanz durch seine lange Beziehung mit seiner Traumfrau. Doch meine obigen Beispiele sollten klarmachen: Die »billigen« Glückstechniken zur sofortigen Glückssteigerung wie Alkohol, Shoppen, Chips und Netflix funktionieren zwar kurzfristig, haben aber (leider) in vielen Fällen eine negative Bilanz.

Kluge Glücksmanipulation ist dagegen immer langfristig angelegt und setzt eben kluge Techniken voraus, mit denen wir auch langfristig eine positive Glücksbilanz schaffen können. Um es auf den Punkt zu bringen: Die meisten Menschen sind gute kurzfristige Glücksmanipulanten, aber schlechte langfristige Glücksmanipulanten. Daher dieses Buch. Mein Ziel ist es, dir Techniken an die Hand zu geben, die dir statt einer kurzfristigen eine langfristige Zufriedenheit bringen. Wenn das mal kein Versprechen ist! Am Ende des Buches (im Abschnitt *Kalkuliere dich glücklich!* ab S. 295) zeige ich dir übrigens Möglichkeiten auf, mit einfachen Formeln die eigene Glücksbilanz zu berechnen.

Kann man sich selbst auch zum Unglück manipulieren?

Im Coaching wird mir häufig die Frage gestellt, ob man auch seines Unglückes Schmied sein kann. Meine Antwort ist eindeutig: Einige Pechvögel schaffen es, ihre Gefühle, ihre Gedanken, ihr Verhalten und ihren Glauben auf Unglück zu programmieren. Das machen sie natürlich nicht absichtlich. Die Unglücksprogrammierung wird meist durch ein ungünstiges soziales Umfeld ausgelöst und verstärkt.

So fokussieren sich viele dieser Pechvögel auf negative Gefühle und blenden positive komplett aus (1. Dimension). Oder sie haben wiederkehrende Denkmuster wie »Ich habe mein Leben gegen die Wand gefahren« (2. Dimension). Oder sie haben wiederkehrende Verhaltensmuster wie zum Beispiel zu kurzen Schlaf, wodurch sie ausgelaugt und unglücklich sind (3. Dimension). Schließlich versetzen sich auch einige durch ihre Glaubensmuster wie »Gott wird mich für meine Sünden bestrafen« in ständige Angst vor der Nachwelt und stürzen sich auf diese Weise nachhaltig ins Unglück (4. Dimension). Mit der Zeit wird diese negative Selbstmanipulation zu einer Gewohnheit und die Lebensunzufriedenheit zu einem Automatismus.

Das Glück ist eine Fähigkeit, die bei unterschiedlichen Menschen unterschiedlich stark ausgeprägt ist. Doch wenn die meisten von uns sich sowieso ständig damit befassen, ihr Glückslevel anzuheben, warum nicht gleich »richtig«, also mit einer langfristig positiven Glücksbilanz?

Sofort wirkt sofort – dauerhaft wirkt dauerhaft

Das 21. Jahrhundert hat einen tollen Begriff hervorgebracht: *Sofortness*[4]. Damit ist gemeint, dass Menschen ihre Bedürfnisse sofort befriedigt haben wollen. Man denke nur an die Same-Day-Lieferung, die immer mehr Menschen als existenziell betrachten. Natürlich war der Mensch schon immer ungeduldig, doch die digitale Welt hat uns noch ungeduldiger gemacht. Bezogen auf unser Thema der Glücksmanipulation könntest du sagen: »Wlad, ich will das Glück – aber bitte jetzt sofort!«

Und ich würde antworten: »Wer sofort Glück verspüren möchte, soll eine Tüte Chips, eine Tafel Schokolade oder ein Glas Wein zu sich nehmen.«

Das Problem ist, dass wir dann wieder bei der negativen Glücksbilanz wären. In den USA gibt es das schöne Sprichwort: *Drinking is like borrowing happiness from tomorrow.* Sinngemäß übersetzt: Wenn man trinkt, leiht man sich das Glück vom morgigen Tag aus (schlechter Schlaf, Kater am nächsten Morgen etc.). Wer regelmäßig zu Schokolade oder Chips greift, weiß ja auch, dass er damit seinem Körper Schaden zufügt. Diese »billigen« Glücksmacher zur sofortigen Glückssteigerung kommen unserer Gesundheit langfristig teuer zu stehen.

Was fast sofort glücklich macht, lässt auch fast sofort in der Wirkung nach.

Dagegen wirken die hier vorgestellten psychologischen Glückstechniken zwar erst bei dauerhafter Anwendung, dafür wirken sie aber auch dauerhaft. Kurz: Die meisten Menschen sind geborene kurzfristige Glücksmanipulanten, doch den dauerhaften Glückszustand müssen wir uns durch *glückliche Gewohnheiten* erarbeiten. Insofern werde ich die Techniken nicht nur vorstellen und mit wissenschaftlichen Quellen belegen, sondern du bekommst in Form von Übungsblättern auch Gelegenheit, die jeweilige Technik eine Zeit lang auszuprobieren. Die nachfolgenden vier Dimensionen der Glücksmanipulation musst du nicht unbedingt chronologisch lesen. Beginne einfach mit dem Abschnitt, der dich am meisten interessiert!

4 Dimensionen der Glücksmanipulation

Erste Dimension: Die eigenen Gefühle manipulieren

Nenn's Glück! Herz! Liebe! Gott!
Ich habe keinen Namen dafür!
Gefühl ist alles.

Aus Goethes *Faust*

Der Begründer der sogenannten Positiven Psychologie Martin Seligman betont immer wieder, dass sich die klassische Psychologie seit Sigmund Freud ausschließlich auf negative Ausprägungen des Geistes fokussiert: Depression, Schizophrenie, Sucht und viele andere bestens untersuchte psychische Krankheiten[5]. Ziel der traditionellen Psychologie war es stets, das Leid der Menschen zu lindern. Demgegenüber fokussiert sich die Forschung rund um die Positive Psychologie auf die Frage, wie Menschen dauerhaft zufriedener und glücklicher leben können.

Das Fach Positive Psychologie kann man erst seit 2005 studieren – und weil die neuesten Erkenntnisse und Studien dieser noch so jungen Wissenschaft nahezu unbekannt sind, wird es Zeit, sie einem breiten Publikum zu eröffnen! Wie kannst du dich so manipulieren, dass du häufiger und intensiver positive Emotionen verspürst? Beginnen wir mit der ersten Technik!

1. Momentgenuss steigern

Alle Lebewesen außer den Menschen wissen, dass der Hauptzweck des Lebens darin besteht, es zu genießen.
Samuel Butler

Natürlich weißt du, wie man genießt! Und natürlich weißt du auch, dass unterschiedliche Menschen unterschiedliche Dinge unterschiedlich stark genießen. Die einen schätzen den Morgenkaffee über alles, die anderen die schöne Aussicht auf dem Gipfel nach einer anstrengenden Wanderung. Jeder genießt etwas anderes. Das glückliche Leben ist immer individuell und unkopierbar[6]. Aber wusstest du, dass du deinen Genuss bewusst steigern kannst? Genau darum geht es beim *savoring* (engl. für »genießen«), was ich gern etwas frei mit *Momentgenuss steigern* übersetze. Der geistige Vater dieser psychologischen Glückstechnik ist Fred Bryant[7], und die von ihm angestoßene Forschung hält für uns einige praktische Empfehlungen bereit, um den Momentgenuss zu steigern.

Im Folgenden möchte ich dir nicht nur die sieben wichtigsten Savoring-Techniken vorstellen, sondern auch drei Genuss-Dämpfer (*damping factors*), die den Momentgenuss vermindern oder komplett zerstören können. Anschließend geht es an deine erste Glücksübung, mit der du die Momentgenuss-Techniken eine Woche lang ausprobieren kannst.

7 gute Genusstechniken

Schauen wir uns also zunächst die Techniken an, mit denen wir unsere Genussmomente steigern können:

1. *Konzentriere deine volle Aufmerksamkeit auf den Genuss!* Beim *savoring* geht es nicht einfach um ein angenehmes Gefühl, sondern um dessen Intensivierung. Alle unsere Sinne sollten auf unser Genussobjekt gelenkt werden – jede Ablenkung mindert unsere Genusserfahrung. Einfachstes Beispiel: Du isst ein Eis und schaust gleichzeitig irgendeine Serie auf Netflix. Deine Sinne (beim Eis vor allem Geschmacks- und Geruchssinn) sind durch die Serie abgelenkt, sodass du es nicht zu hundert Prozent genießen kannst. Es bedarf also nicht nur eines beiläufigen Bewusstseins, dass du gerade ein Eis verspeist, sondern einer fokussierten Bewusstheit, um das Eis im Sinne des *savoring* wirklich zu genießen.[8] Oder wenn du zum Beispiel am Meer sitzt und das Rauschen der Wellen noch mehr genießen möchtest, könntest du deine Augen schließen, um dich nur auf das Wellenrauschen zu fokussieren und es so noch intensiver wahrzunehmen.
2. *Teile deinen Genuss und deine Freude mit anderen!* Geteiltes Leid ist halbes Leid – und geteilte Freude ist doppelte Freude. Bryant sagt sogar, dass Menschen, die gemeinsam ge-

nießen, länger zusammenbleiben.[9] Es ist ja auch logisch: Wenn du mit jemandem einen schönen Moment erlebst, siehst du auch, wie sich der andere darüber freut, und freust dich gleich doppelt (also für den anderen und für dich). Zudem kann dieser Jemand auch weitere positive Aspekte einer Erfahrung bemerken, die dir nicht aufgefallen wären, sodass auch dadurch der Momentgenuss größer wird. Beispielsweise könntest du beim Tauchen ein paar Schildkröten nachjagen, und dein Tauchpartner macht dich unter Wasser auf einen wunderschönen Napoleon-Lippfisch aufmerksam, den du sonst verpasst hättest.

3. *Verstärke deine positiven Emotionen mit deinem Körper!* Dir ist sicher aufgefallen, dass Gewinner beim Sport laut und überschwänglich jubeln, schreien, hin und her springen und ein breites Grinsen im Gesicht haben. Ist das ein Zufall? Viele Studien[10] fanden heraus, dass die körperliche Manifestation der eigenen Freude die guten Gefühle noch weiter verstärkt. So wiesen Probanden, die während eines Videos ihre Gefühle offen zugelassen haben, eine höhere Zufriedenheit auf als solche, die ihre Gefühle unterdrücken sollten. Wenn du also beispielsweise zu Hause eine nette E-Mail bekommst, warum nicht mal so richtig jubeln, lachen, hochspringen und ein lautes »Oh yeah!« von sich geben? Die Wissenschaft verspricht, dadurch den Momentgenuss noch steigern zu können!
4. *Mache ein mentales Bild vom Genussmoment!* Ein mentales Bild eines Ereignisses zu machen bedeutet, kurz aus der Situation herauszutreten und sich bewusst zu fragen, welche Aspekte des Ereignisses besonders schön sind, und die be-

wusste Entscheidung zu treffen, sich dieses mentale Bild für die Zukunft einzuprägen. Durch diese zusätzliche emotionale Auseinandersetzung mit dem Genussmoment verfestigt er sich noch mehr in deinem Kopf. Übrigens wäre hier, so die Wissenschaft, ein Tagebucheintrag deines ganz speziellen Moments sowie der einzelnen schönen Details hilfreich. Zum einen tauchst du so tiefer in die Erfahrung ein (weil du ja die Details besser beobachten musst, um sie niederschreiben zu können). Zum anderen kannst du in Zukunft die Notizen zu Hilfe nehmen, um noch einmal und intensiver in diesen für dich so besonderen Genussmoment emotional einzutauchen. Vielleicht sitzt du irgendwann an einem wunderschönen Brunnen und fühlst dich göttlich. Bemerke diesen Moment und nimm die Umgebung noch genauer wahr. Was magst du an diesem Moment? Welche Details machen ihn so besonders? Durch diese Fragen intensivierst du die Erfahrung – und wenn du diesen Moment auch noch auf Papier einfängst, steht er dir für immer zur Verfügung. Wem Papier zu altmodisch erscheint, kann selbstverständlich auch jede Notiz-App nutzen.

5. *Sei dir der Vergänglichkeit des Moments bewusst!* Diamanten und Gold sind wertvoll, weil sie selten vorkommen. Auch schöne Genussmomente gibt es in unserem schnelllebigen Alltag leider nicht wie Sand am Meer. Paradoxerweise kann gerade die Vergänglichkeit des Genussmoments dazu führen, dass wir ihn intensiver genießen können, bevor er verschwindet. Sich zum Beispiel zu vergegenwärtigen, dass die seit Jahren im Ausland lebenden Studienfreunde morgen

wieder abreisen werden, kann den letzten gemeinsamen Abend noch wertvoller und genussvoller machen.

6. *Beglückwünsche dich selbst!* Wenn du einen Erfolg eingeheimst hast, nimm dir die Zeit, dir selbst zu gratulieren. Menschen, die sich mental auf die Schulter klopfen und den Erfolg nicht als selbstverständlich abtun, können ihn intensiver genießen. Wenn ich selbst beispielsweise einen Erfolgsmoment habe, komme ich immer wieder gern auf mein Trump-Ritual zurück. Ich sage mir in der unnachahmlichen Stimme von Donald Trump: »Fantaaaastic, great job, brilliant!« Natürlich ist dieses Ritual nicht für jeden geeignet. Doch beim Glück ist folgender Gedanke entscheidend: Welche Wörter, Töne, Menschen, Situationen und sonstige Begebenheiten uns glücklich machen, darf jeder für sich herausfinden. Mich jedenfalls lässt eine kleine Trump-Parodie im Erfolgsmoment meinen Momentgenuss noch intensiver spüren. Denke dir doch dein eigenes kleines Erfolgsritual aus, falls du noch keins besitzt.
7. *Verstärke deine positiven Emotionen mit Vergleichen!* Vor allem zwei Arten des Vergleichs können deinen eigenen Genussmoment verstärken. Zum einen der zeitliche Vergleich: Wenn du zum Beispiel in den USA Urlaub machst, könntest du ihn noch mehr genießen, wenn du daran denkst, dass du dir früher nicht mal einen Flug über den Atlantik leisten konntest. Zum anderen kannst du auch einen sozialen Vergleich anstellen: Du könntest dir vergegenwärtigen, dass nicht alle Menschen für zwei bis drei Wochen in den Urlaub fliegen können – und dich deshalb glücklicher schätzen. Diese Vergleiche kannst du übrigens noch mit einer weite-

ren Glückstechnik, der Dankbarkeit (wir kommen später ausführlich dazu), würzen.

3 gefährliche Genuss-Dämpfer

Die soeben vorgestellten sieben Genusstechniken sind doch kinderleicht, oder? Fast. Es gibt nämlich leider sogenannte Genuss-Dämpfer, die unseren Momentgenuss stark reduzieren können. Es gilt also, die folgenden Dinge nicht zu tun, damit die positiven Emotionen nicht (so schnell) verschwinden.

1. *Lass dich nicht ablenken!* Ganz wesentlich für die Momentgenuss-Technik ist die Konzentration aller Sinne auf den Momentgenuss. Daher überrascht es dich sicher nicht, dass der größte Genuss-Dämpfer die eigene Abgelenktheit ist. So wurde beispielsweise bei einem Experiment[11] der einen Gruppe gesagt, sie solle Schokolade essen und sich dabei auf den Geschmack fokussieren. Der anderen Gruppe wurden beim Verspeisen der Schokolade ablenkende Tätigkeiten aufgegeben. Dreimal darfst du raten, welche Gruppe die Schokolade mehr genossen hat. Die Gretchenfrage ist natürlich, wie man es schaffen kann, nicht ständig abgelenkt zu sein, und seine Sinne auf den Genuss fokussiert. Letztlich sind bei den meisten Menschen ablenkende (negative) Gedanken am Werk.

   Zum Glück gibt es eine Glückstechnik, mit der du deinen Geist fokussiert und in der Gegenwart hältst. Vielleicht ahnst du schon, welche Technik das ist? Es ist die Meditation – ihr widmen wir uns ausführlich etwas später im Buch.

2. *Unterdrücke nicht deine Freude!* Manche Menschen unterdrücken ihre positiven Emotionen wegen Schüchternheit, Angst vor Bewertung durch andere oder ihrer Bescheidenheit. Dabei ist die Wissenschaft[12] dazu eindeutig: Wer seine positiven Emotionen unterdrückt, dämpft seinen Momentgenuss und damit auch sein Glücksgefühl. Ein wichtiger Gedanke: Wenn du mit Menschen zusammen bist, vor denen du deine Glücksmomente verstecken musst, dann sind das vielleicht nicht die richtigen Menschen in deinem Umfeld.
3. *Sei kein Maximizer!* Nach dem berühmten US-amerikanischen Psychologen Berry Schwartz gibt es zwei Arten von Menschen. Die sogenannten »Maximizer« (engl. für »Maximierer«) wollen aus jeder Situation das absolut Beste herausholen und sind daher ständig besorgte Auswahlperfektionisten, denen gut nicht gut genug ist. Die sogenannten »Satisficer« (engl. für »Genughaber«) geben sich auch mit einer ausreichend guten Lösung zufrieden, weil es nach ihrer Lebensphilosophie nicht die allerbeste Lösung sein muss. Selbst bei tollen Ereignissen und potenziellen Genussmomenten werden sich bei Maximierern ungünstige Gedanken hineinschmuggeln und den Momentgenuss (zer-)stören. So denkt sich zum Beispiel ein Maximierer, nachdem er eine tolle Bewertung von der Führungskraft bekommen hat, dass er ja noch viel besser hätte bewertet werden können oder dass sein Kollege um einen Punkt besser bewertet wurde, und wird deshalb unzufrieden. Oder in einem Hotel: Hier lassen sich immer kleine negative Aspekte

finden – auch im Fünfsternehotel –, wenn man nur danach sucht. Wissenschaftliche Studien[13] zeigen jedoch eindeutig: Maximierer können schlechter genießen, weil sie immer nach einer besseren Option streben beziehungsweise sich ständig eine bessere Option vorstellen.

Natürlich kann sich ein Genughaber leichter zum Glücklichsein manipulieren. Doch wie wird man zum Genughaber? Das ist eine sehr gute Frage. Auf jeden Fall ist die ständige Suche nach Fehlern und besseren Alternativen ein unangenehmer Genuss-Dämpfer. Im Grunde müssen wir uns an dieser Stelle fragen, was den Genughaber im Kern ausmacht – und die Antwort darauf ist: Er beginnt zu handeln oder trifft eine Entscheidung, sobald ein Kriterium erfüllt ist, das er vorher aufgestellt hat. Dieses Kriterium realistisch und vernünftig festzusetzen ist der beste Weg, dem ewigen Maximieren zu entgehen.

Welche Genusstechnik ist nun die beste?

Nachdem du jetzt so viele einzelne Momentgenuss-Techniken kennengelernt hast, möchte ich dir verraten, welche Genusstechnik die beste ist. Trommelwirbel – die beste Technik ist: die Kombination von Techniken! In einem spannenden wissenschaftlichen Artikel[14] haben Forscher herausgefunden, dass die zufriedensten Menschen jene sind, die mehrere Genusstechniken nacheinander zum Einsatz bringen. Ist ja auch logisch. Wenn sich zum Beispiel jemand gern und regelmäßig mentale Bilder oder sogar Notizen bei Genussmomenten macht, könnte er später diesen Momentgenuss mit seinen Freunden teilen und davon profitieren. Zudem könnte er durch einen zeitlichen Vergleich seine Freude noch mehr steigern. Die vorgestellten sieben Techniken schließen sich demnach nicht aus, sondern lassen sich gemeinsam nutzen. Wer also flexibel ist und mit den oben genannten sieben Savoring-Techniken jonglieren kann, wird sich noch effektiver zum Glücklichsein manipulieren.

Ganz wichtig: Auch beim Thema Glück macht Übung den Meister. Wer diese Techniken oberflächlich streift und sie nicht ausprobiert, beraubt sich einer wunderbaren Chance, seine Momentgenüsse zu intensivieren.

Auch beim Glück: Ohne Fleiß kein Preis

Es ist ein Irrglaube, dass sich für immer und ewig ein Glücks- und Zufriedenheitsgefühl einstellt, nachdem etwas lang Ersehntes (eine Beförderung, eine Geburt, ein Kuss, ein Lottogewinn) passiert ist. Der Harvard-Wissenschaftler Tal Ben-Shahar spricht in seinem Buch von der sogenannten »arrival fallacy«[15] – also der falschen Vorstellung, dass man irgendwann im Glück ankommen kann und dann für immer in diesem Glückszustand verbleibt. Das wäre natürlich schön, doch im Leben läuft bekanntlich nicht immer alles so, wie man es sich vorstellt. Du weißt ja selbst: Glücksgefühle verblassen – und lassen manchmal lange auf sich warten. Doch warum erwarten wir eigentlich vom Glück, dass es bestehen bleibt, wenn wir es spüren? Es ist ja auch nicht so, dass wir eine gute Sporteinheit absolviert haben und dann davon ausgehen, dass wir in einem endlosen sportlichen Zustand angekommen sind. Auch nach dem Zähneputzen sagen wir nicht: Jetzt sind meine Zähne so richtig sauber – ich muss nicht mehr putzen!

Was witzig klingt, trifft beim Thema Glück leider auf viele Menschen zu. Sich Mühe zu geben, um sich glücklich zu fühlen, fühlt sich für viele Menschen nicht natürlich an. Mit der Folge, dass diese Menschen sich nicht zum Glücklichsein manipulieren wollen und auf wundersame, zufällige Glücksmomente hoffen. Doch die Idee dieses Buches ist ja, aktiv zu werden und psychologische Techniken anzuwenden. Und das natürlich nicht einmalig, sondern idealerweise als Routine. Ich hatte bereits geschrieben, dass ich die Glückstechniken nicht nur vorstellen, sondern dir auch Übungsblätter an die Hand geben werde. Damit kannst du jede Glückstechnik eine Zeit lang ausprobieren. Jetzt, wo du die sieben Savoring-Techniken kennengelernt hast, wird es Zeit, sie anzuwenden! Doch vorher eine interessante Erkenntnis aus der Forschung: In einer Studie[16] wurden Nonnen und ihre Biografien untersucht, um herauszufinden, ob sich die Anzahl der niedergeschriebenen positiven Emotionen auf die Lebensdauer auswirkt. Das erstaunliche Ergebnis: Nonnen, die mehr positive Einträge in ihren Tagebüchern hatten, lebten im Schnitt fast zehn Jahre länger als solche mit vornehmlich neutralen oder negativen Einträgen. Wenn das mal keine Motivation ist, die folgende Übung auszuprobieren.

Übungsblatt:
Sieben Tage mit sieben Savoring-Techniken

Ausgangspunkt für die erste Übung ist eine Tätigkeit, die du bereits genießt und am besten (fast) täglich machst. Der Vorteil ist, dass eine gewisse Genuss-Routine schon da ist und deine Aufgabe lediglich darin besteht, diesen Genuss zu intensivieren. Angenommen, du trinkst morgens gerne in Ruhe einen Kaffee. Dann könntest du zum Beispiel darauf achten, dabei keine Nachrichten zu lesen und die Augen zu schließen oder dir ein Bild vom Kaffee einzuprägen oder dir die Vergänglichkeit des Kaffee-Moments bewusst zu machen und so weiter. Im Übungsblatt ist vorgesehen, dass du jede der sieben Techniken mindestens ein Mal ausprobierst. Natürlich ist der Kaffee lediglich ein Beispiel. Mach dich also bitte ans Werk, sieben Tage lang. Ich liste gleich die Savoring-Techniken nochmals auf – und du notierst bitte in zwei Zeilen, wie es dir damit erging. Natürlich kannst du schon weiterlesen, aber das Übungsblatt wartet dennoch sieben Tage hier auf dich!

DIE MOMENTGENUSS-WOCHE

Meine geliebte (fast tägliche) Tätigkeit:

....

....

....

....

Tag 1: Volle Aufmerksamkeit & meine Erfahrung damit:

....

....

Tag 2: Genuss mit anderen teilen & meine Erfahrung damit:

....

....

Tag 3: Verstärkung durch Körper & meine Erfahrung damit:

....

....

Tag 4: Das mentale Bild & meine Erfahrung damit:

....

....

Tag 5: Gedanken an Vergänglichkeit des Moments & meine Erfahrung damit:

....

....

Tag 6: Glückwünsche an mich selbst & meine Erfahrung damit:

....

....

Tag 7: Zeitliche/soziale Vergleiche & meine Erfahrung damit:

....

....

Natürlich kannst du die Momentgenuss-Woche auch mit anderen geliebten Tätigkeiten fortsetzen. Ich frage in meinen Coaching-Sessions ganz häufig, was Menschen an einem ganz normalen Tag schnell »Glückspunkte« gibt.

Häufig antworten sie, dass sie es nicht wissen. Doch dann bitte ich jeden, sich zehn Minuten Zeit zu nehmen und zehn Dinge zu notieren, die ihnen schnell und garantiert eine kleine Freude bringen.

Wissenschaftliche Studien[17] haben ergeben, dass Menschen, die bewusst zwei Momente am Tag genießen und anschließend darüber zwei bis drei Minuten reflektieren, weniger depressiv und zufriedener mit sich selbst waren. Daher gleich eine zweite Übung, bei der du bitte zehn Dinge aufzählst, die dir ein paar Glückspunkte am Tag bringen. Du kannst diese natürlich für die nächsten Momentgenuss-Wochen nutzen.

DIE ZEHN KLEINEN FREUDEN DES ALLTAGS

Meine zehn kleinen Dinge des Alltags, die mich glücklich machen und die ich (fast) immer genießen kann:

1. ....
2. ....
3. ....
4. ....
5. ....
6. ....
7. ....
8. ....

9. ....

10. ....

Du kannst auch eine Playlist mit Songs erstellen, die bei dir sofort positive Emotionen auslösen, oder Gedichte von Goethe und Schiller lesen. Deine Momentgenüsse sind bestimmt sehr individuell – und das ist auch gut so. Jetzt gilt es aber, sie bewusster und systematischer für dein Glück auszuschöpfen.

2. Mentale Zeitreisen

Wir müssen die Zeit als Werkzeug nutzen, nicht als Sofa.

John F. Kennedy

Die Zeitmaschine wurde noch nicht erfunden? Doch! Bereits heute können wir in die Vergangenheit und in die Zukunft reisen – in unserer Fantasie. Vielleicht bist du dir gar nicht bewusst, dass du mehrere Hundert Mal am Tag eine solche kleine mentale Zeitreise unternimmst. Wenn du beispielsweise an einem Sonntagabend daran denkst, was in der kommenden Woche alles zu tun ist, und Sorge hast, ob du alles bewältigen kannst, bist du mittendrin in einer negativen mentalen Zeitreise in die Zukunft. Oder wenn du ein verliebtes Pärchen siehst und dich anschließend daran erinnerst, wie schrecklich es mit dem einst so geliebten Ex-Partner auseinanderging, bist du mittendrin in einer negativen mentalen Zeitreise in die Vergangenheit. Indirekt hat auch Paul Watzlawick in seiner ironischen *Anleitung zum Unglücklichsein* über negative mentale Zeitreisen geschrieben, als er diesen Ratschlag gab[18]:

Dem begabteren Unglücksaspiranten dagegen sollte es wirklich nicht schwerfallen, seine Jugend als das unwiederbringlich verlorene Goldene Zeitalter zu sehen und sich so ein unerschöpfliches Trauerreservoir zu erschließen.

Dich wird nicht wundern, dass begabtere Glücksaspiranten es schaffen, regelmäßig positive mentale Zeitreisen zu unternehmen und damit planvoll ihren Glückszustand manipulieren.

Dass wir überhaupt mentale Zeitreisen unternehmen können, ist ein großes Wunder der Natur. Der Begriff *mentale Zeitreise* wurde vom berühmten kanadischen Psychologen Endel Tulving[19] geprägt und beschreibt unser menschliches Vermögen, uns in die Vergangenheit und in die Zukunft hineinzuversetzen. Bei vielen Menschen passieren solche mentalen Zeitreisen entweder aus Gewohnheit (obiges Beispiel der Sonntagssorgen kurz vor der anstrengenden Arbeitswoche) oder werden zufällig ausgelöst (obiges Beispiel des verliebten Pärchens, das man zufällig in der Stadt trifft). Ganz im Sinne des Einstiegszitats von Kennedy geht es in diesem Kapitel darum, die Zeit(-reisen) als Werkzeug zu nutzen, mit dem wir uns zum Glücklichsein manipulieren können.

Übrigens ergänzen mentale Zeitreisen ideal unsere Momentgenuss-Techniken aus dem ersten Kapitel. Während es beim Momentgenuss um die Gegenwart geht, werden wir uns in diesem Kapitel in glückliche Momente der Vergangenheit und Zukunft hineinversetzen und uns dadurch besser fühlen. Gehen wir zunächst einmal in die Vergangenheit.

Mentale Zeitreisen in die Vergangenheit

Zunächst einmal ist es wertvoll zu wissen, dass es auch viele Studien zu negativen mentalen Zeitreisen in die Vergangenheit gibt[20]. Viele Menschen erinnern sich aus Gewohnheit an schlechte Vorkommnisse in der Vergangenheit und fühlen sich deswegen logischerweise häufiger unglücklich. Gerade Menschen mit einer Depression fällt es schwer, sich an etwas Positives aus der Vergangenheit zu erinnern, und der Fokus liegt nicht selten auf eigenen Unzulänglichkeiten sowie auf Dingen, die nicht geklappt haben. Hier ist wichtig zu betonen: Das Gehirn ist eine Fokus-Maschine – steht etwas Negatives im Fokus, führt dies zu negativen Emotionen. Richten wir dagegen den Fokus auf etwas Positives, entstehen positive Emotionen.

Was so einfach klingt, wurde durch mehrere psychologische Studien belegt. Das Ergebnis vorab: Wer es schafft, sich ein schönes Ereignis so lebhaft und detailliert wie möglich mental vorzustellen, kann von der mentalen Reise in die Vergangenheit emotional am meisten profitieren. Dabei können und sollen »Hilfsmittel« wie Souvenirs, Fotos oder sogar Videos genutzt werden, um in schöne Vergangenheitsmomente leichter eintauchen zu können. Zudem ist für mehr positive Emotionen und eine höhere allgemeine Lebenszufriedenheit wichtig, *wie lange* und *wie häufig* man in schönen Vergangenheitsmomenten schwelgt.[21] Für jede erfolgreiche Glücksmanipulation gilt: Je länger und häufiger, desto besser! Auch wer keine Fotos oder Videos benutzt und sich nur durch seine Erinnerungen in schöne Situationen zurückversetzt, kann viele positive Emotionen in sich kultivieren.

So wurde in einem Experiment die eine Hälfte der Probanden gebeten, in sogenannten »Denk-Sessions« bewusst zwei Mal am Tag für zehn Minuten an etwas Positives zu denken. Die Anweisung ist so gut formuliert, dass ich sie gern wortwörtlich wiedergebe:

> *Wende dich zuerst deiner* ***Liste*** *positiver Erinnerungen zu und wähle eine aus, über die du reflektieren möchtest. Dann setze dich hin, atme tief durch,* ***entspanne*** *dich, schließe die Augen und beginne, über die Erinnerung nachzudenken. Erlaube, dass dir* ***alle Bilder****, die mit der positiven Erinnerung in Zusammenhang stehen, in den Geist kommen. Lass deine Gedanken frei durch die* ***Details*** *deiner Erinnerung schweifen und stelle sie dir möglichst bildlich vor.*[22]

In diesen Anweisungen stecken sehr viele gute Ideen, die wir nachher auch bei der praktischen Übung nutzen werden. Vor allem ist dir sicher aufgefallen, dass eine »Liste positiver Erinnerungen« existiert. So eine Liste erleichtert die mentale Zeitreise in die Vergangenheit ungemein, weil du nicht erst darüber nachdenken musst, was überhaupt Schönes in der Vergangenheit passiert ist. Manchmal – vor allem wenn es uns nicht gut geht – fällt einem kaum bis gar nichts ein. Eine Liste positiver Erinnerungen ist da wie ein Schatz, den wir immer wieder ausgraben können.

Die Kontrollgruppe aus besagtem Experiment wurde gebeten, in diesen »Denk-Sessions« (auch zwei Mal am Tag) über alles nachzudenken, was sie beschäftigt. Drei Mal darfst du raten, welche Gruppe nach dem Experiment eine höhere Lebenszufriedenheit hatte. Das heißt also: Bewusst an positive vergangene Erlebnisse zu denken, macht uns glücklicher.

Nun könntest du einwenden, dass du dich an viele Details eines positiven Ereignisses in der Vergangenheit gar nicht mehr erinnern kannst. Wenn zum Beispiel dein Abiball schon zehn Jahre her ist oder die Einschulung deines ersten Kindes bereits zwei Jahrzehnte zurückliegt. Eine Möglichkeit, mehr Details aus der Vergangenheit »zurückzuholen«, ist, möglichst viele Erinnerungsstücke (wie Fotos oder Videos) zu suchen. Eine andere Möglichkeit ist, an den Ort des Geschehens zurückzukehren, denn interessanterweise erinnern sich Menschen besser an Details, wenn sie sich am Ort des Geschehens an Details erinnern wollen. Schließlich gibt es noch eine dritte tolle Möglichkeit: Du fragst Beteiligte, wie sie dieses Ereignis wahrgenommen haben und woran sie sich noch erinnern. Was den Abiball angeht, könntest du beim nächsten Jahrgangstreffen mit deinen Freunden oder deinem Tanzpartner über den Abend sprechen. Und bezüglich der Einschulung könntest du dein Kind fragen, woran es sich erinnert. Du führst also eine Art Interview und rekonstruierst für dich diese positive Erinnerung mithilfe des Gesprächspartners.

Natürlich werden einige Details nicht zu rekonstruieren sein. Doch weil du ja jetzt weißt, dass diese Details für eine positive mentale Zeitreise besonders wichtig sind, könntest du von nun an ein Tagebuch führen (wenn du es nicht bereits tust). Zumindest die intensiven positiven Erlebnisse könntest du in diesem Tagebuch festhalten. Heutzutage geht so etwas natürlich auch problemlos als Audio- oder Videobotschaft an sich selbst, und zwar möglichst kurz nach dem Ereignis. Vielleicht warst du auf einem tollen Konzert und restlos begeistert von der Band – dann notierst du nach dem Konzert entweder die schönsten Details oder nimmst eine kurze Audiobotschaft auf, was du besonders cool fandest. Wenn du Videos magst, warum nicht ein kurzes Video mit deinem Smartphone filmen? Dein zukünftiges Ich wird es dir sicher danken. So frisch wie am nächsten Tag wird die Erinnerung niemals sein. Auf diese Weise erschaffst du nicht nur eine »Liste positiver Erinnerungen«, sondern auch ein persönliches Museum positiver Erinnerungen, das du regelmäßig besuchen kannst, um dich besser zu fühlen.

Bevor wir zur Übung kommen, noch eine wichtige Bemerkung, auf welche Weise du »zurückreisen« solltest. In einer weiteren spannenden Studie[23] haben Wissenschaftler der einen Gruppe aufgetragen, sich in einen ihrer glücklichsten Tage hineinzuversetzen und die Erinnerungen an diesen Tag wie ein Video abzuspielen. Einer zweiten Gruppe wurde hingegen die Aufgabe gegeben, einen ihrer glücklichsten Tage Schritt für Schritt zu analysieren und zu hinterfragen, warum sich der Tag auf diese Weise entwickelte und wie es überhaupt dazu kam. Das Ergebnis: Wenn Menschen ihre glückliche Erinnerung analysiert und dekonstruiert haben, konnten sie aus dieser kalten logischen Analyse der Vergangenheit weniger positive Emotionen herausholen. Die erste Gruppe, die ohne Analyse den glücklichsten Tag einfach vor dem geistigen Auge Revue passieren ließ, konnte glückstechnisch das höchste Kapital aus dieser mentalen Zeitreise schlagen. Eine ähnliche Erfahrung habe ich in der Schule mit Gedichten gemacht: Nach der Analyse durch den Deutschlehrer hatte das Gedicht für mich seine Magie verloren. Gute Erinnerungen zu »zerdenken« ist, auch wissenschaftlich gesehen, nicht sehr klug. Stattdessen sollten wir in die Vergangenheit eintauchen und sie analysefrei wiedererleben.

Übrigens ist es bei negativen Erinnerungen scheinbar umgekehrt: Wenn wir sie analysieren und »zerdenken«, verlieren sie ihre negative Macht über uns.[24] Kein Wunder, dass die Psycho*analyse* seit über hundert Jahren so erfolgreich ist. Doch dieses Buch handelt von Positiver Psychologie. Daher will ich mich nicht über negative mentale Zeitreisen auslassen.

Übungsblatt: Sieben Tage mit sieben positiven mentalen Zeitreisen in die Vergangenheit

Jetzt, wo du die positiven mentalen Zeitreisen in die Vergangenheit theoretisch kennengelernt hast, wird es wieder Zeit für eine Glücksübung. Notiere dir im ersten Schritt zehn positive Ereignisse aus deiner Vergangenheit. In einem zweiten Schritt geht es dann darum, in eines dieser Ereignisse geistig einzutauchen. Diese Übung bitte mit jeweils einem der zehn positiven Ereignisse sieben Tage wiederholen. Hier das Übungsblatt:

POSITIVE MENTALE ZEITREISEN IN DIE VERGANGENHEIT

Schritt 1: Meine zehn positiven Ereignisse aus der Vergangenheit

1. ....

2. ....

3. ....

4. ....

5. ....

6. ....

7. ....

8. ....

9. ....

10. ....

Schritt 2: Anleitung für die mentale Zeitreise in eines dieser Ereignisse

Nimm dir zehn Minuten Zeit, finde eine ungestörte Atmosphäre, entspanne dich, schließe die Augen und tauche ein in die Erinnerung. Spiele das positive Ereignis wie ein Video von Anfang bis Ende in deinem Kopf ab. Analysiere nicht. Konzentriere dich auf Details: Gerüche, Geräusche, Farben, Stimmen etc. Je bildhafter deine Vorstellung, desto besser. Wiederhole diese Übung sieben Tage lang und beobachte, wie es dir nach dieser Übung emotional geht.

Ich bin wirklich gespannt, wie es dir nach dieser Übung geht. Aus eigener Erfahrung kann ich sagen: Die Reise in die positive Vergangenheit fühlt sich echt gut an! Vor allem deshalb, weil du den »Film«, den du schauen möchtest, selbst aussuchen kannst. Doch jetzt wird es Zeit für die Zukunft!

Mentale Zeitreisen in die Zukunft

Wie ein Mensch über die Zukunft denkt, hat ebenfalls großen Einfluss auf seine allgemeine Zufriedenheit. Wer sich eine schöne Zukunft vorstellt, beruflich und privat, spürt mehr Vorfreude auf das, was kommt. Dagegen haben beispielsweise depressive oder suizidale Menschen gar keine positiven Gedanken und Vorstellungen über die Zukunft.[25]

In einer Studie[26], die in England durchgeführt wurde, hat man die Teilnehmer wiederum in zwei Gruppen aufgeteilt und ihnen sogenannte *future thinking tasks* (Zukunfts-Denk-Aufgaben) gegeben: Die eine Gruppe sollte sich über positive Dinge Gedanken machen, die nächste Woche, nächstes Jahr und in den kommenden fünf bis zehn Jahren passieren werden. Die zweite Gruppe sollte sich über dieselben Zeiträume negative Zukunftsgedanken machen. Anschließend hat man die Zufriedenheit der beiden Gruppen verglichen. Das Ergebnis: Wenn Menschen sich positive Gedanken über die Zukunft machen, fühlen sie im Hier und Jetzt mehr positive Emotionen. In der Gruppe mit den negativen Zeitreisen in die Zukunft haben die Forscher mehr negative Emotionen gemessen.

Natürlich könntest du jetzt sagen: Das Ergebnis hätte ich auch vorhersehen können! Doch worauf ich in diesem Buch hinaus möchte: Du selbst kannst dich mit einfachen psychologischen Techniken zum Glücklichsein manipulieren. Die Probanden der oben genannten Studie wurden zufällig in die zwei Gruppen aufgeteilt – und nur durch einen anderen Fokus auf die Zukunft konnte die positive Gruppe mehr positive Emotionen in sich kultivieren. Die mentale Zeitreise in die Zukunft ist also durch die Fragestellung manipulierbar – und damit liegen dein Glück und deine Zufriedenheit in deiner Hand. Oder besser gesagt, in deinem Kopf.

In einer anderen Studie[27] wollten Forscher herausfinden, wie lange man positive mentale Zeitreisen in die Zukunft unternehmen muss, um eine »signifikante« Auswirkung auf das eigene Glücksgefühl zu haben. Die Antwort: zwei Wochen. Alle Übungsblätter in diesem Buch sind zwar auf eine bestimmte Zeit ausgelegt, doch möchte ich noch mal betonen: Je länger du eine Glückstechnik trainierst, desto besser wirst du sie anwenden können. Du erwartest ja auch keinen Waschbrettbauch nach einer Woche Bauchtraining. Und wenn du ihn mal hast, hörst du nicht mit dem Training und der gesunden Ernährung auf. Wir alle müssen uns also von dem Gedanken verabschieden, dass das Glück ein unplanbarer Zufall ist. Das Glück ist eine manipulierbare Größe und hängt vor allem davon ab, ob du die für dich passenden Glückstechniken kontinuierlich anwendest.

Übungsblatt: Sieben Tage mit sieben positiven mentalen Zeitreisen in die Zukunft

Sicher kennst du das Sprichwort »Vorfreude ist die schönste Freude«. Leider verrät das Sprichwort nicht, wie man diese planen und maximieren kann. Und auch die Behauptung, dass sie die schönste Freude ist, dürfen wir anzweifeln. Doch letztlich sind positive mentale Zeitreisen nichts anderes als geplante Vorfreuden, die wir für uns instrumentalisieren können. Und das tun wir, anlehnend an oben genannte Studie und die Erkenntnisse aus dem Momentgenuss-Kapitel, mit der folgenden Übung. Bevor es damit losgeht, noch ein Hinweis: Was eine Vorfreude darstellt, ist natürlich höchst subjektiv und kann auch die »kleinen Dinge des Lebens« betreffen. Bei der Glücksmanipulation geht es nicht unbedingt darum, ein Kind zu zeugen, ein Haus zu bauen und einen Baum zu pflanzen. Die Vorfreude auf das morgige Treffen mit einem guten Freund oder auf den ersten Maikäfer ist ebenso wertvoll. Lass daher deiner Zukunftsfantasie freien Lauf!

POSITIVE MENTALE ZEITREISEN IN DIE ZUKUNFT

Schritt 1: Meine sieben positiven Ereignisse in der nächsten Woche

1. ....

2. ....

3. ....

4. ....

5. ....

6. ....

7. ....

Schritt 2: Meine sieben positiven Ereignisse nächstes Jahr

1. ....

2. ....

3. ....

4. ....

5. ....

6. ....

7. ....

Schritt 3: Meine sieben positiven Ereignisse in den nächsten fünf bis zehn Jahren

1. ....

2. ....

3. ....

4. ....

5. ....

6. ....

7. ....

Schritt 4: Anleitung für die mentale Zeitreise in drei dieser Ereignisse

Nimm dir für diese Übung fünfzehn Minuten Zeit. Wie auch bei der Zeitreise in die Vergangenheit sind eine ungestörte Atmosphäre, ein entspannter Körper und geschlossene Augen die Voraussetzungen dafür, um intensiv in die Zukunft eintauchen zu können. Nimm dir fünf Minuten Zeit für ein positives Ereignis nächste Woche, dann fünf Minuten für ein positives Ereignis nächstes Jahr und anschließend fünf Minuten für ein positives Ereignis in fünf bis zehn Jahren. Spiele jedes positive Ereignis mit allen für dich relevanten Details möglichst bildlich vor deinem inneren Auge ab. Wiederhole diese Übung sieben Tage lang und beobachte, wie es dir nach dieser Übung emotional geht.

Je bildhafter und detaillierter du die positive mentale Zeitreise in die Zukunft gestaltest, desto intensiver wirst du anschließend die positiven Emotionen spüren. Ich vermute, dass es am Anfang mit der bildhaften Fantasie etwas schwierig sein könnte. Das liegt daran, dass viele Menschen das Fantasieren Hollywood und Netflix überlassen. Wenn wir nämlich heute in Fantasiewelten eintauchen, dann sind sie ja bereits verbildlicht. Ich vermute, dass die Menschen in der Zeit, bevor überall Serien und Filme verfügbar waren, ihre Fantasie viel häufiger genutzt haben. Doch wie sagte Seneca so schön: »Nicht weil es schwer ist, wagen wir es nicht, sondern weil wir es nicht wagen, ist es schwer!« Einfach formuliert: Wenn du die Übung einige Tage machst, wirst du feststellen, dass es mit der Zukunftsfantasie immer besser klappt.

3. Dankbarkeitsrituale

Nicht die Glücklichen sind dankbar.
Es sind die Dankbaren,
die glücklich sind.

Francis Bacon

Wer hätte gedacht, dass mein Fahrlehrer ein so weiser Mann sein würde? Er hieß nicht Francis Bacon und auch nicht Johann Wolfgang von Goethe, doch seine Glücksstrategie, die er mir bei unserer letzten Fahrstunde eröffnete, hat mir extrem viele negative Emotionen erspart. Die Situation: Neben uns im Auto hat sich wieder einmal jemand extrem über den stockenden Verkehr beschwert und herumgeschrien. Als mein Fahrlehrer und ich zu ihm hinübergeschaut haben, wollte er, vor Wut schäumend, von uns wissen, warum wir ihn so anglotzten. Anschließend fragte mich mein Fahrlehrer: »Wlad, möchtest du wissen, wie ich es schaffe, mich im Straßenverkehr nicht aufzuregen? Selbst wenn mir jemand die Vorfahrt nimmt oder bei Gelb direkt vor meiner Nase eine Vollbremsung macht?«

Natürlich wollte ich es wissen! Wer kennt sie nicht, die vielen Autofahrer in Deutschland, die sich gegenseitig anschreien und bei denen man die Halsschlagader sehen kann? Hier also das Geheimnis seiner Gemütsruhe im Straßenverkehr:

Alles, was ich tue, ist Folgendes: Ich stelle mir vor, dass 90 Prozent der Auto- und Radfahrer absolute Idioten sind, die sich egoistisch vordrängen wollen und sich auch nicht um Sicherheit scheren. Wenn mir dann mal wieder jemand die Vorfahrt nimmt, dann denke ich mir: »Ist ja nicht verwunderlich, noch einer aus diesem 90-Prozent-sind-eh-Idioten-Club.« Ich bleibe dabei komplett ruhig, weil ich ja erwarte, dass die meisten Menschen im Verkehr rücksichtslose Rabauken sind. Doch wenn mich mal jemand unerwartet einfädeln lässt und mich dabei sogar freundlich anlächelt, bin ich wirklich dankbar, dass es diese guten 10 Prozent auch gibt. Du musst nur die Erwartungen an die anderen senken![28]

Wer hohe Erwartungen in die Welt und seine Mitmenschen setzt, wird schnell enttäuscht. Wer dagegen die Erwartungen auf ein realistisches Maß senkt, wird seltener aus allen Wolken fallen. Und wer es schafft, für positive Momente dankbar zu sein, den lächelt das Glück viel häufiger an!

Was Francis Bacon zu Recht postuliert hat, bestätigen auch die neuesten psychologischen Studien: Dankbarkeit ist nicht die Folge von Glück, sondern Glück ist die Folge von Dankbarkeit. Wenn wir uns also zu mehr Glück und Zufriedenheit manipulieren wollen, besteht unsere Aufgabe darin, das Gefühl der Dankbarkeit in uns zu kultivieren und täglich zu spüren. Was spirituell klingen mag, möchte ich jetzt – dem wissenschaftlichen Stil dieses Buches entsprechend – mit ein paar psychologischen Studien belegen.

Was sind die Vorteile von Dankbarkeit?

Obwohl die Positive Psychologie die Dankbarkeit erst vor zwanzig Jahren ins Zentrum ihrer Forschung rückte, hat sie bereits seit Jahrhunderten in allen Weltreligionen einen unheimlich hohen Stellenwert. Doch zur Religion kommen wir ja bekanntlich erst in der vierten Dimension der Glücksmanipulation. Zunächst gilt es festzustellen, dass – wie bei allen Gefühlen – unterschiedliche Menschen unterschiedlich häufig und unterschiedlich intensiv das Gefühl von Dankbarkeit verspüren[29]. Für unsere Zwecke der Glücksmanipulation ist besonders interessant, dass Menschen, die häufig dankbar sind für das, was sie haben und was sie erleben, allgemein eine höhere Lebenszufriedenheit besitzen und sich seltener gestresst und depressiv fühlen, was durch mehrere Studien[30] belegt wird.

Spannend ist ja die Frage, warum Dankbarkeit überhaupt mit unserer Lebenszufriedenheit zusammenhängt. Kurz: Warum macht Dankbarkeit glücklicher? Eine Erklärung ist, dass man bewusst anerkennen muss, dass einem etwas Positives widerfahren ist, um überhaupt dankbar sein zu können. Vielen Menschen passieren schöne Dinge, die sie einfach übersehen. Andere wiederum halten ihr gutes Leben für etwas Selbstverständliches.

Eine andere Erklärung ist, dass dankbare Menschen ein stabileres soziales Netz haben und von Freunden und Bekannten mehr Glücksmomente zurückbekommen als undankbare Menschen. Wenn jemand zum Beispiel für die Hilfe eines anderen von Herzen dankbar ist, dann stärkt das nicht nur ihre soziale Beziehung, sondern auch die Wahrscheinlichkeit, dass er ihm in Zukunft irgendwann auch helfen wird. Umgekehrt möchte man mit undankbaren Menschen eher weniger zu tun haben und ihnen auch kein zweites Mal helfen.

Dankbare Menschen haben durch ihr stärkeres soziales Netzwerk auch mehr Möglichkeiten, Lösungen für ihre alltäglichen Probleme zu finden und dadurch persönlich zu wachsen[31]. Daneben haben sie auch einen besseren Schlaf[32] und kommen mit einem Wechsel in einen neuen Lebensabschnitt psychisch besser klar[33]. Gefühlt hat Dankbarkeit Hunderte von Vorteilen – und deswegen wird es Zeit, dass ich dir eine Methode vorstelle, mit der du in den Genuss dieser ganzen Dankbarkeitsvorteile kommst.

Doch zunächst ein paar praktische Erwägungen. Viele Menschen, die Dankbarkeit nicht täglich verspüren, haben eine für ihre Glücksmaximierung ungünstige Vorstellung: Sie warten auf einen Lottogewinn oder ein anderes Großereignis – doch für die kleinen Dinge des Lebens können sie leider keine Dankbarkeit aufbringen. Diese weitverbreitete Haltung hat einen riesigen Nachteil: Es können Wochen, Monate oder Jahre vergehen, bis ein Großereignis stattfindet. Schlauer wäre es, auch für die kleinen Momente dankbar zu sein. Denn wenn wir mit offenen Augen durch die Welt gehen, kommen diese täglich vor. Dass es bei der Wanderung trotz grauer Wolken nicht geregnet hat, dass der Busfahrer auf dich gewartet hat, dass einem der Bäcker ein Extrabrötchen geschenkt hat – es gibt jede Menge kleine Ereignisse, die nicht selbstverständlich sind. Dafür sind einige von uns jedoch blind. Um seine Augen für die kleinen Dinge des Lebens zu öffnen, gibt es eine psychologisch getestete Methode. Es wird Zeit, sie kennenzulernen.

Das Dankbarkeitstagebuch

Im Grunde verrät die Zwischenüberschrift bereits fast alles: Der effektivste Weg zur Glücksmanipulation über das Gefühl der Dankbarkeit ist ein Tagebuch, in dem man schriftlich festhält, wofür man dankbar ist. Aus wissenschaftlicher Sicht ist es ratsam, nicht nur die Punkte zu notieren, für die man dankbar ist, sondern zusätzlich die Frage zu beantworten, *warum* einem eine gute Sache passiert ist.[34] Das führt nämlich dazu, dass man sich intensiver mit der Ursache für das gute Ereignis auseinandersetzt und somit einen noch intensiveren emotionalen Bezug dazu findet.

Bevor wir mit der Übung loslegen, ein wichtiger Hinweis: Die Wissenschaftler sind sich nicht einig, wie oft man in ein Dankbarkeitstagebuch schreiben soll. Einige Studien[35] weisen darauf hin, dass tägliche Notizen den größten Effekt haben. Andere[36] wiederum stellen fest, dass es ratsamer ist, das Dankbarkeitstagebuch nur ein Mal pro Woche zu führen. Was ist nun besser? Aus eigener Erfahrung kann ich berichten, dass es sich empfiehlt, gerade am Anfang dieser Übung täglich Dinge aufzuschreiben, für die man dankbar ist. Nach einer Woche aber gibt es bereits viele Wiederholungen, sodass ich persönlich es sinnvoller finde, ab dann nur alle drei Tage ein paar Einträge ins Dankbarkeitstagebuch vorzunehmen. Es muss natürlich kein physisches Tagebuch sein – jede digitale Notiz-App tut es auch.

Übungsblatt: Sieben Tage Dankbarkeit mit dem Dankbarkeitstagebuch

Falls du noch kein derartiges Tagebuch führst, empfehle ich, dass du die nächsten sieben Tage täglich Dinge notierst, für die du dankbar bist. Egal, wie groß oder wie klein sie sind. Am besten machst du das am Abend, weil bis dahin sicher mehr positive Dinge geschehen sind, für die du dankbar sein kannst. Lustigerweise ist sich die Wissenschaft ebenfalls uneins darüber, wie viele Dinge man in sein Tagebuch notieren sollte. Die Vorschläge reichen von drei bis zehn (oder manchmal sogar mehr) Punkten. Hier kann ich wiederum aus eigener Erfahrung berichten, dass es manchmal schwer sein kann, zehn Dinge an einem einzigen Tag zu finden. Daher mein Vorschlag: Notiere dir doch zwischen drei und fünf Dingen. Wenn du an einem super Tag mehr Dinge notieren willst, nur zu! Nicht zu vergessen: Für eine tiefere emotionale Auseinandersetzung mit jedem Punkt bitte auch den Grund notieren, warum dir ein gutes Ereignis passiert ist. Hier das Übungsblatt:

DINGE, FÜR DIE ICH HEUTE DANKBAR BIN

Notiere täglich mindestens drei Dinge, für die du dankbar bist, und schreibe dahinter, warum sie dir passiert sind.

1. ....

2. ....

3. ....

4. ....

5. ....

6. ....

7. ....

8. ....

9. ....

10. ....

Vielleicht magst du an der Stelle einwenden, dass du noch nie im Leben ein Tagebuch geführt hast und es sicherlich in deinem jetzigen Alter nicht anfangen wirst. So habe ich auch gedacht. Doch nachdem ich die Studien mit ihren eindeutigen Ergebnissen zum erhöhten Zufriedenheitsgefühl gelesen hatte, musste ich es einfach ausprobieren. Manchmal müssen wir eben unsere Gewohnheiten ändern, um uns dem Glück noch mehr zu öffnen. Und nicht vergessen: Diese Übung dauert zunächst ja nur sieben Tage, danach kannst du es auch sein lassen, wenn du keine Effekte spürst. Wie ich am Anfang des Buches bereits geschrieben habe: Die hier vorgestellten Glückstechniken sind eine Art Büfett, aus dem du die für dich passenden herausgreifen solltest.

Der Dankbarkeitsbesuch

Bleiben wir noch einen Augenblick beim Thema Dankbarkeit. Es gibt nämlich noch eine zweite Dankbarkeitsübung, die noch glücklicher macht als das Dankbarkeitstagebuch. Die Rede ist vom Dankbarkeitsbesuch (*gratitude visit*)[37]. Die Teilnehmer einer Studie bekamen eine Woche Zeit, um einen Brief an eine Person zu schreiben, die etwas Nettes für sie gemacht hatte und bei der sie sich nicht ordentlich bedankt hatten. Im zweiten Schritt, innerhalb derselben Woche, sollten sie den Brief dieser Person übergeben. Der Effekt war enorm: Noch einen Monat[38] nach dieser Erfahrung waren die Probanden glücklicher als die Kontrollgruppe! Zeit für eine Übung dazu.

Übung zum Dankbarkeitsbesuch

DER DANKBARKEITSBESUCH

Schreibe einen Brief, in dem du dich bei einer Person für etwas Nettes bedankst, und überbringe den Brief persönlich. Er sollte circa 300 Wörter umfassen und möglichst genau benennen, was die andere Person für dich

gemacht hat und wie es dein Leben positiv beeinflusst hat. Nenne der Person einen vagen Grund, warum du sie besuchen willst, und lies den Brief laut vor. Bitte die Person, dich nicht zu unterbrechen, und sprecht danach über eure Gefühle.

Mich persönlich hat diese Übung so sehr berührt, dass ich sogar davon geträumt habe. Das Besondere an ihr: Viele Menschen wissen gar nicht, wie sehr sie dich positiv beeinflusst haben. Umso mehr freuen sie sich, wenn du sie mit einem Dankbarkeitsbesuch überraschst. Natürlich erfordert das Mut, insbesondere bei Personen, die du vielleicht schon lange nicht mehr gesehen oder zu denen du ein ambivalentes Verhältnis hast. Doch warum nicht mit einer »einfachen« Person beginnen und die Macht dieser Übung auf dein Glücksgefühl noch diese Woche spüren?

4. Achtsamkeit und Meditation

Die Frage ist nicht, ob es ein Leben nach dem Tod gibt.
Die Frage ist, ob du vor dem Tod lebendig bist.

Osho

Die Begriffe »Meditation« und »Achtsamkeit« sind keine Synonyme – und doch gibt es große Überlappungen zwischen beiden Konzepten. Vorab sei gesagt, dass die Begriffe unterschiedliche Praktiken umfassen und nicht klar definiert sind. Wie auch? In den unterschiedlichen Weltreligionen und Kulturen gibt es seit Jahrtausenden Meditationspraktiken – und der moderne Begriff »Achtsamkeit« hat nicht zuletzt den Zweck, den Achtsamkeitsübungen ihre Religiosität und Spiritualität zu nehmen. Aus eigener Erfahrung weiß ich, dass der Begriff »Meditation« bei vielen Menschen einen Esoterik-Alarm im Kopf auslöst. Doch auch zum Thema Meditation gibt es handfeste wissenschaftliche Studien, welche die Wirkung dieser Technik in Bezug auf die Glücksmanipulation beweisen.

Wie sich Achtsamkeit von Momentgenuss-Techniken unterscheidet

Spannend ist die Unterscheidung von Achtsamkeit und oben dargestelltem Momentgenuss – denn im Prozess der Abgrenzung kommen wir einer klaren Definition von Achtsamkeit ein ganzes Stück näher. So könnte man nach der Lektüre des Momentgenuss-Kapitels (fälschlicherweise) annehmen, dass wir beim Momentgenuss im Grunde nichts anderes tun, als den Moment achtsam zu genießen. Ich habe zum Beispiel darüber gesprochen, dass wir den Momentgenuss des Wellenrauschens dadurch intensivieren können, dass wir unsere Augen schließen und uns auf das Geräusch der Wellen konzentrieren. Genau diese Konzentration auf ein bestimmtes Gefühl oder Objekt ist bei der Achtsamkeit beziehungsweise Meditation jedoch *nicht* das Ziel. Vielmehr geht es bei der Achtsamkeit darum, alle Sinne zu weiten und mit jedem einzelnen möglichst viele Eindrücke aufzunehmen, statt sich auf etwas Bestimmtes zu fokussieren. In Analogie zur Fotografie könnte man auch sagen: Beim Momentgenuss wollen wir hineinzoomen auf etwas Konkretes, bei der Meditation wollen wir herauszoomen und offen sein für alles, was in und um uns passiert.

Letzteres kann sich auf vielerlei beziehen – auf unsere Körperempfindungen, unsere aufkommenden Gedanken oder unsere Emotionen, also letztlich auf alles, was wir im Hier und Jetzt bewusst wahrnehmen können. Dieses Moment-Bewusstsein ist gar nicht so einfach. Wie häufig ist man nämlich in einer Art Autopilot-Modus und erledigt seine Aufgaben, ohne sich seiner Gedanken, Gefühle und Körperempfindungen bewusst zu sein? Die meisten Menschen, mit denen ich über dieses Thema spreche, geben unumwunden zu, dass sie sich fast nie Zeit für Achtsamkeit nehmen und wie im Tunnel von morgens bis abends durch ihre To-do-Liste rauschen. Daher auch mein Einstiegszitat von Osho: Wir machen uns häufig Sorgen über die Nachwelt, aber kaum bis keine Sorgen darüber, das Hier-und-Jetzt zu verpassen und den Moment nicht bewusst wahrzunehmen. Die Aneinanderreihung von verpassten Momenten ist aber nichts anderes als ein verpasstes Leben! Wenn wir dann endlich durch den Tunnel des Alltags beim Wochenende angekommen sind, oder sogar im Urlaub, wollen sich die meisten von diesem Hamsterrad erholen und einfach nur »abschalten«. Nur ist das Abschalten im Grunde das Gegenteil des Momentbewusstseins, bei dem wir offen sind für unsere Gedanken- und Gefühlsströme und sie vor unserem inneren Auge beobachten.

Die fünf Faktoren der Achtsamkeit

Doch was genau ist nun Achtsamkeit? Anfang dieses Jahrhunderts ist das sogenannte Fünf-Faktoren-Modell[39] für Achtsamkeit aufgestellt worden. Es beschreibt fünf Fähigkeiten, die bei achtsamen Menschen stark ausgeprägt und psychometrisch evaluierbar sind. So viel sei aus der Welt der Wissenschaft schon verraten: Erstens hängen die Fähigkeit zur Achtsamkeit und die allgemeine Lebenszufriedenheit stark miteinander zusammen, sogar bei Menschen, die nicht regelmäßig meditieren. (Zu dieser Aussage findest du in den Anmerkungen gleich sieben wissenschaftliche Studien[40].) Und zweitens, was für unsere Zwecke der persönlichen Glücksmanipulation nicht minder entscheidend ist: Achtsamkeit kann durch Training erweitert werden[41] und steht uns allen – wenn wir uns dafür öffnen – als Glückstechnik zur Verfügung. Es sind diese fünf Faktoren der Achtsamkeit, die wir in uns entwickeln können:

1. Erfahrungen beobachten können
2. Diese Erfahrungen beschreiben können
3. Mit Bewusstheit handeln können
4. Nichtbewerten der Erfahrungen
5. Nichtreagieren auf Erfahrungen

Erfahrungen beobachten können (Faktor 1): Mit Erfahrungen sind Gefühle, Gedanken und alle Sinneseindrücke gemeint. Du kennst sie sicher – die vermeintlich einfache Achtsamkeitsmeditation, bei der es »nur« darum geht, auf seine Atmung zu achten. Schon mal ausprobiert? Es klingt so einfach und ist doch eine der schwersten Übungen. Denn während man dasitzt und auf seine Atmung achten möchte, wird man ständig von Gedanken und Emotionen heimgesucht, die einen von der achtsamen Beobachtung seiner Atmung ablenken. Versuch es doch selbst einmal: Schließ das Buch, stelle deinen Handywecker auf fünf Minuten und versuche, dich nur auf deine Atmung zu konzentrieren, also bewusst dein Einatmen, dein Ausatmen und die Pause dazwischen wahrzunehmen. Du wirst sehen: Ständig kommt dir etwas dazwischen, was dich davon ablenkt, deine Erfahrung (in dieser Übung: deine Atmung) bewusst wahrzunehmen.

Für unser Thema Glücksmanipulation spielt das Beobachten natürlich eine wichtige Rolle: Wer zum Beispiel bewusst wahrnimmt und genau beobachtet, dass er in einer bestimmten Situation beginnt, sich zu ärgern (etwa beim Telefonat mit den Eltern), kann diesen Prozess besser und schneller unterbinden und wird dadurch weniger negative Emotionen spüren. Wer diese Emotionsänderung nicht in sich beobachten kann, ist seinen negativen Emotionen länger ausgeliefert. Umgekehrt ist es genauso: Wer bewusst beobachtet, dass eine Situation ihm positive Emotionen beschert, kann die Situation (zum Beispiel einen Spaziergang im Park) bewusst verlängern und seine positiven Emotionen dadurch steigern. Die Achtsamkeitsmeditation ist dafür die ideale Übung. Am Ende dieses Kapitels kommen wir zu ein paar Übungen, mit denen du deine Fähigkeit zu beobachten regelmäßig trainieren kannst.

Es geht also darum, Meditation nicht einfach als das Beobachten der Sinneseindrücke zu verstehen. Vielmehr geht es darum, aus den Erfahrungen folgerichtig zu schließen und sein Verhalten so anzupassen, dass man weniger negative und mehr positive Emotionen verspürt. Damit das gelingt, muss man natürlich in der Lage sein, aus dem Autopilot-Modus auszusteigen und das Hier und Jetzt bewusst zu beobachten. Die Meditation ist also kein Selbstzweck, sondern Vehikel, mit dem wir lernen können, die Automatismen abzulegen, und das Bewusstsein dafür schärfen, wann wir uns gut fühlen und wann nicht.

Diese Erfahrungen beschreiben können (Faktor 2): Wir Menschen können Dinge besser begreifen, wenn wir Begriffe dafür haben. Teil der »emotionalen Intelligenz« nach Daniel Goleman[42] ist es, seine Emotionen exakt beschreiben zu können und zu verstehen, was gerade in einem vorgeht. Im Grunde ist es ziemlich logisch: Wenn jemand gar nicht beschreiben kann, wie er sich gerade fühlt, versteht er sich selbst nicht. Wer dagegen das Gefühl exakt benennen kann und sich gegebenenfalls noch die Mühe macht, die Ursache für dieses Gefühl zu ergründen, wird sein Verhalten besser steuern können.

Was etwas abstrakt klingt, möchte ich an einem Alltagsbeispiel kurz veranschaulichen. Person A fühlt sich in der Nähe ihrer Führungskraft immer unwohl und meidet sie daher. Das ist natürlich nicht gut für das Fortkommen auf der Karriereleiter. Doch viel wichtiger ist, dass Person A an diesem Unwohlsein nichts verändern kann, weil sie nicht genau versteht, weswegen sie sich in der Nähe der Führungskraft so unwohl fühlt. Person B dagegen ist in der Lage, das ungute Gefühl in der Nähe der Führungskraft besser beschreiben zu können. Wenn sie in das mulmige Gefühl hineinzoomt, stellt sie fest, dass sie sich der allwissenden Führungskraft gegenüber hilflos fühlt, weil die ständig die vorgestellte Arbeit korrigiert und bemängelt. Weil Person B die Emotion besser begreifen kann, kann sie auch praktische Schlüsse für sich ableiten: Das Gefühl der Hilflosigkeit kommt durch das mangelnde Wissen und mangelnde Vorbereitung. Wissen kann man sich jedoch aneignen. So wird Person B, ganz im Sinne unserer Glücksmanipulation, die nächsten Wochen pauken und ihr Wissen ausbauen. Dadurch wird sie im nächsten Gespräch mit der Führungskraft schlagfertiger und das Gefühl der Hilflosigkeit wird Stück für Stück verschwinden. Diese Verhaltensänderung ist aber nur dadurch möglich geworden, dass Person B die eigenen Emotionen aus den vergangenen Gesprächen mit der Führungskraft beschreiben und analysieren konnte. Im Ergebnis hat Person B weniger negative Emotionen und dadurch eine positivere Emotionsbilanz. Natürlich muss auch dieser zweite Faktor der Achtsamkeit eingeübt werden – daher am Ende des Kapitels eine Übung dazu.

Mit Bewusstheit handeln können (Faktor 3): Wir alle tun die meisten Dinge, ohne sie uns bewusst zu machen. Zum Beispiel am Morgen: Der Wecker klingelt, dann ab ins Bad, dann anziehen, in der Bäckerei um die Ecke einen Milchkaffee zum Mitnehmen holen, in den Bus steigen und so weiter. Ich habe weiter vorn ja bereits ein paarmal vom halbbewussten »Autopiloten« gesprochen, also der Idee, dass wir wie ein Flugzeug einem inneren Programm folgen, ohne groß darüber nachzudenken, was wir tun. Ein Anzeichen dafür, dass jemand ohne Bewusstsein handelt, ist, dass er kleine Fehler begeht. Er hat zum Beispiel Flecken vom Essen auf der Kleidung, Rechtschreibfehler in seiner E-Mail, zerbricht seine Tasse, verpasst die Autobahnausfahrt oder vergisst die WhatsApp-Nachricht einer guten Freundin. Solche »Unachtsamkeiten« passieren ja deswegen, weil wir nicht im Augenblick präsent sind, sondern an die Vergangenheit oder an die Zukunft denken beziehungsweise mehrere Dinge parallel machen und daher von unserem konkreten Handeln abgelenkt sind.

Sich zu hundert Prozent auf ein konkretes Tun konzentrieren zu können, ist natürlich trainierbar, erfordert aber regelmäßiges Üben. Du merkst schon: Achtsamkeit und ihre Faktoren werden uns von der Natur leider nicht geschenkt. Genau wie Bildung und Fitness müssen wir uns auch Achtsamkeit erarbeiten. Doch wenn man diesen Weg geht, gewinnt man etwas Einzigartiges: das Gefühl, mittendrin im Leben zu sein – statt des Gefühls, dass das Leben an einem vorbeirauscht. Es ist ja kein Zufall, dass gerade Erwachsene häufig sagen, dass »die Zeit immer schneller vergeht«. Meine Erklärung dafür kannst du dir wahrscheinlich schon denken: Nicht die Zeit vergeht schneller, sondern die Zeit, die wir als Erwachsene bewusst wahrnehmen, wird immer knapper. Den Rest der Zeit, in der wir im Autopilot-Modus leben, müssen wir ja abziehen, weil wir sie nicht bewusst erleben. Kinder dagegen machen sich wenig bis keine Sorgen um Zukunft und Vergangenheit, erleben viele Dinge intensiver und langweilen sich kein Stück, wenn sie eine Sandburg bauen oder Lego spielen. Diese Fähigkeit, mit Bewusstheit handeln zu können, hatten wir als Kinder alle – und die Übung am Ende des Kapitels wird dir dabei helfen, diese Fähigkeit wieder zu stärken.

Nichtbewerten der Erfahrungen (Faktor 4): Häufig tauchen bei uns Gefühle und Gedanken irgendwo aus dem Unterbewusstsein auf. Mal sind es positive, mal negative. Mit Nichtbewerten der Erfahrungen ist im Rahmen der Achtsamkeit gemeint, dass wir uns für »irrationale« oder »unangemessene« Gedanken kritisieren und uns verbieten, bestimmte Dinge zu denken oder zu fühlen. Genau das hat der Begründer der klassischen Psychologie Sigmund Freud mit »Verdrängung« gemeint: Ein Gedanke oder Gefühl entsteht – und wir verbieten uns, ihn zu denken beziehungsweise es zu spüren.

Die Idee des Nichtbewertens der Erfahrungen ist bereits mehrere Jahrtausende alt, und dazu gibt es ein wunderbares Gleichnis, das Buddha zugeschrieben wird: *Der zweite Pfeil des Buddha.* Der Legende nach sagte er, dass seelischer oder körperlicher Schmerz sich wie ein Pfeil anfühlt, der uns trifft. Und was ist dann der zweite Pfeil? Das ist deine Bewertung des ersten Pfeils – deine

Ablehnung und dein Kampf dagegen –, die zusätzliches unnötiges Leid erzeugt. Durch die zusätzliche negative Bewertung kommt es also zu doppeltem Schmerz. Ihn können wir abwenden, indem wir uns nicht wegen negativer Gefühle und Gedanken fertigmachen. Auch die schlechtesten Gedanken ziehen, wie Wolken, irgendwann vorbei oder lösen sich komplett auf.

Ein anderer großer Denker, Epiktet, hat ebenfalls einen sehr wertvollen Gedanken zum Nichtbewerten geäußert:

> *Es sind nicht die Dinge, die uns beunruhigen, sondern die Meinungen, die wir von den Dingen haben.*

Ein weises Zitat, zu dem man sicher ein ganzes Buch mit Interpretationen und Beispielen schreiben könnte. Der Grundgedanke ist aber derselbe wie bei Buddha: Erst unsere eigene negative Interpretation des an sich neutralen Geschehens führt dazu, dass wir besorgt sind oder uns schuldig fühlen. Ein einfaches Beispiel: Beim Bewerbungsgespräch (oder beim Kundengespräch) können wir auf eine Frage nicht antworten, fühlen uns in dem Augenblick unwohl, doch zu Hause angekommen machen wir uns Vorwürfe, nicht schlagfertig gewesen zu sein. Zum einen ist ja überhaupt nicht klar, ob unsere Stille für den Gesprächspartner wirklich so schlimm gewesen ist. Zum anderen, und das ist hier viel wichtiger, verdoppeln wir unseren Schmerz, indem wir uns noch am Abend Vorwürfe machen und einen zweiten Pfeil auf uns schießen. Nicht das Ding an sich (unsere Nicht-Antwort im Gespräch) besorgt uns also, sondern die Meinung, die wir von unserer Nicht-Antwort haben (»Ich bin ja so blöd, dass ich das nicht wusste!«). Dieses einfache Beispiel zeigt deutlich, wie ein Nichtbewerten unserer negativen Erfahrung im Gespräch unserer Zufriedenheit helfen könnte: Sich weniger Vorwürfe zu machen, bedeutet natürlich, eine positivere Glücksbilanz zu haben.

Wir können uns also auch dadurch effektiv zu mehr Zufriedenheit manipulieren, indem wir die negativen Emotionen wie Vorwürfe, Schuld, Hilflosigkeit, Ärger, Angst, Verletzlichkeit, Trauer und viele andere reduzieren. Während es bei den oben vorgestellten Glückstechniken Dankbarkeit und Momentgenuss ausschließlich darum geht, die positiven Emotionen zu kultivieren und zu intensivieren, geht es bei der Achtsamkeit auch um den klugen Umgang mit negativen Emotionen. Wenn du also eine negative Emotion verspürst, denke in Zukunft einfach an das Gleichnis mit dem zweiten Pfeil.

An dieser Stelle kommt übrigens gern der Einwand, dass negative Emotionen »natürlich« sind und durchaus ihre Berechtigung haben. Zwar würden sie uns die Glücksbilanz verderben, doch wären sie wichtig, um aus ihnen zu lernen und das eigene Verhalten entsprechend zu ändern. Dazu zwei Dinge: Erstens kann ich auch aus einem Fehler lernen, ohne auf negativen Emotionen herumzureiten und sie unnötig zu verlängern. Zweitens ist der Hinweis auf die Natürlichkeit der negativen Emotionen fehl am Platz, weil auch unser Unwissen natürlich ist, wir aber dennoch in jungen Jahren viel lernen, um den »natürlichen« Zustand des Unwissens zu überwinden[43]. Wir tun natürlich auch viele andere »unnatürliche« Dinge wie E-Mails schreiben oder Zähne putzen. Es geht also nicht darum, sich an negativen Emotionen festzuklammern und sie zu rechtfertigen, sondern darum, sie im Sinne einer positiven Glücksbilanz zu reduzieren – so wie wir täglich mit jeder Google-Suche und mit jedem Buch unser Unwissen Stück für Stück reduzieren. Das wird natürlich nie zu hundert Prozent gelingen, ebenso wenig wie das gesamte Wissen der Welt aufzusaugen – doch wer täglich daran arbeitet, wird belohnt.

Nichtreagieren auf Erfahrungen (Faktor 5): Auch dieser Aspekt der Meditation ist Jahrtausende alt und bezeichnet das Ziel, den seelischen Zustand einer Seelenruhe (Ataraxie) zu erreichen, indem man auf negative Gedanken, Emotionen und Schicksalsschläge mit Gelassenheit und »stoischer Ruhe« reagiert. In manchen Traditionen geht es auch darum, auf *positive* Gedanken und Gefühle nicht zu reagieren. Hintergrund des Verzichts auf Positivität ist, sich davon ebenfalls unabhängig zu machen und das gesamte Leben so zu nehmen, wie es kommt. Allerdings wäre es für unsere Zwecke der Glücksmanipulation kontraproduktiv, positive Emotionen und Gedanken zu ignorieren. Daher schlage ich vor, dass wir nur auf negative Erfahrungen nicht reagieren – auf positive aber schon.

Wenn ich in meinen Seminaren diesen Vorschlag mache, kommt von den Teilnehmern häufig folgender Einwand:

> *Lieber Wlad, bei allem Respekt: Das, was du vorschlägst, ist doch pure Rosinenpickerei! Du willst auf positive Emotionen reagieren und sie genießen, die negativen jedoch ausblenden. So funktioniert das aber sicher nicht. Das Positive kann ohne das Negative nicht existieren. Entweder reagiert man auf gar keine Emotion – oder auf alle.*

Auf diese Kritik antworte ich mit meinem Lieblingsbeispiel, das du schon aus meiner Einleitung kennst. Wenn jemand an einen Büfetttisch mit fünfzig unterschiedlichen Speisen kommt, sagt man ihm ja auch nicht, dass er alle Speisen auf seinen Teller packen müsste. Jeder Mensch soll sich natürlich nur die Speisen auf den Teller tun, die er mag. Ähnlich ist es bei Freunden: Wir sind nicht mit allen Menschen befreundet, sondern wählen nur die »guten« aus, die uns gefallen. Warum also kein Rosinenpicken bei Emotionen, wenn wir beim Essen und bei Freunden und in vielen anderen Bereichen unseres Lebens auch das Beste auswählen und das Schlechte liegen lassen? Ähnlich habe ich es auch schon bei den mentalen Zeitreisen in die Vergangenheit und in die Zukunft vorgeschlagen: Wir sollten uns auf die positiven Ereignisse fokussieren und dadurch unser Glück mehren. Das heißt nicht, dass es keine negativen Gedanken an die Vergangenheit oder Zukunft geben wird. Ich wähle mir nur eben bewusst die positiven Emotionen aus, um mit ihnen mehr Zeit zu verbringen. Die Negativität ausschalten? Das wird wohl kein Mensch zu hundert Prozent schaffen. Die Negativität reduzieren? Das wiederum kann jeder schaffen, der das Nichtreagieren auf negative Ereignisse trainiert.

Es gibt noch eine weitere fundamentale Kritik am Konzept des Nichtreagierens auf (negative) Erfahrungen. Sie lautet, dass das Nichtreagieren zu Passivität und Akzeptanz des Schlechten führt. Hier eine eloquent vorgetragene Kritik aus einem Zeitungsartikel mit dem provokanten Titel »Die gefährlichen Folgen der Achtsamkeitslehre«[44]:

> *Die Ursachen für den Stress werden nicht infrage gestellt, sondern das Anpassungsvermögen des Individuums. Das Leiden wird dadurch dekontextualisiert oder als vollendete Tatsache anerkannt, was eine Scheuklappenmentalität verursacht, die die wahren Probleme außer Acht lässt. Das Ich wird gleichzeitig zum Sündenbock und zur eigenen Rettung. [Mit dem] Fazit, dass Achtsamkeit in den meisten Fällen die vorherrschenden Zustände legitimiert, anstatt sie infrage zu stellen.*

Wir alle sollten aber wissen: Was eloquent vorgetragen wird, muss inhaltlich nicht richtig sein. Auf den ersten Blick ist die Kritik plausibel: Wenn ich auf negative Zustände nicht reagiere, akzeptiere ich sie als Teil des Lebens und erkenne sie als vollendete Tatsache an. Hier ist aber ein unsichtbarer Gedankensprung gemacht worden, den ich deutlich machen möchte: Die Achtsamkeitslehre will lediglich auf emotionaler Ebene das Negative akzeptieren, also nicht gegen negative Emotionen ankämpfen und sie in unserem Kopf geschehen lassen. Sie sagt aber nicht, dass wir nichts gegen die äußeren Umstände unternehmen sollen.

Klingt zu abstrakt? Wahrscheinlich! Daher ein praktisches Beispiel. Stell dir vor, du hast dich mit einem Stift an einem schönen Sonntag ins Bett verkrochen und möchtest ein Kreuzworträtsel lösen. Du hast dir einen Tee neben das Bett gestellt, dich unter die Bettdecke gekuschelt, nimmst deinen Stift – doch es passiert etwas Unerwartetes: Dein Stift schreibt nicht! Du ärgerst dich über den Stift und überlegst, dass er doch heute Morgen noch geschrieben hat! Blöder Stift! Ausgerechnet jetzt, wo du es dir so bequem gemacht hast!

Nach der Logik des Zeitungsartikels müsste ich mich mit dieser Tatsache abfinden, mit einer Scheuklappenmentalität meinen Zustand ohne Stift legitimieren und den Plan mit dem Kreuzworträtsel aufgeben. Würde das ein normaler Mensch wirklich tun? Natürlich würden die meisten sich erst einmal darüber ärgern, dass sie jetzt aufstehen und einen anderen Stift holen müssen – dann jedoch würden sie genau das tun, zurück ins Bett kriechen und mit dem Kreuzworträtsel beginnen. Was dir die Achtsamkeitslehre wirklich vorschlägt, ist, dass du auf deinen Ärger nicht reagierst. Du nimmst deine Verärgerung wahr, gibst ihr Raum – und machst dir die Tatsache bewusst, dass jede negative Emotion mit der Zeit verschwindet. Wir kämpfen also nicht gegen den Ärger an, sondern akzeptieren ihn als Teil unserer Existenz. Aber natürlich setzen wir keine Scheuklappen auf und akzeptieren unser stiftloses Unglück! Meditation und Achtsamkeit bedeuten also nicht, die Umwelt zu akzeptieren, sondern »nur« die negativen Emotionen und Gedanken. Das sind aber zwei Paar Schuhe!

Übungsblatt: Sieben Tage Meditationstechniken

Jetzt kennst du also alle fünf wissenschaftlich erarbeiteten Faktoren der Achtsamkeit. Und wie bei allem im Leben gilt: Nicht Wissen ist Macht, sondern die permanente Anwendung dieses Wissens. Wie immer möchte ich dich einladen, die folgenden Übungen, egal welches Level, sieben Tage lang auszuprobieren. Beobachte einfach, wie du dich kurz nach der Meditation fühlst. Wenn du dich ruhiger, ausgeglichener und glücklicher fühlst, spricht natürlich nichts dagegen, mit den Achtsamkeitsübungen auch nach diesen sieben Tagen weiterzumachen.

MEDITATIONSÜBUNG (LEVEL 1)

Die erste Übung betrifft den einfachsten Faktor der Achtsamkeit (mit Bewusstheit handeln können). Wenn du das nächste Mal einen Spaziergang machst (oder einfach zur Haltestelle gehst), nimm dir vor, alle Menschen, Bäume, Häuser usw. ganz bewusst anzuschauen. Wie sehen die Gesichter aus? Wie die Baumkronen? Welche Farbe und Form haben die Häuser? Schreibe nach dem Spaziergang fünf Dinge auf, die du bewusst zum ersten Mal auf diesem Weg wahrgenommen hast. Wenn du wirklich anwesend warst, hast du viel mehr als fünf Dinge entdeckt. Notiere sie gern hier:

1. ....

2. ....

3. ....

4. ....

5. ....

Wahrscheinlich denkst du: Das ist ja gar nicht anstrengend! Tatsächlich ist dies eine simple Achtsamkeitsübung. Aber wir wollen uns ja langsam steigern. Die nächste Übung ist schon um einiges schwieriger. Sie betrifft das Nichtstun. Für fünf Minuten. Der französische Philosoph Blaise Pascal hat bereits im 17. Jahrhundert geschrieben, dass das ganze Unglück der Menschen allein daher rührt, dass sie nicht ruhig in ihrem Zimmer sitzen können. Wenn das einer der größten Denker der Neuzeit schreibt, wird sicher was dran sein. Doch auch ohne Blaise Pascal ahnst du wahrscheinlich, dass es nicht einfach sein wird, sich hinzusetzen und fünf Minuten einfach gar nichts zu tun. Mal schauen, wie du Level 2 gleich meisterst!

MEDITATIONSÜBUNG (LEVEL 2)

Die zweite Übung betrifft den ersten, zweiten und vierten Faktor der Achtsamkeit (innere Erfahrungen beobachten und beschreiben können, ohne sie zu werten). Setze dich bequem auf einen Stuhl oder in einen Sessel und schließe deine Augen. Beobachte fünf Minuten (du kannst dafür gerne einen Wecker stellen) deine Gedanken und Gefühle. Was kommt automatisch hoch, wenn du dir vor der Übung vornimmst, an nichts Konkretes zu denken? Versuche die aufkommenden Gefühle so genau wie möglich zu benennen und den mit ihnen verbundenen Gedankenprozess zu beschreiben. Achte insbesondere darauf, dass du sie nicht bewertest bzw. dir das Denken oder Fühlen verbietest. Wenn nach fünf Minuten der Wecker klingelt,

nimm einen Stift und schreibe es auf, ohne darüber zu urteilen.

Meine Gefühle und Gedanken:

....

....

....

....

....

....

....

Nachdem du es aufgeschrieben hast, fühle noch einmal in dich hinein. Höchstwahrscheinlich führt diese Übung auch bei dir zu mehr Klarheit. Ein klares Bewusstsein dafür, was dich im Trubel des Alltags innerlich beschäftigt, wird dich aus dem Autopilot-Modus herausbeamen und dich für den Rest des Tages ruhiger und bewusster machen.

Das Gefühl der inneren Klarheit mit Worten zu beschreiben ist ziemlich schwer. Aber starte doch gleich mit dieser Übung und erfahre sie direkt selbst!

Nachdem es in der ersten Übung nur um einen Faktor der Achtsamkeit ging und in der zweiten um drei, geht es in der letzten Meditationsübung um alle fünf Faktoren der Achtsamkeit.

MEDITATIONSÜBUNG (LEVEL 3)

Diese Übung betrifft alle Faktoren der Achtsamkeit (innere Erfahrungen beobachten und beschreiben können, ohne sie zu werten und ohne auf sie zu reagieren – und das alles mit hundertprozentiger Bewusstheit). Setze dich wieder bequem hin und schließe deine Augen. Konzentriere dich nur auf deine Atmung, also nimm bewusst jedes Einatmen, jedes Ausatmen und jede Pause dazwischen wahr. Wenn dich ein Gefühl oder ein Gedanke von der Atmung »ablenkt«, dann jage ihm nicht nach und schelte dich nicht dafür, sondern führe deine Konzentration zurück auf die Atmung. Anschließend (nach diesmal zehn Minuten Meditation) beantworte bitte folgende fünf Fragen:

1. Wie gut ist es dir gelungen, dich auf die Atmung zu konzentrieren? Wie oft warst du durch Gedanken und Gefühle abgelenkt?

....

....

....

2. Beschreibe die Gedanken und Gefühle, die dich abgelenkt haben, möglichst genau. Was hat dich am meisten beschäftigt?

....

....

....

3. Wie hat es sich angefühlt, deinen Fokus wieder komplett auf die Atmung zurückzuführen?

....

....

....

4. Ist es dir gelungen, deine emotionalen oder gedanklichen Abschweifungen nicht zu bewerten, sondern einfach nur die Konzentration auf die Atmung zurückzuführen?

....

....

....

5. Ist es dir gelungen, auf deine emotionalen oder gedanklichen Abschweifungen nicht zu reagieren und vor allem den negativen Emotionen nicht nachzujagen?

....

....

....

Selbst nach jahrelanger Übung berichten Menschen, dass sie hin und wieder von Gefühlen und Gedanken abgelenkt werden und es nicht schaffen, auf sie nicht zu reagieren und sie nicht zu bewerten. Es geht hier aber nicht um Perfektion, sondern darum, dass du deine Bewusstheit immer weiter trainierst. Der beste Tennisprofi der Welt haut viele seiner Bälle ins Netz. Der beste Stürmer der Welt schießt nicht in jedem Spiel ein Tor. Warum sollten wir also Perfektion von uns erwarten?

Vielmehr können wir in jeder Achtsamkeitsmeditation den bewusst wahrgenommenen Augenblick schätzen und darüber glücklich sein, dass wir zumindest für kurze Zeit den Tunnelblick verlieren und uns voll auf das Hier und Jetzt konzentrieren. Und da die Wissenschaft eine starke Korrelation zwischen Meditation und Lebenszufriedenheit festgestellt hat, ist es nur eine Frage der Zeit, bis du sie stärker als zuvor spürst. Was du aber sofort (zumindest kurzzeitig) während der Meditationen spüren wirst, ist das bewusste Erleben deiner selbst im Hier-und-Jetzt.

Das durch Meditation und Achtsamkeit erlangte Glück ist natürlich kein Gefühl der momentanen Überschwänglichkeit und psychischer oder körperlicher Ekstase. Es ist, gemäß der über 2500 Jahre alten buddhistischen Tradition, genau das Gegenteil: Seelenfrieden. Wenn man das Wort zu*frieden* aufgliedert, hat man bereits den Schlüssel zum Verständnis: Wer Frieden mit seinem Inneren und der Außenwelt schließen kann, ist zufrieden. Den Weg zu diesem unbezahlbaren dauerhaften Gefühl kennst du jetzt. Gehen musst du ihn selbst.

Zweite Dimension: Das eigene Denken manipulieren

Verstand schafft Leiden.

Titel einer Komödie von Gribojedow

Sich glücklich denken? Ich gebe zu, an diesen Gedanken muss man sich erst mal gewöhnen. Doch wenn man darüber nachdenkt, macht es absolut Sinn, in das eigene Denken einzugreifen. Schließlich denken, bewerten und beurteilen wir fast jeden Augenblick etwas. Wir bewerten einen neuen Menschen bereits nach Millisekunden. Aber auch ein Gespräch mit einem langjährigen Freund wird spätestens nach dem Verabschieden im Kopf bewertet. Eigentlich sollten wir uns fast die Frage stellen, wann wir nicht denken. Bis auf Ausnahmesituationen, wie zum Beispiel beim Orgasmus (also im Moment des Hochgenusses) oder im Flow (wenn wir bei einer Tätigkeit »im Fluss« sind, dazu mehr ab S. 161), denken wir fast die ganze Zeit.

Dass wir fast permanent denken, muss ich also nicht weiter ausführen. Spannend ist aber die Frage, wie wir denken und warum wir über etwas so denken, wie wir es tun. Im Folgenden möchte ich dir mächtige psychologische Glückstechniken vorstellen, mit denen du dein Denken zu mehr Glück und Zufriedenheit manipulieren kannst. Verstand schafft Leiden? Das ist zwar bei einigen so, muss aber nicht zwingend zutreffen. Verstand schafft Glück – und zu dem Wie kommen wir jetzt.

1. Erlernter Optimismus

An sich ist nichts weder gut noch schlimm, das Denken macht es erst dazu.

Aus *Hamlet* von Shakespeare

Seit jeher lassen sich Menschen in Optimisten und Pessimisten einteilen. Die einen sehen das Glas halb voll, die anderen halb leer. Die Pessimisten spotten, dass ein Optimist ein Mensch ist, der noch nie nachgedacht hat. Die Optimisten spotten, dass der einzige Mist, auf dem nichts wächst, der Pessimist ist. Die Kluft zwischen beiden Typen ist kaum zu überwinden. Sicher bist du auch der Meinung, dass uns eine der beiden Denkweisen angeboren ist. Doch was du vielleicht nicht weißt: Optimismus, der natürlich viel näher am Glück liegt, lässt sich erlernen. Das sage nicht ich, sondern der schon einige Male erwähnte Begründer der Positiven Psychologie Martin Seligman. Im Jahr 1990 schrieb er das Buch *Learned Optimism*[45], in dem er die Voraussetzungen dafür beschreibt, wie jeder von uns ein Optimist werden kann.

Bevor ich diese Voraussetzungen erläutere, möchte ich eine kleine persönliche Anekdote erzählen. Nach der Lektüre seines Buches war ich so optimistisch geworden, dass ich Seligmans persönliche E-Mail-Adresse ausfindig gemacht und ihn für ein Interview zum Thema Glück in meinen Podcast »MENSCHEN ÜBERZEUGEN« eingeladen habe. Seine Antwort war kurz und bündig: *»Sorry, Wlad, I cannot. Martin«*

Der Pessimist würde bei dieser Antwort denken: »War doch klar, dass er absagt! Ich bin einfach nicht bekannt oder wichtig genug, damit er mir ein Interview gibt!«, begleitet von Selbstmitleid und Ungerechtigkeitsgefühlen. Und der Optimist? Mein Gedanke im Moment der Absage war: »Wow! Professor Seligman hat sich die Zeit genommen, mir persönlich abzusagen – und noch dazu meinen Namen erwähnt! Wie cool!«

Wir erinnern uns an Shakespeare: Eine Absage ist weder gut noch schlimm – erst das Denken macht sie dazu. Eine persönliche Absage können wir als schlimm auffassen und uns vom Glück entfernen. Oder wir finden etwas Gutes an ihr – und fühlen uns ein wenig glücklicher. Jetzt bist du sicher gespannt, wie man den Optimismus erlernen kann. Legen wir los!

Über den »Erklärstil« und »erlernte Hilflosigkeit«

Interessanterweise hat Seligman das Konzept des erlernten Optimismus aus seinem alten Konzept der *erlernten Hilflosigkeit* abgeleitet. Vielleicht kennst du sein klassisches Experiment[46], bei dem Hunde Elektroschocks ausgesetzt wurden. In der ersten Phase des Experiments konnte eine Gruppe von Hunden den Schocks entgehen, indem sie lernten, einen Hebel zu betätigen, wodurch die elektrischen Impulse beendet wurden. Die andere Gruppe konnte beim ersten Versuchsdurchlauf auch bei

Betätigung des Hebels nichts gegen die Stromschläge tun. In der zweiten Phase wurden die Hunde in einer sogenannten Shuttlebox untergebracht. Diese bestand aus zwei identischen Boxen, die über eine Öffnung miteinander verbunden waren, sodass die Hunde von einer in die andere Box wechseln konnten. Die Hunde, die in Phase eins gelernt hatten, durch ihr Verhalten den Elektroschocks zu entgehen, kamen sehr schnell auf die Idee, in die andere Box zu wechseln und so den Stromschlägen zu entkommen. Im Gegensatz dazu hatten die Hunde, die im ersten Durchlauf nichts gegen die Stromschläge ausrichten konnten, (leider) ihre Hilflosigkeit erlernt. Sie versuchten gar nicht erst, sich durch einen einfachen Wechsel in die andere Box zu befreien, und ergaben sich lethargisch den Stromschlägen. Mit diesem Experiment konnte Seligman zeigen, dass Hilflosigkeit erlernbar ist.

Du denkst jetzt sicher: Was für Hunde gilt, gilt doch nicht automatisch für Menschen! Schön wär's! Denn in einem ganz ähnlichen Experiment[47] konnte derselbe Effekt der erlernten Hilflosigkeit auch bei Menschen nachgewiesen werden: Die erste Gruppe wurde in einen Raum gebeten, wo ein lautes Geräusch eingeschaltet wurde. Die Forscher erklärten den Teilnehmern, dass sie mithilfe eines Panels mit vielen Knöpfen das laute Geräusch abstellen könnten (in Wirklichkeit war das Panel so manipuliert, dass es unter keinen Umständen das Geräusch ausschalten konnte). Die Teilnehmer drückten alle Knöpfe in allen Kombinationen, sie konnten das Geräusch jedoch nicht abstellen. Die zweite Gruppe dagegen bekam ein funktionierendes Panel und konnte nach einiger Zeit das unangenehme Geräusch ausschalten. Anschließend wurden die Gruppen in einen anderen Raum geführt, und wieder gab es dort ein unangenehmes Geräusch. Die zweite Gruppe probierte einiges aus, und nach kurzer Zeit gelang es den Teilnehmern, das Geräusch abzuschalten. Die erste Gruppe dagegen unternahm überhaupt nichts gegen das Geräusch, obwohl sie es diesmal ebenfalls hätte abschalten können. Die erste Gruppe hatte also ihre Hilflosigkeit erlernt, wodurch bewiesen war, dass man aus vergangenen negativen Erfahrungen »lernt«, dass man in der Zukunft nichts ausrichten kann.

Knapp zwanzig Jahre später hat Seligman seine eigene Theorie um einhundertachtzig Grad gedreht und erklärt, dass auch das Gegenteil möglich ist – nämlich Optimismus zu erlernen. Voraussetzung dafür ist, dass wir unseren sogenannten »Erklärstil« ändern. Mit Erklärstil meint Seligman, wie wir uns ein negatives Ereignis innerlich selbst erklären. Ähnlich wie die Hunde in dem klassischen Experiment befinden wir Menschen uns auch manchmal in einer Situation, in der wir glauben, nichts dagegen tun zu können, weil unsere früheren Versuche nichts genützt haben. Doch wären uns wohl viele Unannehmlichkeiten erspart geblieben, wenn wir uns der Situation nicht hilflos ausgesetzt hätten. Denn nur weil ein Verhalten in der Vergangenheit nichts gebracht hat, heißt das nicht, dass es uns in der Gegenwart nicht helfen könnte. Entscheidend ist also, mit welchem Erklärstil wir uns ein Ereignis selbst erklären. Hier unterscheidet Seligman drei Erklärstile: Dauerhaftigkeit (*permanence*), Verbreitung (*pervasiveness*) und Personalisierung (*personalization*). Schauen wir uns diese drei anhand von Beispielen genauer an!

Optimismus und Dauerhaftigkeit

Im ersten Erklärstil geht es darum, wie dauerhaft ein Ereignis interpretiert wird. Wenn etwas Negatives passiert, dann gehen Pessimisten davon aus, dass sich aus diesem Ereignis dauerhafte negative Konsequenzen ergeben. Wenn ihnen aber etwas Positives passiert, nehmen sie an, dass die Folgen dieses positiven Ereignisses nur kurzfristig sind. Bei den Optimisten ist es genau umgekehrt: Wenn ihnen etwas Negatives passiert, gehen sie davon aus, dass es schnell vorbeigeht, und wenn ihnen etwas Positives passiert, dass sich aus diesem Ereignis dauerhafte positive Konsequenzen ergeben. Hier ein paar Beispiele[48], wie sich bei negativen Ereignissen die Erklärstile unterscheiden:

dauerhaft (pessimistisch)	*vorübergehend (optimistisch)*
»Meine Schwester ist fies.«	»Meine Schwester hat heute einen schlechten Tag.«
»Du antwortest mir nie auf Mails.«	»Du hast auf meine letzten vier Mails noch nicht geantwortet.«

Natürlich klafft auch in puncto positive Ereignisse bei Optimisten und Pessimisten die Schere weit auseinander. Hier die Beispiele:

dauerhaft (optimistisch)	*vorübergehend (pessimistisch)*
»Ich habe immer Glück.«	»Ich habe heute ausnahmsweise mal Glück gehabt.«
»Ich bin überzeugend.«	»Ich habe heute mal eine gute Präsentation gehalten.«

Wenn man die Beispiele einander gegenüberstellt, wird klar, wie sehr es von der eigenen Interpretation abhängt (also dem eigenen Erklärstil), ob die eigenen Gedanken einen glücklich machen oder nicht. Auf den ersten Blick ist die Herangehensweise eine Identitätsfrage. Doch ist eine Identität letztlich eine kumulierte Gewohnheit. Wenn man eine neue Gewohnheit, also einen anderen Erklärstil, in seinem Kopf installiert, führt das über kurz oder lang zu einer neuen optimistischeren Identität. Die Übung dazu folgt am Ende dieses Kapitels.

Optimismus und Verbreitung

Im zweiten Erklärstil geht es darum, wie umfassend ein Ereignis interpretiert wird. Wenn etwas Negatives passiert, weitet der Pessimist das Ereignis auf die gesamte Kategorie aus. Also wenn ein Onlinekurs nichts gebracht hat, bringen alle Onlinekurse nichts. Der Optimist macht es genau umgekehrt: Für ihn bedeutet ein schlechter Onlinekurs nur, dass dieser spezifische Onlinekurs nichts gebracht hat, andere potenziell aber durchaus sinnvoll sind. Hier als grafische Darstellung[49]:

universell (pessimistisch)	*spezifisch (optimistisch)*
»Onlinekurse bringen nichts.«	»Dieser Onlinekurs bringt nichts.«
»Diäten funktionieren nicht.«	»Diese Diät funktioniert nicht.«

Wenn aber etwas Gutes passiert, interpretiert der Optimist dieses Ereignis universell positiv, während der Pessimist es wiederum stark eingrenzt. Hier wieder die Beispiele:

universell (optimistisch)	*spezifisch (pessimistisch)*
»Aus jedem Buch kann ich lernen.« »Podcasts sind super.«	»Ausnahmsweise hat mal dieses eine Buch was gebracht.« »Es gibt nur wenige gute Podcasts und noch weniger gute Podcast-Folgen.«

Auch hier ist der Erklärstil entscheidend dafür, wie zufrieden ein Mensch mit seinem Leben ist.

Optimismus und Personalisierung

Im dritten und letzten Erklärstil geht es darum, wer die Verantwortung für ein Ereignis trägt. Wenn etwas Negatives passiert, gibt der Pessimist sich selbst die Schuld dafür. Der Optimist dagegen macht die Situation oder andere Personen verantwortlich. Wenn etwas Gutes passiert, dann lag das beim Pessimisten an anderen Leuten, während der Optimist sich das positive Ereignis selbst zuschreibt. Diese Art der Zuschreibung führt nach Seligman beim Pessimisten zu einem geringen Selbstbewusstsein und beim Optimisten zu einem großen. Hier ein paar Beispiele für die Beurteilung von etwas Negativem[50]:

intern (pessimistisch)	*extern (optimistisch)*
»Ich habe es nicht verstanden.« »Ich bin ungebildet.«	»Er hat es schlecht erklärt.« »Ich bin bildungsfern aufgewachsen.«

Und hier ein paar Beispiele für die Beurteilung von etwas Positivem:

extern (pessimistisch)	*intern (optimistisch)*
»Das Team hat gewonnen.«	»Ich habe gut gespielt, und meinetwegen haben wir gewonnen.«
»Ich habe Glück gehabt.«	»Ich bin in der Lage gewesen, das Glück beim Schopf zu packen.«

Kein Wunder, dass Menschen, die sich an allem selbst die Schuld geben und bei denen immer andere für Erfolge verantwortlich sind, kein ausgeprägtes Selbstbewusstsein haben. Doch auch diese Art von Beurteilung ist lediglich eine Gewohnheit, die wir zugunsten einer klugen Glücksmanipulation verändern können. Wird Zeit, dass uns Seligman verrät, mit welcher Methode wir die drei Erklärstile in Richtung Optimismus verändern können.

Mit welcher Methode du die drei Erklärstile verändern kannst

Es sind fünf Schritte, mit denen wir unseren Erklärstil bewusst wahrnehmen und analysieren können. Im Englischen nennt Seligman seine Herangehensweise das ABCDE-Modell[51], wobei die Anfangsbuchstaben für die Schritte stehen, die wir einen nach dem anderen absolvieren dürfen.

Schritt 1: Adversity (negatives Ereignis): Ausgangspunkt ist etwas Negatives, zum Beispiel dass der Zug eine halbe Stunde Verspätung hat und man deshalb zu spät zum Meeting kommt.

Schritt 2: Belief (Überzeugung): Hier geht es um die Erwartungshaltung und die Grundüberzeugung, wie etwas unserer Meinung nach sein sollte. Beispiel Züge: Züge müssen pünktlich kommen! Wir leben doch in einem hochentwickelten Technologieland – da kann man Pünktlichkeit erwarten.

Schritt 3: Consequence (Konsequenz): Infolge der eigenen Grundüberzeugung kommt es zu einem bestimmten Gefühl oder Verhalten, das umso intensiver ist, je mehr die Welt von der eigenen Überzeugung beziehungsweise Erwartung abweicht. Bleiben wir bei unserem Beispiel: Man ärgert sich, dass die Deutsche Bahn schon wieder unpünktlich ist und man zu spät zu seinem Meeting kommt. Neben dem Ärger kommt noch das Gefühl der Scham hinzu, wenn man an die vorwurfsvollen Blicke der Teamleiterin denkt, während man sich in den Konferenzraum schmuggelt.

Schritt 4: Disputation (Bestreiten der unklugen Überzeugung): Hier geht es darum, Gegenargumente gegen die eigene Überzeugung bei Schritt 2 zu finden. Wir sind zwar gut darin, Gegenargumente gegen andere vorzutragen, weshalb dieser Schritt etwas ungewöhnlich erscheinen mag. Aber jetzt geht es darum, sich selbst zu widersprechen und nach Fakten und Alternativen zu suchen, welche die eigene Überzeugung erschüttern. Dabei fußt fast jede unkluge Überzeugung auf unrealistischen Erwartungen an sich und die Welt. Zu unserem Beispiel mit dem verspäteten Zug: Kann man wirklich Pünktlichkeit erwarten? Statistisch gesehen kommt jeder vierte Fernzug zu spät. Nur drei von vier Zügen kommen also pünktlich. Interessantes Detail: Wenn ein Zug ausfällt, wird er erst gar nicht in die Verspätungsstatistik einbezogen. Woher ich das weiß? Eine dreißigsekündige Recherche bei Google. Falls dir also nicht selbst ein Gegenargument gegen deine Grundüberzeugung einfällt, könntest du nach Gegenargumenten oder Alternativen im Internet suchen. Gegenargumente gibt es nämlich immer. Du könntest dich auch fragen, wie hilfreich es ist, sich zu ärgern[52] – vor allem, ob dein Ärger etwas an der Verspätungsstatistik ändert. Hier sind einige Fragen[53], mit denen du deine Überzeugungen hinterfragen kannst:

- Welche präzisen Beweise habe ich für meine Überzeugung?
- Welche alternativen Erklärungen sind denkbar?
- Was ist das Schlimmste, was passieren könnte, und wie hoch ist die Wahrscheinlichkeit, dass dies wirklich eintritt?
- Was ist das Beste, was passieren könnte, und wie hoch ist die Wahrscheinlichkeit, dass dies eintritt?
- Ist diese Überzeugung nützlich für mich?

Schritt 5: Energization (Energetisierung): Wenn du es schaffst, deine Überzeugung erfolgreich zu bestreiten, erlebst du nicht nur einen wunderbaren Aha-Moment, sondern du fühlst dich nach Seligman auch energetisiert, also befreit und positiv geladen, weil du dich eines leidigen Glaubenssatzes entledigt hast. Zurück zu unserem Beispiel mit dem verspäteten Zug: Da du ja jetzt weißt, dass statistisch jeder vierte Fernzug zu spät kommt, senkst du deine Erwartungen an die Deutsche Bahn und fällst beim nächsten Mal, wenn ein Zug unpünktlich ist, nicht aus allen Wolken. Das Fallenlassen einer rigiden und unrealistischen Überzeugung gibt dir Energie und Kraft, um mit dem nächsten verspäteten Zug entspannter klarzukommen.

Die Wirkung der unterschiedlichen Erklärstile ist kein Hokuspokus, sondern wissenschaftlich in unterschiedlichsten Situationen erforscht worden. So sagen Erklärstile etwa voraus, wie schnell Patienten nach einer Bypassoperation gesund werden[54] oder wie erfolgreich Schwimmer nach einer Niederlage im nächsten Wettbewerb sind[55]. Das Spannendste am Pessimismus und Optimismus ist ja, dass beide zutreffen. Man kann die meisten Situationen eben positiv oder negativ interpretieren. Doch gerade das ist in puncto Glücksmanipulation gut für uns, denn wir können diese »Doppeldeutigkeit ausbeuten«, wie es der Glücksforscher Daniel Gilbert so schön formuliert hat[56]. Wenn also beide Interpretationen vertretbar sind, warum dann nicht diejenige annehmen, die uns mehr Glück bringt?

Übungsblatt: Erlernter Optimismus

Im Folgenden geht es darum, dass du die ABCDE-Technik selbst anwendest. Ich möchte dir drei klassische Situationen aus dem Leben geben, bei denen du die fünf Schritte bitte ausfüllst. Es geht vor allem darum, die automatischen (negativen) Denkmuster aufzudecken und zu verändern. Ich gebe dir lediglich das negative Ereignis vor, also Schritt 1 beziehungsweise Buchstabe A, und du füllst die anderen vier Schritte mit Inhalt.

ABCDE-ÜBUNG (TEIL 1)

A: Deine Führungskraft hat dich über einen Monat nicht gelobt.

B: Du denkst:
C: Du fühlst:
D: Du bestreitest:
E: Jetzt fühlst du:

ABCDE-ÜBUNG (TEIL 2)

A: Dein(e) Freund(in) antwortet seit einer Woche nicht auf deine E-Mail.
B: Du denkst:
C: Du fühlst:
D: Du bestreitest:
E: Jetzt fühlst du:

ABCDE-ÜBUNG (TEIL 3)

A: Du musst eine Präsentation zu einem Thema halten, mit dem du dich schlecht auskennst.
B: Du denkst:
C: Du fühlst:
D: Du bestreitest:
E: Jetzt fühlst du:

Vorsicht: Wann du lieber nicht optimistisch sein solltest

Ich hoffe, dass auch dir die ABCDE-Übungen dabei geholfen haben, dich nach den fünf Schritten etwas glücklicher zu denken. Das waren jetzt nur drei Überzeugungen, die du innerlich erfolgreich bestritten hast. Im Grunde aber kannst du dir jeden Tag ein negatives Ereignis aussuchen und in deinem Tagebuch die ABCDE-Technik einmal täglich anwenden. So mache ich das seit 2018 jeden Abend. Zwar habe ich nicht jedes Mal das Gefühl, danach energetisiert zu sein, aber manchmal gewinne ich interessante neue Einsichten, wenn ich mal wieder mit überhöhten Erwartungen oder falschen Überzeugungen an die Welt oder an meine Mitmenschen herantrete. Der Aufwand für diese tägliche Übung sind wenige Minuten – und der Ertrag ist, dass wir uns der in unseren Köpfen angesammelten falschen und unrealistischen Überzeugungen nach und nach entledigen. Das ist ein sehr guter Glücksdeal, finde ich.

Trotz aller Vorteile der ABCDE-Technik gibt Seligman aber selbst zu, dass es einige Situationen gibt, in denen wir uns ganz bewusst nicht optimistisch stimmen sollten – vor allem dann, wenn der Preis eines Misserfolgs hoch sein könnte.[57] Stell dir vor, jemand hat gerade das Skifahren gelernt und nun die Möglichkeit, die gefährliche schwarze Piste hinunterzufahren – hat aber Angst davor. Jetzt könnte er sich mithilfe der ABCDE-Technik Optimismus einhauchen, doch das könnte für ihn große Gefahr bedeuten bis hin zum Genickbruch. Oder nehmen wir eine Frau, die in einem von Kriminalität geprägten Land abends allein spazieren gehen möchte, aber ein mulmiges Gefühl hat – auch hier wäre der Preis im Falle eines Unglücks extrem hoch. Wenn wir also einen großen Schaden erwarten können, rät Seligman davon ab, sich zum Optimisten zu machen. Dagegen sind Situationen, in denen der Schaden nur gering wäre, wie geschaffen für die ABCDE-Technik. Wenn zum Beispiel ein junger Vertriebler Telefonakquise machen soll und Angst vor Ablehnung des Kunden hat, oder ein junger Mann eine Frau ansprechen möchte und davor zittert, dann ist der

»Schaden« lediglich eine Absage. In diesen Fällen kann die ABCDE-Technik dabei helfen, das Glück in der (Sozial-)Akquise zu finden.

Die Schwere der Folgen richtig einzuschätzen und nur in passenden Fällen zum Optimisten zu werden, nennt Seligman übrigens »flexiblen Optimismus«[58]. Klug ist es also, nicht um jeden Preis Optimist zu werden. In den Fällen eines geringen Schadens besitzt die ABCDE-Technik eine positive Glücksbilanz, und wir sollten es wagen, unser Denken in die optimistische Richtung umzuprogrammieren.

Übrigens hat die nächste Glückstechnik, mit der wir unser Denken manipulieren können, ebenfalls mit dem Bestreiten unserer Überzeugungen zu tun. Interessanterweise handelt es sich aber hier, im Gegensatz zum erlernten Optimismus, nicht um negative Interpretationen, sondern um die Überzeugungen über das Glück selbst.

2. »Misswünschen« vermeiden

Wenn ich Menschen gefragt hätte,
was sie wollen,
hätten sie gesagt: schnellere Pferde.
Henry Ford

Traurig, aber wahr: Wir denken falsch über Glück. Genauer: Wir haben falsche Vorstellungen darüber, was uns wirklich glücklich macht. Wenn man Leute auf der Straße fragt, was sie dauerhaft glücklich machen würde, kommen klassische Antworten wie:

- mehr Geld
- Traumpartner/Heirat/Kinder
- Beförderung
- schöne Dinge (neues Auto etc.)
- bessere Noten
- gutes Aussehen

Doch hat die Positive Psychologie in den letzten 20 Jahren herausgefunden, dass wir uns diese Dinge zwar wünschen, sie uns aber nicht dauerhaft glücklich machen, wenn wir sie dann bekommen. Für diese Fehlannahmen über das Glück haben Forscher[59] im Jahr 2000 den Begriff »misswünschen« (*miswanting*) geprägt. Ähnlich wie das Missverstehen einen erfolglosen Versuch darstellt, jemanden zu verstehen, beschreibt das Misswünschen einen erfolglosen Versuch, sich etwas zu wünschen, was einen nicht wirklich glücklich machen wird. Die oben aufgezählten Dinge machen uns langfristig gesehen eben (leider) nicht glücklich, wie wir gleich anhand wissenschaftlicher Studien sehen werden.

Ein wichtiger Aspekt der in diesem Buch angestrebten langfristigen Glücksmanipulation besteht darin, dass wir aufhören, falsch über das Glück zu denken. Dieses Kapitel dient daher dazu, das Standardwissen über Glück zu bestreiten, um im Leben nicht auf das falsche Pferd zu setzen. Deswegen auch das Eingangszitat von Henry Ford: Als Pionier des Autobaus wusste er, dass die Menschen gar nicht wissen, was sie wirklich wollen. Nun sind wir wahrscheinlich nicht so schlau wie Henry Ford – doch wofür gibt es wissenschaftliche Studien? Bevor wir aber zu ihnen kommen, sollten wir uns die Frage stellen, warum wir überhaupt misswünschen.

Die Ursachen für unser Misswünschen

Es gibt gleich mehrere Gründe, warum wir uns die falschen Dinge wünschen. Erstens stellen wir uns das zukünftige Ergebnis falsch vor. Zweitens haben wir eine falsche Theorie über uns selbst. Und drittens interpretieren wir unsere Gefühle falsch.[60] Weil das unglaublich abstrakt klingt, möchte ich dir ein einfaches Beispiel aus meinem eigenen Leben geben: mein Jurastudium. Ich bin sicher, dass es dich dazu animiert, etwas aus deinem Leben zu finden, was du dir misswünscht hast.

Die falsche Vorstellung vom Ergebnis: Natürlich wusste ich schon als Teenager, dass ein Jurastudium lange dauert und hart sein wird. Fünf Jahre bis zum ersten Staatsexamen, zwei Jahre bis zum zweiten Staatsexamen, hohe Durchfallquoten. Als ich mit dem Studium 2013 fertig war, mit beiden Examina in der Tasche, habe ich keinen einzigen Tag als Anwalt gearbeitet. Was war passiert? Mit meinem Hang zur Rhetorik ging ich als junger Student davon aus, dass man – ähnlich wie in Hollywoodfilmen – mitreißende Reden schwingt und die Richter mit glänzender Rhetorik davon überzeugt, dass der Mandant recht hat. Doch mit der Zeit fand ich heraus, dass die Aufgabe eines Anwalts darin besteht, dicke Akten zu studieren und Schriftsätze zu verfassen. Rhetorik? Fehlanzeige. Ich hatte also eine völlig falsche Vorstellung davon, was ein Anwalt täglich macht.

Die falsche Theorie über uns selbst: Wir haben eine bestimmte Vorstellung davon, wer wir sind und was wir mögen. Doch ist diese Vorstellung richtig? Häufig ist das nämlich nicht der Fall. Ich dachte ursprünglich, dass es mir Spaß machen wird, meine Mandanten zu verteidigen und vor Gericht zu obsiegen. Doch mit der Zeit fand ich über mich heraus, dass ich mich ungern mit Negativität umgebe. Ständig unzufriedene Mandanten, die sich ungerecht behandelt fühlen, ständig negative Emotionen, weil der Nachbar oder die Ehefrau völlig im Unrecht sind, ständig Vorwürfe des gegnerischen Anwalts – der ganze Gerichtsprozess ist voller Negativität. Dabei mag ich mich aber in Wirklichkeit gar nicht streiten und gehe in meinem Privatleben offenem Zwist immer aus dem Weg. Kurz: Ich dachte, ich wäre ein engagierter Streiter – bin ich aber nicht. Ich hatte leider eine falsche Theorie über mich selbst aufgestellt.

Die falsche Interpretation der Gefühle: Ein Gefühl sagt uns nicht, wo es herkommt – daher ist es einfach, es einer falschen Quelle zuzuschreiben[61]. Wenn sich beispielsweise die Eltern darüber freuen, dass der Sohn etwas Vernünftiges studieren möchte, färbt die Freude der Eltern seine Gefühlswelt. Die Entscheidung, Jura zu studieren, fühlte sich für mich gut an, weil es sich gut anfühlte, dass die Eltern meine Studienwahl so hoch in den Himmel gelobt haben. Und die gute Note in der ersten Hausarbeit sowie die Freude darüber interpretierte ich als Bruchteil von dem Glück, das ich verspüren würde, wenn das Staatsexamen erst einmal bestanden wäre. Daher auch der Entschluss, das Fach zu Ende zu studieren. Was ich völlig ausgeblendet hatte, war das Gefühl der Langeweile in den meisten Vorlesungen, das sich bis ins Referendariat durchgezogen hat. Falsche Interpretation kam bei mir dadurch zustande, dass ich einige Gefühle stark beachtete, während ich die anderen (die wahren und eigenen Gefühle) in eine dunkle Ecke verbannte.

Im Ergebnis habe ich mein Jurastudium misswünscht. Das Tückische am Misswünschen ist natürlich auch die Tatsache, dass bestimmte Dinge (wie ein neues Auto) oder Entscheidungen (wie das Heiraten) von der Gesellschaft bevorzugt werden und wir keine Aussätzigen sein wollen und daher entgegen unseren individuellen Wünschen dem sanften Druck der Gesellschaft nachgeben. Für mehr Anerkennung. Im Berufsleben hat Anerkennung vor allem mit der Beförderung und mit höherem Gehalt zu tun. Fangen wir mit der Beförderung an: Macht sie uns wirklich glücklicher?

Bringt eine Beförderung mehr Glück?

Bringt eine Beförderung mehr Anerkennung mit sich? Mehr Verantwortung? Mehr Glück? Viele Arbeitnehmer wollen die nächste Karrierestufe erklimmen. Manche machen sogar den Verbleib in der Firma davon abhängig, ob es eine Beförderung gibt, selbst wenn damit kein höheres Gehalt verbunden ist. Die Wissenschaft ist sich in dieser Frage einig: Eine Beförderung macht nicht glücklich.

So wurden Mitarbeiter einer Universität gebeten vorherzusagen, wie glücklich sie eine Festanstellung an ihrer Uni machen würde. Wie erwartet haben die meisten gesagt, dass eine Festanstellung sie für Jahre danach viel glücklicher machen würde. Einige von ihnen haben Jahre später eine Festanstellung bekommen, andere nicht. Die Forscher fanden heraus[62], dass diejenigen, die keine Festanstellung hatten, nicht weniger glücklich waren. Was uns allen klar ist: Eine Beförderung und die damit einhergehende höhere Verantwortung führen meist zu mehr Arbeit und mehr Stress. Eine australische Studie[63] hat festgestellt, dass Arbeitnehmer die ersten sechs Monate nach einer Beförderung deutlich zufriedener waren, doch sie fand auch heraus, dass nach circa drei Jahren die Zufriedenheit auf das Niveau vor der Beförderung sank. Bei den etwa tausend befragten Arbeitnehmern gab es sogar eine Verschlechterung: Der psychische Gesundheitszustand verschlechterte sich deutlich. Die Forscher führen hier häufigere Unruhezustände und Nervosität an, die mit der größeren Verantwortung einhergehen.

Natürlich heißt das nicht, dass eine Beförderung niemanden von uns dauerhaft glücklich machen würde. Statistisch gesehen ist es aber wahrscheinlicher, dass sich unsere allgemeine Lebenszufriedenheit nach einigen Monaten dort einpendelt, wo sie vor der Beförderung war. Das erklärt auch, warum wir uns nach einigen Jahren wieder eine Beförderung wünschen, in der Hoffnung, dass diese nun das erhoffte Glück mit sich bringt. Doch auch die nächste Beförderung hat letztlich dieselben Effekte: längere Arbeitszeiten und mehr Stress (vor allem durch mehr Personalverantwortung). Zu denken, dass eine Beförderung einen glücklich machen wird, ist also ein Fehlschluss.

Bringt mehr Geld mehr Glück?

Das liebe Geld – macht es uns glücklich? Eine Frage, die die Menschheit seit Jahrtausenden beschäftigt. Einerseits können wir mit Geld schöne Dinge kaufen, unschöne Aufgaben delegieren und uns in finanzieller Sicherheit wiegen. Andererseits muss man (wenn man nicht gerade im Lotto gewonnen oder reich geheiratet oder geerbt hat) härter dafür arbeiten und sich – genau wie im Abschnitt zum Thema Beförderung – mehr Stress aussetzen. Was sagt uns die Wissenschaft dazu?

Zunächst einmal verrät sie uns, dass wir nie genug Geld haben könnten. Teilnehmer einer Befragung in den USA, die unter 30 000 Dollar im Jahr verdienten, gingen davon aus, dass sie 50 000 Dollar pro Jahr zufrieden machen würden. Diejenigen, die über 100 000 Dollar im Jahr verdienten, sagten, dass sie über 250 000 Dollar brauchen würden, um zufrieden zu sein.[64] Kann der Mensch also niemals genug Geld haben?

Im Jahr 2010 wurde eine bahnbrechende Studie[65] veröffentlicht, welche die Unersättlichkeit des Menschen auf eine ziemlich genaue Zahl beschränkt hat, nämlich 75 000 Dollar pro Jahr. Die Autoren der Studie sind beide Nobelpreisträger für Wirtschaftswissenschaften (Daniel Kahneman und Angus Deaton) und schreiben, dass sie dieses eindeutige Ergebnis selbst überraschte. Demnach steigt bis zu einem Einkommen von 75 000 Dollar im Jahr die Häufigkeit der erlebten positiven Emotionen (*positive affect*) kontinuierlich an. Danach jedoch hat ein höheres Einkommen keinen Effekt mehr auf die Zufriedenheit. Menschen mit weniger Geld fühlen sich zudem häufiger traurig. Je mehr Geld Menschen haben, desto seltener fühlen sie sich traurig (*not blue*). Doch bei 75 000 Dollar wird ein Plateau erreicht, bei dem ein höheres Einkommen keinen Unterschied mehr macht. Mehr Einkommen führt auch zu immer weniger Stress (*stress free*), wobei wiederum ab 75 000 Dollar das Mehr an Geld nichts mehr ausmacht. Die Grafik auf der nächsten Seite stammt aus der erwähnten Studie.

Interessanterweise gibt es in der Grafik eine kontinuierlich ansteigende Kurve (*ladder*). Sie bezieht sich nicht darauf, was Menschen fühlen, sondern darauf, was Menschen über Geld denken (*life evaluation*): Alle Einkommensgruppen gehen gedanklich davon aus, dass mehr Geld sie glücklicher machen würde. An sich könnte man daraus einen guten Glückstipp ab-

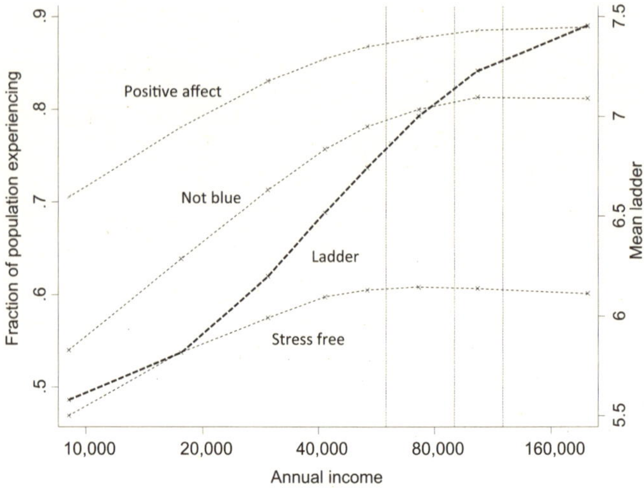

leiten: Jeder sollte versuchen, ein Jahresbruttogehalt von circa 65 000 Euro anzustreben. Doch so einfach ist es leider nicht. Warum?

In einer aktuellen Geld-Glück-Studie aus dem Jahr 2021[66], die methodisch noch sauberer durchgeführt wurde, gibt es (leider) keine Glücksgrenze bei 75 000 Dollar, sondern die Zufriedenheit wächst linear immer weiter, je mehr man verdient. Für diese Studie wurden fast zwei Millionen Berichte von 33 000 Amerikanern analysiert. Die Studie hatte den Vorteil, dass die Teilnehmer nicht wie in der ersten Studie nur mit »Ja/Nein« antworten, sondern ihre Antwort auf einer Skala gewichten konnten. Ein zweiter Vorteil war, dass die Probanden der neueren Studie direkt über ihr Smartphone kontaktiert wurden und ihren aktuellen Glückszustand angeben konnten, während sich die Probanden der älteren Studie bei einem Telefonat an ihren früheren Glückszustand erinnern sollten (wir wissen ja, dass die Erinnerung verzerrt sein kann). Zudem war die Anzahl der Befragten in der aktuellen Studie größer, und sie wurden mehrmals am Tag befragt. Was sagt uns nun die fundiertere Studie? Hier das Ergebnis:

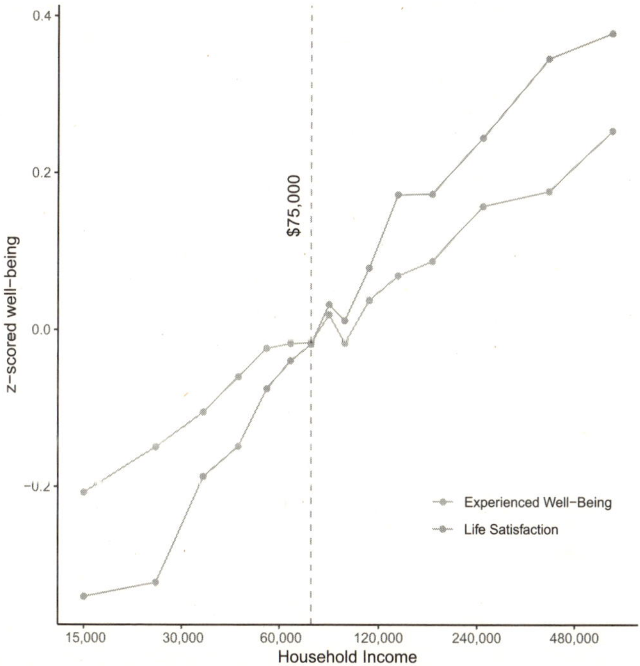

Wir sehen: Mehr Einkommen bedeutet mehr Zufriedenheit. Die Tabelle geht zwar »nur« bis zu einem Haushaltseinkommen von einer halben Million Dollar pro Jahr, die meisten Menschen werden dadurch aber abgedeckt sein. Hier zudem ein Graph zur Häufigkeit der abgefragten positiven Emotionen (wie selbstbewusst, stolz, interessiert und gut) und negativen Emotionen (wie ängstlich, sauer, traurig, gestresst und schlecht):

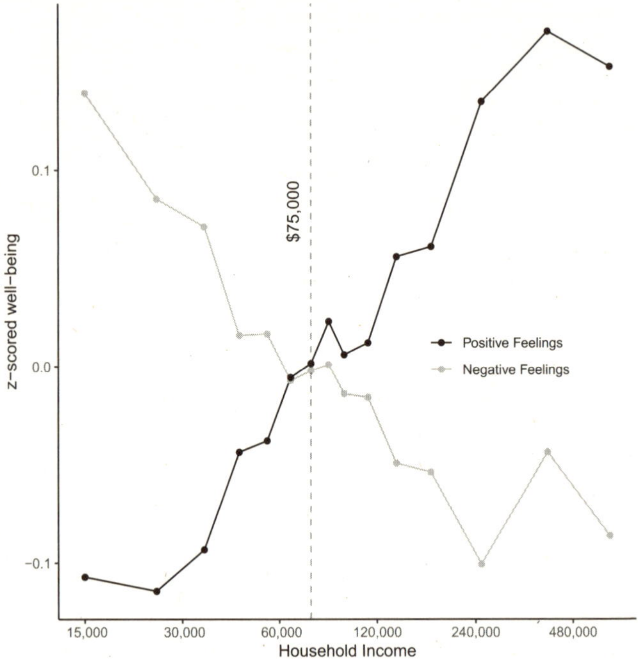

Heißt das nun, dass Geld doch glücklich macht und wir danach jagen sollten? Laut dem Autor der neuen Studie kommt es darauf an, welche Bedeutung wir dem Geld beimessen. Er konnte nämlich folgende interessante Details herausfinden[67]:

- Geringverdiener waren glücklicher, wenn sie geglaubt haben, dass Geld unwichtig ist.

- Gutverdiener waren glücklicher, wenn sie geglaubt haben, dass Geld wichtig ist.
- Je mehr die Befragten (jeder Einkommensgruppe) Geld mit Erfolg gleichgesetzt haben, desto unzufriedener waren sie.

Nicht die Menge an Geld, die wir jährlich nach Hause tragen, ist also entscheidend für unser Glück, sondern die Einstellung zu Geld. Idealerweise sollten wir Geld und Erfolg nicht gleichsetzen, da es immer jemanden geben wird, der mehr Geld hat und gegen den wir auf dieser Schiene »verlieren«. Was aber eindeutig ist: Wer zu wenig Geld hat, um seinen Alltag zu bestreiten, ist nach beiden Studien unglücklicher. Fazit ist also: Viel Geld macht nicht unbedingt glücklicher, aber wenig Geld macht unglücklich. Das zeigen auch internationale Studien[68], nach denen zum Beispiel die Bürger armer Länder des ehemaligen Ostblocks wie Bulgarien, Russland und Weißrussland ihre Zufriedenheit bei circa 5 von 10 möglichen Punkten angeben, während die Bürger reicher Staaten wie Kanada, Dänemark und Schweiz bei 8 von 10 Punkten landen. Wer sich mehr Geld wünscht, misswünscht nicht immer. Die Bedingungen, unter denen Geld glücklich machen kann, kennst du ja jetzt. Doch wie ist es eigentlich mit der großen Liebe, die wir dann auch noch heiraten?

Bringt eine Heirat mehr Glück?

Heirat ist das Ziel der meisten Menschen. Manche sind dazu inspiriert durch Disney und Hollywood, andere durch die Eltern und das Umfeld – und wieder andere sind geborene Romantiker. Niemand würde bestreiten, dass die Heirat selbst und die Vorfreude darauf sowie die kurze Zeit danach Menschen glücklich machen. Doch was ist mit dem langfristigen Glückseffekt? Hier ist das Ergebnis ebenso wie beim Thema Geld zweideutig.

So wurden in einer lang angelegten Studie[69] 24 000 Menschen beobachtet, von denen 1761 geheiratet haben. Deren Glückszustand war im ersten und zweiten Jahr nach der Heirat tatsächlich höher, doch dann hat sich dieser Zustand auf das normale Niveau zurückentwickelt. In einer anderen Studie[70], bei der 35 000 Menschen über 30 Jahre beobachtet wurden, gaben 40 Prozent der Verheirateten an, »sehr glücklich« zu sein, während Unverheiratete, Geschiedene oder Verwitwete nur zu 24 Prozent angaben, »sehr glücklich« zu sein. Ein wichtiges Detail: Bei denjenigen, die unglücklich verheiratet waren, war die Zufriedenheit mit dem Leben noch geringer als bei Unverheirateten und Geschiedenen.

Dieses Ergebnis kann man jetzt für sich positiv oder negativ deuten. Etwas sarkastisch hat Sokrates vor 2500 Jahren folgenden Ratschlag gegeben: *Heirate auf jeden Fall! Wenn du eine gute Frau bekommst, wirst du glücklich. Wenn du eine schlechte Frau bekommst, wirst du Philosoph.* Doch man kann es auch positiv sehen: Wenn man mit seinem Lebenspartner Glück hat, dann hat man langfristig ein höheres Zufriedenheitsgefühl. Nur: Wer kann dir garantieren, dass du den richtigen Partner ausgesucht hast? Letztlich ist es eine Wette, bei der niemand wissen kann, ob er sie gewinnt. Wer unglücklich verheiratet ist, hat im Vergleich mit einem Single das Nachsehen. Wer glücklich verheiratet ist, hat statistisch gesehen einen Glücksvorsprung. Sein Glück aber von der Heirat abhängig zu machen, ist irrational. Insoweit können wir festhalten: Wer durch eine Heirat glücklich werden will, setzt viel auf eine Aktie, deren Wert niemand vorhersagen kann.

Bringen Kinder mehr Glück?

Der Volksmund sagt: Kinder sind das höchste Glück auf Erden. Doch der Volksmund hat sicher keine psychologischen Studien gelesen, die das widerlegen. Auch Kinder haben nur unter bestimmten Umständen einen positiven Effekt auf die Lebenszufriedenheit. Was gleichzeitig bedeutet: Unter bestimmten Umständen haben selbst Kinder eine negative Glücksbilanz. Ich weiß: Ich bewege mich hier auf sehr dünnem Eis. Wir bekommen alle gesagt, dass Kinder unser Leben extrem bereichern. Und das stimmt auch. Nur verschweigen Eltern allzu oft die negativen Seiten des Kinderhabens – was die Wissenschaft eben nicht tut. Daher bitte ich im Vorhinein um Verzeihung, falls dieser Abschnitt dich aufregen sollte. Meine Aufgabe ist es aber, dich vom Misswünschen abzuhalten, weswegen ich dieses Thema nicht auslassen darf.

Zunächst die schlechte Nachricht: Die meisten amerikanischen Studien[71] haben herausgefunden, dass Kinder sich negativ auf das Glück ihrer Eltern auswirken. Andere[72] betonen, dass das berichtete Glücksgefühl bei Eltern und Kinderlosen identisch ist, jedoch Eltern viel häufiger negativen Emotionen wie Wut, Stress und Sorgen ausgesetzt sind. Interessant ist aber eine neuere internationale Studie[73], bei der das Glück der Eltern in 22 unterschiedlichen Staaten analysiert wurde. Dabei kam heraus, dass die amerikanischen Eltern im internationalen Vergleich unglücklicher waren, während in anderen Staaten wie Norwegen oder Ungarn die Eltern glücklicher waren als ihre kinderlosen Mitbürger. Elternzeit, Mutterschutz, Krankengeld, kostenlose Kitas und flexible Arbeitszeiten – das alles sind wichtige soziale Aspekte, auf die amerikanische Eltern im Gegensatz zu den sozialstaatlich geprägten europäischen Ländern nicht, seltener oder weniger zurückgreifen können. Falls du dich fragst, wo deutsche Eltern in diesem internationalen Vergleich der 22 OECD-Länder gelandet sind: auf Platz 10, immerhin! Die USA mit ihrem unausgeprägten Sozialstaat landeten auf dem letzten Platz.

Doch auch das eigene Portemonnaie spielt eine große Rolle dabei, ob Kinder ihre Eltern glücklich machen: Wer jeden Cent umdrehen muss und seinem Kind »nichts bieten« kann, fühlt sich laut einer anderen Studie[74] häufiger im Stress und hat eine negative Glücksbilanz. Weißt du, was ein Kind statistisch bis zum 18. Lebensjahr durchschnittlich kostet? Sage und schreibe 150 000 Euro. Die kann natürlich nicht jeder so leicht aufbringen. Fazit: Kinder sind keine gerade Straße zum Glück, statistisch gesehen eher das Gegenteil. Damit Kinder eine positive Glücksbilanz haben, müssen oben genannte Voraussetzungen erfüllt sein.

Bringen bessere Noten mehr Glück?

Vielleicht bist du ja ein bisschen jünger oder befindest dich gerade mitten in einer Weiterbildung. In dieser Zeit wird unsere

Arbeit ständig bewertet – und es scheint, als wären gute Noten ein großer Glücksbringer und schlechte die Ursache unseres Unglücks. Die Älteren werden es wissen: Zum einen kann man sich an Noten nach einiger Zeit gar nicht mehr erinnern. Zum anderen fragt keiner danach, mit welcher Note wir unsere Ausbildung oder unser Studium beendet haben.

Doch werden die Jüngeren hier einwenden: Auch wenn die Noten später keine Rolle mehr spielen, machen sie doch in der Gegenwart viel aus. Pustekuchen! Die Wissenschaft sagt, dass die (Un-)Glückseffekte von Noten marginal sind.

So hat man in einer Studie[75] Studenten gefragt, wie sie sich eine Woche nach dem Erhalt einer Note, die besser/schlechter wäre als erwartet, fühlen würden. Das Ergebnis war eindeutig: Die Studenten haben bei einer schlechten Note extrem negative Emotionen vorhergesagt – und bei einer guten Note extrem positive. Doch du ahnst es vermutlich schon: Als sie die Note dann tatsächlich erhalten haben, war der emotionale Unterschied gar nicht mehr so groß. Hier ist das Ergebnis, wobei die Skala von 1 (gar nicht glücklich) bis 9 (super glücklich) reicht:

	vorhergesagtes Gefühl	tatsächliches Gefühl
Note schlechter als erwartet:	4,42	6,36
Note wie erwartet:	7,81	6,45
Note besser als erwartet:	8,27	6,55

Wie du siehst: Eine Woche nach der schlechten beziehungsweise guten Note fühlten sich die Studenten fast gleich gut, obwohl alle extreme positive beziehungsweise negative Emotionen vorhergesagt hatten. Ursache für diese falsche Vorhersage ist übrigens die sogenannte Auswirkungsverzerrung (*impact bias*), der zufolge wir die Auswirkungen von zukünftigen Ereignissen, wie beispielsweise schlechte Noten, Verlust des Arbeitsplatzes oder Trennung vom Partner, zwar sehr fürchten und unsere emotionalen Auswirkungen extrem negativ bewerten, aber die Auswirkungen, wenn das Unglück dann tatsächlich passiert, gar nicht so schlimm sind[76].

Wissenschaftler sprechen in diesem Kontext vom sogenannten »psychologischen Immunsystem«[77], das jeder von uns besitzt. Ähnlich wie das körperliche Immunsystem fungiert es als Schutzwall. Es schwächt negative Emotionen ab, auch wenn dieses System uns selbst gänzlich unbekannt ist. Ich finde, die Evolution hat uns einen großen Gefallen getan, indem sie uns dieses zweite Immunsystem geschenkt hat. Jedenfalls weißt du jetzt, dass es irrational ist, sich gute Noten zu wünschen, um dauerhaft glücklich und zufrieden zu sein. Doch was ist eigentlich mit schönen Dingen? Misswünschen wir uns die etwa auch?

Bringen schöne Dinge mehr Glück?

Noch nie war es so einfach wie heute, seinen materialistischen Gelüsten innerhalb weniger Sekunden nachzukommen. Ein Klick – und gleich morgen werden uns neue Schuhe, Batterien, Vorhänge oder Computerspiele geliefert. Niemand bestreitet, dass der Kaufrausch – wie auch bei Noten – kurzfristig glücklich macht. Doch dauerhaftes Glück? Können wir darauf hoffen?

Der Materialismus ist natürlich nicht zufällig im Kapitel »Misswünschen« gelandet – daher wird es Zeit für eine spannende Studie[78]: Forscher haben 12 000 Studenten über ihre materialistischen Wünsche befragt und circa zwanzig Jahre später ihre Lebenszufriedenheit gemessen. Das Ergebnis: Je materialistischer die Studenten eingestellt waren, desto unzufriedener waren sie zwei Jahrzehnte später mit ihrem Leben. Allerdings betonen die Autoren, dass die Lebenszufriedenheit der reicheren Haushalte wiederum größer war. Ist ja auch logisch: Wenn ein 18-Jähriger sich ein gutes finanzielles Polster wünscht und es später aufgrund eines situierteren Elternhauses auch bekommt, dann ist er zufriedener mit sich und der Welt. Zudem haben wir bereits im Abschnitt zum Thema Geld gesehen, dass mehr davon uns unter Umständen glücklicher machen kann. Was besonders erstaunlich ist: Menschen mit hohen materialistischen Ansprüchen haben statistisch gesehen häufiger Probleme mit ihrer mentalen Gesundheit.[79]

Was aber sind die Gründe dafür, dass uns schöne Dinge langfristig nicht glücklich machen? Die einfachste Erklärung ist: Um sich schöne Dinge kaufen zu können, müssen wir mehr arbeiten – und haben damit weniger Zeit für unsere Freunde und unsere Familie. Man schaue sich nur die Arbeitszeiten der Topverdiener in Deutschland an, wie Anwälte, Ärzte oder Unternehmensberater. In diesen Branchen ist es keine Seltenheit, mehr als 60 Stunden pro Woche zu arbeiten. Natürlich verdienen diese Menschen sehr gut, in vielen Fällen sogar als Berufseinsteiger sechsstellig. Doch die Folge dieses krassen Arbeitspensums ist, dass diese Top-Performer am Wochenende nur noch im Bett liegen und sich ausschlafen wollen, falls sie am

Sonntag nicht die nächste Präsentation für den Kunden vorbereiten müssen. Viele dieser Gutverdiener in meinem Freundeskreis sehen ausgelaugt aus. Natürlich haben sie Wohnungen in Toplagen und die tollste Inneneinrichtung. Nur leider sind sie selten zu Hause, um sie zu genießen.

Bitte nicht falsch verstehen: Ich habe nichts gegen schöne Wohnungen und schöne Inneneinrichtungen. Die entscheidende Frage ist aber, welchen Preis wir dafür zahlen. Wenn Menschen aufgrund ihrer Arbeit das Leben nicht mehr genießen können, überrascht es mich nicht, dass die oben erwähnten materialistisch eingestellten Studenten eine geringere Zufriedenheit aufwiesen. Im Ergebnis überschätzen wir also die Glückswirkung, die von schönen Dingen ausgeht. Übrigens gab es bei der oben erwähnten Studie mit den 20 Jahre später befragten Studenten einen sehr interessanten Zusammenhang: Wenn Menschen mit ihrer Arbeit und ihrem Familienleben zufrieden waren, waren sie in der Regel auch mit ihrem gesamten Leben zufrieden. Wie viel Geld sie dabei verdienten, spielte interessanterweise keine Rolle. Eine Rolle spielte jedoch, inwieweit sie finanziellen Erfolg priorisiert hatten. Diese Priorisierung führte wiederum zu mehr allgemeiner Lebensunzufriedenheit.[80]

Eine andere spannende Erklärung, warum materialistische Wünsche uns unglücklich machen, ist, dass uns die Werbung mit unerreichbaren Idealen bombardiert und wir deswegen eine größere Unzufriedenheit verspüren.[81] Zum Beispiel Modefotos in einem Onlineshop: Die Kleidung sieht an den Models immer hübscher aus als an uns selbst, wenn wir sie zu Hause anprobieren. Die Hersteller präsentieren ihre Kleidungsstücke im wahrsten Sinne des Wortes »im besten Licht«, weshalb wir dieses idealisierte Kleidungsstück kaufen. Wenn es dann ganz unglamourös bei uns zu Hause ankommt, sind wir fast immer enttäuscht. Natürlich wissen wir alle unbewusst, dass die Werbung übertreibt. Doch da die Werbebilder schön sind und wir alle gern zum Wunschdenken neigen, verfestigen sie sich in unserem Unterbewusstsein und führen dann, wenn wir das Produkt in den Händen halten, zu Unzufriedenheit. Unsere Antwort auf diese Unzufriedenheit ist aber nicht, dass wir mit dem Shoppen aufhören, sondern dass wir noch mehr, noch bessere Dinge haben wollen. Nach dem Motto: »Dieser Pullover passt nicht perfekt und sieht auch nicht superschön aus, aber dieser andere Pullover wird sicher zu hundert Prozent passen!«

Die Werbung ist schlau genug, unseren Drang nach mehr mit immer neuen schönen und bunten Bildern zu befeuern. Die Frage ist aber: Sind wir irgendwann schlau genug, nicht auf die idealisierten Werbefilmchen und Werbebildchen zu reagieren? Jedenfalls ist nun klar geworden, dass wir uns viele schöne Dinge des Lebens misswünschen.

Gutes Wetter, Schönheit, ewige Jugend und das Glück

Als ich noch Student war, habe ich eine lustige Studie über das gute kalifornische Wetter und das Glücksempfinden gelesen. Studenten zweier kalifornischer Universitäten und zweier Universitäten aus dem Landesinneren der USA sollten ihre Zufriedenheit mit dem Leben allgemein und ihre Zufriedenheit mit dem Wetter angeben. Interessanterweise dachten beide Gruppen, dass die Kalifornier sowohl mit ihrem Wetter als auch mit ihrem Leben zufriedener wären. Das Ergebnis der Studie[82] war jedoch, dass beide Gruppen eine identische Lebenszufriedenheit hatten. Offensichtlich spielen das sonnige Wetter und auch das Meer keine entscheidende Rolle bei unserer Lebenszufriedenheit – auch wenn wir das vielleicht denken.

Und was ist mit Schönheit? Macht sie uns denn wenigstens glücklich? Wenn wir nach ihr streben, entpuppt sie sich leider auch nur als kurzfristiger Glücksbringer. So führen statistisch gesehen Schönheits-OPs zwar zunächst zu mehr Zufriedenheit, doch schon kurze Zeit später hat sich das Glück auf seinem alten Niveau eingependelt[83]. Auch Diäten, selbst wenn sie jahrelang zu Gewichtsabnahme führen, bringen uns dem Glück keinen Deut näher[84]. Kein Wunder, müssen wir uns doch bei erfolgreichen Diäten Leckereien abgewöhnen!

Schließlich war früher alles besser, oder? Als man noch jung war, war man doch glücklicher, nicht wahr? Viele Menschen wünschen sich die guten alten Zeiten zurück. Doch misswünschen sie vielleicht auch? Eine groß angelegte Studie verglich die allgemeine Lebenszufriedenheit von jungen und alten Menschen aus vierzig Ländern und kam zu dem Schluss, dass die Älteren sogar leicht zufriedener mit ihrem Leben waren![85] Also genau das Gegenteil von dem, was du wahrscheinlich erwartet hast.

Misswünschen vermeiden bringt mehr Glück

Dieses Kapitel hat mit einigen falschen Vorstellungen aufgeräumt, die wir vom vermeintlichen Glück haben. Den falschen Dingen nachjagen – oder wissenschaftlich ausgedrückt: misswünschen – bringt uns dem Glück nicht näher. Vielmehr ist es so, als würde man in die falsche Richtung laufen. Sicher fragst du dich, warum in der Welt so viele falsche Vorstellungen darüber kursieren, was uns glücklich macht. Die Antwort darauf ist relativ einfach: Die empirische Wissenschaft über das Glück, also die Positive Psychologie, ist nicht einmal 30 Jahre alt, und ihre Erkenntnisse konnten sich in der Gesellschaft noch nicht verbreiten. Genau das war aber meine Motivation, dieses Buch zu schreiben: Die Forschung einem breiten Publikum bekannt zu machen. Die Ratschläge von Eltern, Lehrern und Vorgesetzten zum Thema persönliches Glück sind zwar nett gemeint, doch oft wenig sachdienlich. Jetzt möchte ich dich einladen, deine fünf Hauptwünsche im Leben kritisch zu hinterfragen.

Übung zum Misswünschen

Schreibe fünf große Wünsche von dir für deine eigene Zukunft auf und hinterfrage die Motivation. Geht es dir dabei um ein erhöhtes Ansehen? Um die Erfüllung deiner Pflicht? Sind es wirklich deine Wünsche oder eher die deiner Eltern und/oder deines Lebensgefährten/deiner Lebensgefährtin? Notiere hinter jedem Wunsch dein ehr-

liches Motiv und vergleiche dein Ergebnis mit den oben genannten Beispielen zum Misswünschen aus der Wissenschaft.

1. Wunsch: ....

2. Wunsch: ....

3. Wunsch: ....

4. Wunsch: ....

5. Wunsch: ....

Falschen Wünschen nachzujagen, ist wie mit einem Zug in die falsche Richtung zu fahren: Es entfernt uns von unseren eigenen Zielen. Am besten bemerkt man es so früh wie möglich und wirkt korrigierend ein.

3. Irrationale Sozialvergleiche

Das Vergleichen ist das Ende des Glücks und der Anfang der Unzufriedenheit.

Søren Kierkegaard

Als soziale Wesen vergleichen wir uns immer mit anderen Menschen. Wie behandeln uns Eltern im Vergleich zu unseren Geschwistern? Wie behandeln uns Lehrer im Vergleich zu unseren Mitschülern? Wie behandeln uns Führungskräfte im Vergleich zu unseren Kollegen? Welches Auto hat der Nachbar? Welchen Job der Mann unserer Schwester? Wo hat meine beste Freundin diesen Sommer Urlaub gemacht?

Kierkegaards Einstiegszitat deutet eine tiefe Wahrheit an: Vergleiche mit anderen können uns unglücklich machen. Ein kluger Glücksmanipulant wird daher immer bestrebt sein, irrationale Sozialvergleiche zu unterlassen. Denn den Vorgang kennt jeder: Man vergleicht sich mit jemandem, der viel mehr hat oder bekommt als man selbst – und das führt zu negativen Emotionen wie Selbstmitleid, Neid oder Missgunst. Das Denken, also der Prozess des Vergleichens, macht uns unglücklich. Selbst wenn wir auf der Karriereleiter emporsteigen und reicher und mächtiger werden, macht uns das leider auch nicht dauerhaft glücklich. Denn wir vergleichen uns dann mit anderen Menschen, die noch mehr Geld und noch mehr Macht haben. Auf den Punkt gebracht hat diesen Gedanken der Nobelpreisträger und Mathematiker Bertrand Russel[86]:

> *Wenn du Ruhm begehrst, dann könntest du* ***Napoleon*** *beneiden. Aber Napoleon beneidete* ***Cäsar****, Cäsar beneidete* ***Alexander*** *[den Großen], und Alexander, ich wage es zu sagen, beneidete* ***Herkules****, der niemals existierte. Daher kannst du allein durch Erfolg dem Neid nicht entgehen, da es immer eine Person […] geben wird, die erfolgreicher ist als du.*

Sind wir also dazu verdammt, durch Sozialvergleiche im Unglück zu bleiben? Natürlich nicht! Was dabei hilft? Dieses Kapitel! Zunächst einmal eine wichtige Einsicht: Wenn wir unser Glück steigern wollen, müssen wir auf der einen Seite jene Dinge tun, die unser Glück vermehren (wie etwa die Momentgenuss-Techniken oder Dankbarkeitsrituale). Auf der anderen Seite müssen wir Dinge unterlassen, die unser Glück mindern – und dazu zählen die ständigen irrationalen Vergleiche mit anderen. Doch was sind nun irrationale Sozialvergleiche, und was verrät uns die Wissenschaft darüber?

Der erfolgreichere WG-Nachbar

Eine der schönsten Geschichten zum Thema Sozialvergleiche habe ich in einer Vorlesung des berühmten Psychologen Jordan Peterson gehört[87]. Er hat mal mit einem Mann namens Adeo

Ressi gearbeitet. Adeo ist groß, charismatisch und ziemlich erfolgreich. Er gründete unter anderem in San Francisco das Founder Institute, das weltweit in über 200 Städten tätig ist und seinen Programmteilnehmern beibringt, ein Unternehmer zu werden und erfolgreiche Start-ups zu gründen. Mehrere Tausend erfolgreiche Unternehmen sind daraus entstanden. Noch vor seinem dreißigsten Lebensjahr hat Adeo zwei Unternehmen im Wert von über einer Milliarde (!) Dollar verkauft. Eine Erfolgsstory par excellence. Eines Tages sprach Jordan mit ihm am Telefon, und Adeo erzählte ihm, dass er eine schwere Zeit durchmachen würde und nicht so glücklich mit dem Verlauf seines Lebens sei. Doch warum war jemand, der so viel Erfolg im Leben hatte, so unglücklich? Das wollte natürlich auch Jordan wissen.

Adeo antwortete ihm, dass er sich ständig mit seinem alten WG-Nachbarn aus Unizeiten vergleiche und im Vergleich mit ihm kaum etwas vollbracht habe. Das Ende der Geschichte hätte nicht besser sein können: Sein alter WG-Nachbar heißt Elon Musk.

Wenn du diese Geschichte hörst, denkst du sicher auch, dass im Vergleich mit Elon Musk so ziemlich alle acht Milliarden Menschen dieser Erde nicht viel geleistet haben. Immerhin hat er mit der Firma Tesla das erste elektrische Serienfahrzeug hergestellt sowie mit SpaceX wiederverwendbare Raketen gebaut, die noch dazu viel günstiger sind als die der NASA. Darüber hinaus arbeitet er an weiteren bahnbrechenden Projekten aus komplett unterschiedlichen Bereichen (Neuralink, OpenAI, um nur zwei Beispiele zu nennen). Nach aktuellem Stand hat er Jeff Bezos als reichsten Mann des Planeten abgelöst. Sich mit so jemandem zu vergleichen, ist aus unserer Sicht fast schon aberwitzig. Beim Schwimmen würden wir uns ja auch nicht mit Michael Phelps oder beim Tennis mit Roger Federer vergleichen. Doch Adeo Ressi meinte es natürlich ernst. Für ihn war Elon Musk nicht irgendein weit entferntes Genie aus dem Fernsehen, sondern sein eigener WG-Nachbar. Doch wie wir gleich sehen werden, haben auch wir Normalmenschen unsere irrationalen Sozialvergleiche, und es ist sehr wichtig, diesen in unserem Kopf eingebauten Mechanismus zu verstehen, zu dekonstruieren und nicht mehr sein Sklave zu sein.

Ist mehr immer gleich besser?

Ich bin früher viel und gern auf Debattierturniere gefahren. In einer Debatte habe ich mal einen Studenten reden hören, der behauptete, dass die Menschen in absoluten Zahlen weniger Gehalt in Kauf nehmen würden, solange nur die anderen noch weniger verdienen würden als sie. Das erschien mir damals absurd, zumal wir beim Debattieren alles Mögliche erfunden haben. Doch nach dem Turnier machte ich mich auf die Suche – und tatsächlich gibt es eine Studie[88] dazu. Sie wurde mit Harvard-Studenten durchgeführt und gibt Aufschluss darüber, wie irrational unser Denken beim Thema Sozialvergleiche ist. Konkret wurden den Studenten diese zwei Optionen vorgeschlagen:

A: Du verdienst 50 000 Dollar. Die anderen verdienen 25 000 Dollar.
B: Du verdienst 100 000 Dollar. Die anderen verdienen 200 000 Dollar.

Was wäre rational? Natürlich Option B. Man hätte jährlich 50 000 Dollar mehr in der Tasche. Und dass Harvard-Studenten dumm sind, kann man ja nun wirklich nicht behaupten. Vielmehr sitzen auch sie dem Denkfehler auf, nicht die absoluten Zahlen zu betrachten, sondern den Sozialvergleich als das entscheidende Kriterium zu nehmen. Stolze 52 Prozent haben tatsächlich Option A gewählt und weniger Einkommen in Kauf genommen, nur damit die anderen weniger haben. Genau deswegen nenne ich die Sozialvergleiche irrational. Mit wem du dich in Wirklichkeit vergleichen solltest, das erfährst du am Ende dieses Kapitels. Doch schauen wir nun auf Topsportler und deren Sozialvergleiche.

Macht Silber oder Bronze glücklicher?

Im Volksmund heißt es, dass der Zweite der erste Verlierer ist. Doch stimmt das? Dazu gibt es eine aufschlussreiche Studie[89], in der Probanden Videos von Sportlern bei der Sommerolympiade 1992 gezeigt wurden, die entweder Silber oder Bronze gewonnen haben. Dass der Goldmedaillengewinner der Glücklichste sein würde, war klar. Doch wie verhielt es sich mit den anderen Sportlern? Interessanterweise sollten die Probanden anhand der Videos sowohl den Glückszustand der Sportler kurz nach dem Gewinn der Medaille einschätzen als auch später bei der Medaillenvergabe. Das überraschende Ergebnis: Sowohl direkt nach dem Medaillengewinn als auch während der später stattfindenden Zeremonie sahen die Bronze-Gewinner für die Probanden glücklicher aus. Aber warum?

Absolut betrachtet ist es besser, Silber zu gewinnen. Doch wie erwähnt denkt der gewöhnliche Homo sapiens immer in Vergleichen. Die Forscher argumentieren entsprechend wie folgt: Der Silber-Gewinner vergleicht sich mit dem Gold-Gewinner und fragt sich, was wäre, wenn er ein bisschen besser gewesen wäre. Dagegen vergleicht sich der Bronze-Gewinner eher mit dem Viertplatzierten, der bekanntermaßen keine Medaille gewinnt. Wären Menschen rational, würden sie sich mehr über die absolut betrachtet bessere Platzierung, Silber, freuen. Doch Rationalität ist keine besonders ausgeprägte menschliche Stärke.

Schönheit und Glücksgefühle

Ähnlich wie bei den Themen Gehalt und Sporterfolg verhält es sich beim Thema Schönheit. Auch hier kommt es zu irrationalen Sozialvergleichen und negativen Emotionen. So haben Forscher[90] Probandinnen Fotos von Models gezeigt und sie gefragt, wie gut sie sich nach dem Betrachten der Models fühlten. Du ahnst es vermutlich schon: Die Laune der Frauen war schlechter, nachdem sie sich die schönen Frauen angesehen hatten. Mal wieder ist das erlebte Glück Opfer vom sozialen Vergleich geworden. Die Interpretation lieferten die Forscher zwar auch, aber sie ist uns allen sowieso klar: Im Vergleich zu schönen Models haben sich die Frauen nicht mehr so schön gefühlt und sind dadurch unzufriedener geworden. Interessantes Detail: Die Forscher maßen auch die Laune von Männern, nachdem diese sich die hübschen Modelfotos angesehen hatten – und kaum überraschend hat sich diese gebessert.

Doch die Herren der Schöpfung sollten sich nicht zu früh freuen. In einer anderen Studie[91] sollten sich Männer Aktfotos von weiblichen Models ansehen und anschließend angeben, wie sehr sie ihre Partnerin beziehungsweise Ehefrau mögen. Das Ergebnis: Männer haben ihre Frauen weniger gemocht, nachdem sie die Aktfotos mit den Models gesehen hatten. Für beide Geschlechter hatten irrationale Sozialvergleiche einen negativen Effekt auf ihre Zufriedenheit. Heutzutage sind wir durch soziale Medien wie Instagram und Facebook noch viel häufiger schönen und glücklichen Menschen »ausgeliefert« – und das hat große Auswirkungen auf unsere Zufriedenheit.

Soziale Medien und Selbstzufriedenheit

Jetzt ist klar geworden, dass Sozialvergleiche uns unzufrieden machen. Doch was ist, wenn wir Sozialvergleiche gar nicht mehr nur im echten Leben, sondern zusätzlich auch noch über Instagram und Facebook anstellen, und das mehrere Stunden am Tag? Was, wenn wir fast ausschließlich Schönheiten und Promis folgen, die uns tagtäglich ihr tolles und erfolgreiches Leben direkt auf dem Smartphone präsentieren? Hat die ständige Konfrontation mit dem vermeintlich perfekten Leben eine Auswirkung auf uns und unser Selbstbewusstsein? Immerhin können wir uns ja über die sozialen Medien auch mit Menschen vergleichen, die weniger schön und erfolgreich sind als wir selbst. Müssten die positiven Sozialvergleiche die negativen nicht zumindest nivellieren?

Genau dazu gibt es eine berühmte Facebook-Studie[92], bei der untersucht wurde, welchen Einfluss die sozialen Medien auf unser Selbstbild und unsere Zufriedenheit haben. Das erste Ergebnis war, dass Facebook eine negative Wirkung auf das Selbstbewusstsein der User hat. Je länger Menschen Facebook genutzt haben, desto weniger selbstbewusst haben sie sich gefühlt. Das zweite Ergebnis war noch erstaunlicher: Wenn Probanden sich selbst »nach oben« verglichen haben, mit erfolgreicheren beziehungsweise schöneren Menschen, haben sie (wie erwartet) sich selbst negativer bewertet. Doch wenn sie sich »nach unten« verglichen haben, mit weniger erfolgreichen und weniger schönen Menschen, haben sie sich nicht besser gefühlt und bewertet als diese Gruppe. Kurz: Die positiven Sozialvergleiche können die negativen nicht ausgleichen. Die Studie wurde übrigens 2014 durchgeführt, also etwa zur gleichen Zeit, zu der auch der Siegeszug einer anderen sozialen Plattform begann – Instagram. Heute verbringen die Menschen noch mehr Zeit in den sozialen Medien, haben noch mehr Möglichkeiten, sich mit anderen zu vergleichen und sich durch Sozialvergleiche noch schlechter zu fühlen, bis hin zu depressiven Symptomen[93].

Laut Forschern stellen die sozialen Medien für eine bestimmte Nutzergruppe eine teuflische Falle dar: Gerade Menschen mit geringem Selbstbewusstsein tendieren dazu, häufiger soziale Medien zu nutzen, weil sie sie als sicheres Umfeld einschätzen. Doch genau diese Menschen sind häufiger sozialen Vergleichen »nach oben« ausgeliefert und dadurch in Gefahr, ihren Selbstwert durch Sozialvergleiche noch weiter nach unten zu schrauben – ein Teufelskreis.

Soziale Vergleiche, Neid und Missgunst

Als junger Mann habe ich an meiner Münchner Uni ein Doppelstudium absolviert und bemerkt, wie unterschiedlich die Studierenden gekleidet waren: In Jura-Vorlesungen viele Perlenohrringe, Kaschmirpullover, Blusen und Hemden; in Politologie-Vorlesungen viele Jeans, Kapuzenpullis, T-Shirts und Turnschuhe. Auch politisch trennten den systemkritischen Politikstudenten und den systemtreuen Jura-Studenten Welten. Doch gab es neben der Kleidung und den politischen Ansichten noch einen weiteren großen Unterschied. In beiden Fächern musste ich in den Semesterferien längere schriftliche Hausarbeiten schreiben. In Politologie konnte man sein Thema relativ frei wählen. In Jura dagegen bekamen alle Studenten von ihrem Professor dasselbe Thema. Und nun passierte etwas Wundersames: Die für die juristische Hausarbeit relevanten Artikel wurden aus den Zeitschriften herausgerissen oder an relevanten Stellen mit Filzstift geschwärzt. Alternativ dazu war der Band, in dem ein wichtiger Artikel für die Hausarbeit zu finden sein sollte, urplötzlich nicht mehr aufzufinden, weil er offensichtlich von einem missgünstigen Kommilitonen in der Bibliothek verlegt oder versteckt worden war.

Um einen Vorteil bei ihrer Hausarbeit zu erlangen, griffen einige meiner Kommilitonen zu unfairen Mitteln. Das Motiv war für mich klar: Sie wollten die bessere Note – aber gleichzeitig wollten sie auch, dass die anderen keine gute Note schrieben, weshalb sie ihnen die relevanten wissenschaftlichen Artikel vorenthielten. Unfairer Wettbewerbsvorteil. Damit will ich natürlich nicht sagen, dass Jura-Studenten unmoralischer sind als Politik-Studenten. Denn Letztere hatten alle ihr eigenes Thema und standen nicht direkt in Konkurrenz miteinander. Anders die Juristen: Es gab immer eine Musterlösung – und wer näher dran war, bekam die bessere Note. Der Anreiz, die bessere Note zu ergattern und andere auszustechen, war in diesem System einfach viel höher.

Nach dieser persönlichen Erfahrung hat mich extrem interessiert, ob Studierende anderer Fächer auch so ticken. Denn wir wissen auch: Aus Studenten werden irgendwann Erwachsene, die mit der Zeit nicht unbedingt moralischer werden. Und tatsächlich: Ich fand eine Studie, bei der amerikanische Psychologiestudenten die Möglichkeit hatten, die eigenen Noten *und* die ihrer Kommilitonen zu verbessern, es aber bewusst nicht taten.[94]

In diesem Experiment wollten die Professoren ihren Studenten als Entschädigung für ihre kleinen Unzulänglichkeiten als Pädagogen einen halben Notenpunkt schenken. Für die Hälfte der Studenten hätte diese Änderung eine bessere Note bedeutet (zum Beispiel hätte jemand statt einer 3+ eine 2- bekommen und dadurch einen Notensprung von »befriedigend« auf »gut« geschafft). Für die andere Hälfte der Studenten gab es keinen solchen Notensprung. Da niemand seine Examensnote wusste, wusste auch niemand, ob er von dieser Änderung profitieren würde. Jedoch wusste jeder, dass die Hälfte der Kommilitonen von dieser Änderung profitieren würde. Da ja niemand durch diesen Vorschlag eine schlechtere Note bekommen hätte und jeder zu der Hälfte der Glücklichen mit einem Notensprung hätte gehören können, wäre es rational gewesen, diesem Vorschlag des Professors zuzustimmen. Doch ist dir wahrscheinlich schon klar, dass aufgrund der Sozialvergleiche nicht alle Studenten rational gehandelt haben. Ganze 41 Prozent der Studenten haben den Vorschlag abgelehnt. Spannendes Detail: Die Gruppe der besten 50 Prozent der Klasse hat sogar mit 52 Prozent den Vorschlag abgelehnt.

Daran sieht man: Gerade die Erfolgreichen sind bereit, auf die Verbesserung der eigenen Note zu verzichten, nur damit die anderen keine Chance auf Notenverbesserung haben. Verrückt, oder? Sozialvergleiche führen also zu asozialem Verhalten. Paradoxerweise sind gerade die guten Studenten nicht »gut« zu ihren Kommilitonen.

Über den einzig vernünftigen sozialen Vergleich

Es ist Zeit, sich noch mal die weisen Worte von Kierkegaard in Erinnerung zu rufen – nämlich dass das Vergleichen das Ende des Glücks und den Beginn der Unzufriedenheit darstellt. Sportler, Studierende und Facebook-Nutzer aus obigen Studien waren letztlich nur Beispiele für diese eine tiefe Wahrheit: Irrationale Sozialvergleiche machen uns unzufrieden. Jetzt habe ich bereits mehrmals von irrationalen Sozialvergleichen gesprochen, was impliziert, dass es auch rationale Sozialvergleiche gibt. Und zum Glück ist dies tatsächlich der Fall! Es gibt in der Tat jemanden, mit dem du dich vernünftigerweise vergleichen kannst und sogar vergleichen solltest.

Doch zunächst noch ein philosophischer Gedanke: Es ist grundsätzlich irrational, sich mit anderen Menschen zu vergleichen. Warum? Weil wir nicht alle Aspekte dieser Menschen kennen und uns daher nur mit *sichtbaren* Aspekten ihrer Persönlichkeit vergleichen können, ohne ein komplettes Bild von dieser Person zu haben. Ich gebe dir ein anschauliches Beispiel: Als Coach betreute ich einen Kunden, der unglücklich mit seiner Ehe, seinem Kind und seinem Arbeitgeber war. Es ging ihm so schlecht, dass er mich bat, ihn auch während seines Familienurlaubs in Italien online zu coachen. Als wir die Onlinekonferenz gestartet haben, hatte er ein T-Shirt mit der Aufschrift *you only live once* an, eine coole Sonnenbrille auf und saß in einem schönen Cabrio vor wunderbarer Kulisse (er war zur Sicherheit ein Stück vom Strand weggefahren, um von seiner Familie nicht gestört zu werden).

Von außen betrachtet konnte man ihn nur beneiden: Italienurlaub, Ehefrau, Kind, Cabrio – ein scheinbar hervorragendes Leben. Doch innerlich – das hat er mir als seinem Coach verraten – ging es ihm »so beschissen wie noch nie«. Wenn er nun nach unserem Coaching ein Selfie gepostet hätte (was er möglicherweise getan hat), mit einem kleinen Text, wie sehr er den Italienurlaub mit seiner Familie genieße, dann hätte er dafür auf Facebook und Instagram viele Likes und positive Kommentare bekommen. Womöglich hätten viele dieser Kommentatoren in einem grauen Büro in Deutschland gesessen und unseren Italienurlauber beneidet, nicht nur um die Sonne und das Cabrio, sondern auch um die vermeintlich »heile« Familie. Allerdings hätten sie nur die sichtbaren Aspekte beneidet und nicht gewusst, wie unzufrieden er gerade mitten im Urlaub mit seinem ganzen Leben war. Diese negativen Aspekte postet natürlich kaum jemand in den sozialen Medien, da wir uns ungern von der schlechten Seite zeigen. Es ist in etwa so, als würde man einen Rockstar um seinen Ruhm und sein ganzes Geld und seine Frauen beneiden, ohne zu wissen, dass er alkohol- und drogenabhängig ist, in nervigen Interviews seine Depressionen mit guter Laune überspielen muss und danach gleich noch mal eine Dosis braucht.

Neben den unsichtbaren Aspekten gibt es zwei weitere wichtige Gründe, warum der Sozialvergleich mit anderen Menschen immer unvernünftig ist: unsere Gene und unser soziales Umfeld. Kommen wir zunächst zu den Genen. Sie sind mitverantwortlich für unsere Persönlichkeitsmerkmale und definieren zu etwa 50 Prozent unsere Intelligenz. Wenn wir also unglücklich sind, weil wir uns in der Klasse oder im Studium oder im Job mit einem Mathegenie vergleichen, ist dieser Vergleich unvernünftig, weil Mathematik dieser Person von Natur aus leichter fällt, auch wenn wir büffeln und uns Mühe geben. Ihr Gehirnprozessor arbeitet in mathematischen Fragen einfach schneller. Sie hat in Mathe die genetische Lotterie gewonnen und ganz andere Voraussetzungen als wir, um eine Eins zu schreiben.

Ähnlich ist es mit unserem sozialen Umfeld: Es gibt riesige Unterschiede zwischen armen und reichen Menschen, vor allem was den Zugang zu Bildung angeht. So studieren an der Mehrheit der renommierten amerikanischen Ivy-League-Universitäten (wie Yale und Princeton) mehr Kinder des reichsten Prozents der Bevölkerung als der ärmsten 60 Prozent der Bevölkerung[95]. Unsere soziale Herkunft bestimmt in extremer Weise unseren beruflichen Erfolg. Neid und Missgunst sind äußerst irrational, wenn man diese Hintergründe kennt.

Es gibt aber einen Menschen, von dem du *erstens* alle sichtbaren und unsichtbaren Aspekte kennst, mit dem du *zweitens* dieselben Persönlichkeitsmerkmale und Gene teilst und *drittens* im selben sozialen Umfeld aufgewachsen bist: dein früheres Ich! Auf all diesen drei Ebenen ist ein rationaler Vergleich möglich, weil diese drei Voraussetzungen bekannt und vergleichbar sind. Du hast die gleichen Vor- und Nachteile, die dein früheres Ich auch hatte. Sich mit sich selbst zu vergleichen, ist also nicht nur das Vernünftigste, sondern auch das Fairste, was du machen kannst. Denn alle anderen Menschen hatten eben andere Vor- und Nachteile, die sie geprägt haben. Zudem wissen wir bei den anderen nie, wie sie sich innerlich fühlen und fühlten. Bei uns selbst aber wissen wir das.

Übungsblatt: Dein früheres Ich und dein jetziges Ich

Durch die folgende Übung kannst du einschätzen, wie sich dein allgemeines Glücksempfinden über die Jahre verändert hat. Natürlich sind die Noten, die du gleich einträgst, nicht exakt, und vermutlich ist deine Erinnerung leicht verzerrt. Um diese Verzerrung zu reduzieren, solltest du in jede Zeile gleich drei Faktoren eintragen, die deine allgemeine Lebenszufriedenheit in der jeweiligen Lebensphase maßgeblich bestimmt haben.

DEINE FRÜHEREN ICHS UND DEIN JETZIGES ICH

Schritt 1: Gib dir eine Schulnote für deine heutige allgemeine Lebenszufriedenheit und nenne drei Aspekte, die sie am meisten beeinflussen.

Schulnote: ....

Aspekt 1: ....

Aspekt 2: ....

Aspekt 3: ....

Schritt 2: Gib dir eine Schulnote für deine gestrige allgemeine Lebenszufriedenheit und nenne drei Aspekte, die sie am meisten beeinflusst haben.

Schulnote: ....

Aspekt 1: ....

Aspekt 2: ....

Aspekt 3: ....

Schritt 3: Gib dir eine Schulnote für deine allgemeine Lebenszufriedenheit heute vor exakt einem Jahr und nenne drei Aspekte, die sie am meisten beeinflusst haben.

Schulnote: ....

Aspekt 1: ....

Aspekt 2: ....

Aspekt 3: ....

Schritt 4: Gib dir eine Schulnote für deine allgemeine Lebenszufriedenheit heute vor exakt zehn Jahren und nenne drei Aspekte, die sie am meisten beeinflusst haben.

Schulnote: ....

Aspekt 1: ....

Aspekt 2: ....

Aspekt 3: ....

Schritt 5: Gib dir eine Schulnote für deine allgemeine Lebenszufriedenheit heute vor exakt 30 Jahren und nenne drei Aspekte, die sie am meisten beeinflusst haben.

Schulnote: ....

Aspekt 1: ....

Aspekt 2: ....

Aspekt 3: ....

Ich persönlich fand diese Übung äußerst spannend. Insbesondere die drei Einflussfaktoren haben mir mehr Einsichten geschenkt als die Schulnote. Natürlich sind die Ergebnisse überhaupt kein Indikator dafür, wie glücklich und zufrieden du morgen oder in einem Jahr sein wirst. Dein zukünftiges Glück wird maßgeblich dadurch bestimmt, wie viel du mithilfe der hier vorgestellten Techniken daran arbeitest und inwieweit du es schaffst, das Glück als Fähigkeit Stück für Stück auszubauen. Das Einzige, was sicher feststeht: Das zukünftige Ich wird es dir danken.

4. Zeit-Wohlstand erlangen

Es gibt Diebe, die nicht bestraft werden und einem doch das Kostbarste stehlen: die Zeit.

Napoleon

Warren Buffett, einer der reichsten Menschen der Welt, ist normalerweise sehr bescheiden. Er fährt ein altes Auto, lebt in seinem alten Haus in Omaha und frühstückt günstig bei McDonalds. Obwohl er fast 100 Milliarden angehäuft hat, prahlt er nicht mit seinem Geld. Aber er prahlt gern mal mit etwas anderem: seiner vielen unverplanten Zeit. Bei so mancher Gelegenheit zeigt er seinem erstaunten Gegenüber seinen Jahresplaner, in dem viele Tage und Wochen nahezu komplett leer sind. Keine Termine, keine Verpflichtungen. So zückt er zum Beispiel in einem Interview mit dem bekannten Moderator Charlie Rose[96] beim Thema Zeitmanagement urplötzlich seinen Planer und ist mächtig stolz darauf, reich an Zeit zu sein. Bill Gates, der in diesem Gespräch daneben sitzt, scherzt, der Moderator solle mit dem »Hightech-Papierplaner« vorsichtig sein. Er, Gates, habe von seinem Freund Warren gelernt, nicht jede Minute des Tages mit Terminen und Meetings vollzustopfen. Der kleine Jahresplaner ist aber, wie wir gleich anhand wissenschaftlicher

Studien sehen werden, einer der wichtigsten Schlüssel zu mehr Glück und Zufriedenheit. Dabei ist es natürlich nicht so, dass Warren Buffett nicht genügend Möglichkeiten hätte, seine Tage von morgens bis abends zu verplanen. Tut er aber nicht. Warum? In seinen eigenen Worten: »Ich kann mit meinem Geld alles kaufen, Zeit aber nicht.« Zu dieser Aussage werden wir übrigens noch zurückkommen.

Doch zunächst zum Problem: Die meisten Menschen sind in unserer schnelllebigen Zeit häufig gestresst und fühlen sich von Meetings, Terminen und dem überquellenden E-Mail-Postfach getrieben. Mehr Zeit wünscht sich heutzutage fast jeder. Die Forschung[97] hat diesem Gefühl, unter ständigem Zeitmangel zu leiden, den Namen *time famine* (wörtlich: Zeit-Hungersnot) gegeben. Mir erscheint dieser Begriff passender als der fast schon harmlose Begriff des Zeitmangels. Dass uns diese Zeit-Hungersnot unzufrieden macht, bedarf keiner großen Ausführungen. Natürlich kennen wir das Gefühl nur zu gut, wenn uns die Zeit davonläuft und wir ständig zu wenig davon haben.

Im Einstiegszitat sagt Napoleon, dass die Zeitdiebe nicht bestraft werden. Aber wer ist eigentlich der Zeitdieb? Wer packt unsere Kalender so voll? Sind es die anderen? Oder sind wir die Herren über unsere Zeit und nutzen sie bloß falsch?

Im oben genannten Interview gibt Bill Gates darauf die Antwort: »Wir selbst kontrollieren unsere Zeit. Ist ja auch logisch: Wir leben in einem freien Land, und keiner zwingt uns Termine und Aufgaben auf. Wenn du keine Zeit hast, liegt es an deinen eigenen früheren Entscheidungen.« Das klingt zunächst natürlich unangenehm. Doch wenn wir die Verantwortung für unsere Zeit-Hungersnot übernehmen, heißt das auch, dass wir die Macht haben, sie zu reduzieren oder gar komplett zu beenden.

Aber warum kommen wir überhaupt in diese unangenehme Situation, in der unsere Kalender überquellen? Aus Sicht der Forschung ist die Ursache eindeutig: Wir priorisieren Geld über Zeit und machen uns dadurch unglücklich. So fand eine Studie heraus, dass circa zwei Drittel der darin Befragten das Geld priorisierten, während ein Drittel die Zeit priorisierte.[98] Diejenigen aber, die die Zeit über das Geld priorisierten, waren glücklicher – und zwar unabhängig von Alter, Geschlecht und ausgeübtem Beruf.

Drei Gründe für eine klügere Priorisierung

Warum in aller Welt macht der Fokus auf Zeit (statt auf Geld) uns nun glücklicher? Das hat verschiedene Ursachen, auf die ich kurz eingehen will. Natürlich möchte ich dich davon überzeugen, deine Zeit höher als dein Geld zu priorisieren. Am Ende entscheidest natürlich du, ob die Argumente und die Forschung für dich plausibel sind.

1. *Bei einem Fokus auf Zeit tun Menschen häufiger die Dinge, die sie glücklich machen.*[99] Die Logik dahinter ist ganz einfach: Wenn ich mich auf das Geldverdienen fokussiere, dann denke ich eher daran, noch einen Anruf zu tätigen und noch eine E-Mail abzusenden, um erfolgreicher zu sein und dadurch als Angestellter eher befördert zu werden oder als Selbstständiger einen zusätzlichen Kunden zu gewin-

nen. Gerade Selbstständige, die keine geregelten Arbeitszeiten haben, verbringen viele Abende und Wochenenden mit ihrem Job, weil sie die Früchte ihrer Arbeit sofort im Portemonnaie bemerken. Das führt aber dazu, dass sie für Freizeitaktivitäten weniger Zeit haben.

2. *Erfahrungen (für die wir Zeit benötigen) machen uns glücklicher als materielle Dinge.*[100] Wir haben bereits beim Thema Misswünschen erfahren, dass materielle Dinge uns, wenn überhaupt, nur kurzfristig glücklich machen. Erfahrungen dagegen spüren wir intensiver und können uns auch viele Jahre danach darüber freuen. Wer aber wenig Zeit hat, kann diese Erfahrungen erst gar nicht machen. Für einen Monat nach Spanien zu einem Sprachkurs zu fahren ist für jemanden, der auf Geld fokussiert ist, reinste Zeitverschwendung. Spanisch kann man nach der Arbeit ja auch in einem Onlinekurs lernen. Doch ohne das spanische Ambiente und die Tapas und die Paella am Abend macht das Spanischlernen nicht so großen Spaß. Und interessante Begegnungen und unerwartete Geschichten warten ebenfalls nicht auf uns, wenn wir die Sprache in den eigenen vier Wänden lernen.
3. *Zeitinvestitionen haben einen höheren Bezug zu uns selbst als Geldinvestitionen.* Im Englischen gibt es einen schönen Begriff: »me time« – also die Zeit, die ich mit mir selbst oder mit schönen Dingen verbringe. Um bei meinem Beispiel mit der Sprachreise zu bleiben: Wenn ich mir eine Woche oder einen Monat dafür Zeit nehme, dann hat das einen höheren Selbstbezug, als wenn ich mir einen neuen Pullover kaufe. Ähnlich ist es bei Geschenken: Einem Menschen einfach nur irgendeinen Gegenstand zu kaufen ist zwar

nett, ihm aber ein Geschenk selbst zu machen hat einen viel größeren Bezug zu ihm und wird mehr geschätzt, weil der andere weiß, dass wir uns Mühe gegeben haben. Genauso ist es auch bei uns selbst: Wenn wir uns für uns selbst keine Zeit nehmen, ist der Selbstbezug und damit auch die Selbstzufriedenheit geringer. So hat Stefan, ein Coaching-Kunde von mir, sich immer vorgenommen, täglich ein paar *SPIEGEL*-Artikel zu lesen. Doch wegen Zeitmangels stapeln sich, wie er sagt, die Artikel immer weiter in seinem Schlafzimmer, was ihn wiederum unzufrieden macht. Intuitiv weiß er, dass er mehr Zeit mit sich selbst verbringen sollte. Doch der Fokus auf das Geld und seinen Job trübt seine Sicht auf die »me time«.

Was passiert eigentlich, wenn man jemandes Aufmerksamkeit subtil auf das Thema Geld beziehungsweise Zeit lenkt? Diese Frage wurde in einem interessanten Experiment[101] untersucht, bei dem Leute in einem Café gebeten wurden, Wörter aus einem Puzzle zusammenzusetzen. Bei einer Gruppe war das Puzzle so angelegt, dass dabei Wörter herauskamen, die mit Geld und Karriere zu tun hatten. Die zweite Gruppe bekam ein anderes Puzzle, bei dem die Wörter mit dem Thema Zeit zu tun hatten. Anschließend hat man die Cafébesucher beobachtet und festgestellt, dass sie sich in ihrem Verhalten stark unterschieden – nämlich abhängig davon, zu welchem der beiden Themen sie Wörter gefunden hatten. Die Gruppe, welche Geld-Wörter zusammengesetzt hatte, hat nach dem Puzzle mehr gearbeitet. Die Gruppe mit den Zeit-Wörtern hat anschließend mehr Sozialkontakte gehabt und länger mit anderen Menschen im

Café geredet, und zwar etwa doppelt so lang wie die Geld-Wörter-Gruppe. Das Experiment zeigt nicht nur, wie leicht sich Menschen manipulieren lassen, sondern auch, was uns glücklicher macht. Die Zufriedenheit der Geld-Wörter-Gruppe war nämlich geringer als die Zufriedenheit der Zeit-Wörter-Gruppe.

Es macht also einen großen Unterschied für unser Glücksgefühl, ob wir häufiger über Geld oder häufiger über Zeit nachdenken und was von beidem wir eher priorisieren. Natürlich ist das kein Aufruf dazu, gar nicht mehr zu arbeiten. Im Gegenteil: Arbeit im sogenannten Flow-Zustand (siehe ab S. 161) kann richtig glücklich machen.

Doch wie schaffen wir es, mehr Zeit zu haben und uns mehr auf Zeit (statt Geld) zu fokussieren? Dazu habe ich zwei Lösungen: Erstens, weniger Verpflichtungen annehmen durch die Kunst des höflichen Nein-Sagens. Zweitens, Zeit kaufen. Schauen wir uns beide Lösungen genauer an.

Die Kunst der fünf höflichen Neins

Wir packen unsere Kalender voll, weil wir zu häufig Ja sagen. Einer der Gründe dafür ist, dass uns das Nein viel schwerer von den Lippen geht, weil wir die Beziehung zu unserem Gegenüber nicht gefährden wollen. Ein anderer Grund ist, dass wir keine Chance verpassen wollen. Wenn der Chef zum Netzwerkabend einlädt, arbeiten diese Gründe zusammen und führen in den meisten Fällen dazu, dass wir zustimmen, obwohl wir den Abend gern mit Freunden oder dem Liebsten verbringen würden.

Doch die gute Nachricht: Es gibt fünf galante Möglichkeiten, eine Anfrage abzulehnen, ohne das böse Wort »Nein« zu sagen. Diese möchte ich dir kurz vorstellen. Sie werden dir viel Zeit schenken!

Das Kalender-Nein: Heutzutage ist allgemein akzeptiert, dass man seine beruflichen und privaten Termine in seinen Kalender schreibt und nicht alles auswendig weiß. Das heißt, egal ob es sich um eine berufliche oder private Anfrage richtet, du kannst immer sagen: »Da muss ich kurz in meinem Kalender nachschauen, ob es passt.« Anschließend schreibst du eine freundliche E-Mail, dass du gerade da »leider« schon etwas anderes geplant hast.

Das Prioritäts-Nein: Hier ist der Gedanke, dass du die Anfrage zwar gern angenommen hättest, aber »leider« gerade etwas anderes priorisieren musst. Aktuelles Beispiel: In meiner Schreibphase für dieses Buch habe ich fast alle Termine abgesagt, »weil ich gerade mein Buchprojekt priorisieren muss, um pünktlich fertig zu werden«. Wahrscheinlich schreibst du gerade kein Buch, doch kannst du dir immer überlegen, welches größere Projekt du priorisieren möchtest. Menschen haben Verständnis, wenn sie einen guten Grund für die Absage hören.

Das teilweise Nein: Manchmal bestehen Anfragen aus mehreren Aspekten. Mit dem teilweisen Nein sagst du zu einem Teil der Anfrage zu, den anderen Teil lehnst du ab. Sprachlich setzt du den Fokus auf das Positive. Angenommen, ein Kollege möchte, dass du ihm bei der Präsentation hilfst und das heute geschehen muss. Mit dem teilweisen Nein würdest du zum Beispiel sagen: »Morgen Nachmittag kann ich dir gern damit helfen.«

Das verschiebende Nein: Hier geht es darum, eine Anfrage (viel) später anzunehmen. Der schöne Effekt für uns: Viele Dinge erledigen sich im Alltag von selbst. Idealerweise verschiebst du die Umsetzung einer Aufgabe so sehr in die Zukunft, dass du dir fast sicher sein kannst, dass die anfragende Person dafür eine andere Lösung finden wird.

Das prinzipielle Nein: Hier erklärst du deinem Gegenüber, dass du eine Sache grundsätzlich nicht machst. Nach meinem Jura-Abschluss wollten in der ersten Zeit viele Freunde und Bekannte »nur eine ganz kurze juristische Frage« an mich stellen. Selten war sie kurz – und irgendwann habe ich einfach erklärt, dass ich prinzipiell keine juristischen Fragen beantworten möchte. Scherzhaft füge ich dann hinzu, dass ich mich nicht mal mit meinen eigenen juristischen Fragen beschäftigen möchte und daher eine Rechtsschutzversicherung abgeschlossen habe.

Natürlich gibt es Dinge, die wir nicht ablehnen können. Doch die fünf Neins werden dir helfen, jene Anfragen höflich abzusagen, die für dich nicht unbedingt erforderlich sind.

Wenig Zeit nur hat, wer keine Zeit sich kauft

Der zweite Alltagstipp für mehr Zeit besteht darin, sich Zeit einzukaufen. Vielleicht erinnerst du dich an das Zitat von Warren Buffett, der gesagt hat, dass er keine Zeit kaufen kann. Der Mann ist hundertmal schlauer als ich, doch in diesem Punkt muss ich ihm leider widersprechen. Natürlich kann man Zeit kaufen. Das tun wir täglich sowieso alle. Beispielsweise jagen wir unser Fleisch nicht selbst, sondern kaufen es uns einfach. Wer eine Putzkraft beschäftigt, spart sich Zeit. Manche Autoren engagieren Ghostwriter für ihre Bücher und sparen sich so das leidige Tippen auf der Tastatur sowie die Schreibblockaden, mit denen sich jeder Autor herumschlagen muss.

Natürlich sind du und ich nicht so reich wie Warren Buffett und können uns nicht für alle unliebsamen Tätigkeiten Zeit kaufen, indem sie von anderen erledigt werden. Doch selbst wer wenig Geld hat, sollte sich überlegen, welche zwei oder drei Tätigkeiten er oder sie jemand anderem übertragen kann. Dazu sogleich eine praktische Übung. Selbst wer fast gar kein Geld hat, kann mit Tauschgeschäften weit kommen.

Übungsblatt: Zwei Übungen für mehr Zeit-Wohlstand

Dieses Kapitel hat deutlich gemacht, dass Zeit-Wohlstand mindestens so wichtig für unser Glück ist wie Geldwohlstand. Unser Denken über die Zeit zu manipulieren lohnt sich glückstechnisch also immens. Doch Wissen allein reicht nicht. Es geht darum, deine Zeit auch erfolgreich zu verteidigen. Deswegen die beiden Übungen dazu – die erste zum Nein-Sagen, die zweite zum Zeitkaufen.

DEINE DREI UNLIEBSAMEN VERPFLICHTUNGEN

Sicher kannst du auf Anhieb drei Dinge nennen, für die du dich in der Vergangenheit verpflichtet hast und bei denen du heute klar sagen kannst, dass deine Zustimmung dazu fehlerhaft war. Besser hättest du dazu Nein sagen sollen. Doch lerne aus deinen Fehlern und wende bei diesen drei Situationen eines der fünf oben dargestellten Neins an. Versetze dich also in die Vergangenheit und sage der entsprechenden Person Nein. Es wird dich zwar nicht entpflichten, doch ist das Nein-Training künftig deine Voraussetzung für mehr Zeit-Wohlstand.

Erste Situation, in der ich mich verpflichtet habe – und wie ich es hätte ablehnen sollen (idealen Wortlaut zur Person notieren):

- Meine Verpflichtung: ....
- Meine ideale Ablehnung: ....

Zweite Situation, in der ich mich verpflichtet habe – und wie ich es hätte ablehnen sollen (idealen Wortlaut zur Person notieren):

- Meine Verpflichtung: ....
- Meine ideale Ablehnung: ....

Dritte Situation, in der ich mich verpflichtet habe – und wie ich es hätte ablehnen sollen (idealen Wortlaut zur Person notieren):

- Meine Verpflichtung: ....
- Meine ideale Ablehnung: ....

DEINE DREI UNLIEBSAMEN TÄTIGKEITEN

Zeit kaufen können wir vor allem dadurch, dass wir Aufgaben an andere delegieren und sie gegebenenfalls dafür bezahlen. Putzen, kochen, bügeln, einkaufen, Steuererklärung machen oder den Urlaub planen – die Liste ist schier unendlich. Mache dir bitte zu drei unliebsamen Tätigkeiten Gedanken und finde zu jeder einen Menschen, der sie preisgünstig oder kostenlos für dich übernehmen könnte. Familienmitglieder, Freunde, Nachbarn, professionelle Dienstleister – alle kommen infrage!

Erste unliebsame Tätigkeit – und wer sie für dich für relativ wenig Geld übernehmen könnte:

....

....

....

Zweite unliebsame Tätigkeit – und wer sie für dich für relativ wenig Geld übernehmen könnte:

....

....

....

Dritte unliebsame Tätigkeit – und wer sie für dich für relativ wenig Geld übernehmen könnte:

....

....

....

Bewaffnet mit den fünf Neins und mit einigen Delegationsideen wirst du zum besseren Verteidiger der kostbarsten Ressource der Welt. Zum Abschluss noch ein mahnendes Argument des Philosophen Seneca[102]:

> *Es findet sich keiner, der sein Geld austeilen möchte; sein Leben dagegen, unter wie viele verteilt es ein jeder! Ihr Vermögen eifrig zusammenzuhalten, sind sie immer beflissen; handelt es sich aber um Zeitverlust, so zeigen sie sich als die größten Verschwender.*

Zeitmanagement ist daher nichts anderes als Glücksmanagement. Apropos managen: Es wird Zeit, dir die dritte Dimension der Glücksmanipulation vorzustellen, in der wir sehen werden, wie wir unser Verhalten so managen und manipulieren können, dass wir dauerhaft zufriedener werden.

Dritte Dimension: Das eigene Verhalten manipulieren

Jeder ist seines Glückes Schmied.

Volksweisheit[103]

Manche Volksweisheiten entpuppen sich bei genauerer Betrachtung als unwahr. Doch manche bringen die Wahrheit in wenigen Worten direkt auf den Punkt. So auch das berühmte Sprichwort, dass jeder seines Glückes Schmied ist. Leider verrät die Volksweisheit nicht, wie genau wir unser Glück schmieden können. Doch dafür ist dieser Abschnitt ja da. Wie immer in diesem Buch geht es auch in dieser Dimension um psychologische Techniken mit einer langfristig positiven Glücksbilanz. Bei den folgenden Glückstechniken geht es schwerpunktmäßig nicht ums Fühlen (erste Dimension) und auch nicht ums Denken (zweite Dimension), sondern um das Schmieden, also um aktive Handlungen, die wir idealerweise in unseren Alltag integrieren. Starten wir mit der ersten Technik, mit der du in einen positiven Schaffensrausch, also in einen Flow-Zustand, kommen kannst.

1. In den Flow kommen

Kreativität ist Intelligenz,
die Spaß hat.

Albert Einstein

Sicher hast du schon häufiger den Ausdruck »im Flow« als Umschreibung dafür gehört, dass jemand in seiner aktuellen Tätigkeit voll und ganz aufgeht und dabei quasi »im Fluss« ist. Er merkt nicht, was um ihn herum passiert. Er merkt nicht, dass die Zeit vergeht. Er denkt an nichts und ist hochfokussiert dabei, etwas zu tun, zu gestalten, zu lösen oder zu erschaffen. Dieses restlose Aufgehen in einer Tätigkeit, diese vollkommene Vertiefung in eine Aufgabe ist ein Gefühl, das uns beglückt. Gleichzeitig ist es auch ein Phänomen, das bei manchen Menschen nur manchmal und bei anderen wiederum fast nie eintritt. Doch die gute Nachricht: Es gibt einen Forscher namens Mihaly Csikszentmihalyi, der sein ganzes Leben diesem Flow-Zustand gewidmet hat und uns konkrete Ratschläge gibt, wie man in diesen Schaffensrausch beziehungsweise in diesen sagenumwobenen Flow kommt.

Doch was genau ist dieser Flow-Zustand? Am besten vorstellen kannst du dir diesen Zustand bei einem Kind, das komplett in seinem Spiel aufgeht und die Realität um sich herum vergisst. Das Spiel wird für das Kind zur Realität. Es ist komplett entrückt von der Wirklichkeit, alle seine Sinne und Wünsche sind auf dieses Spiel gerichtet. Csikszentmihalyi fand bei seinen vielen Interviews mit Top-Performern aus Wissenschaft, Sport, Musik und vielen anderen Branchen heraus, dass vor allem diese leistungsstarken Menschen sich häufig in besagtem Flow-Zustand befinden und komplett in ihrem Tun aufgehen. Sie vergessen die Welt um sich herum und führen fast automatisch schwierigste Aufgaben aus. Während des Flows ist man wie im Rausch – und nach dem Flow extrem glücklich darüber, dass er stattgefunden hat und dass man Unerwartetes geschaffen hat.

Wie kommt man in den Flow?

Die Theorie zum Thema Flow ist auf den ersten Blick ziemlich einfach. Es geht um die perfekte Balance zwischen einer zu schwierigen Aufgabe, die uns überfordert, und einer zu einfachen Aufgabe, die uns unterfordert. Denn wenn wir uns überfordert fühlen, haben wir Angst vor Misserfolg – und Angst hemmt. Wenn wir aber eine zu einfache Aufgabe ausführen, sind wir schnell gelangweilt und können und wollen uns darauf nicht fokussieren. Hier ist dieser grundsätzliche Gedanke einmal grafisch dargestellt:

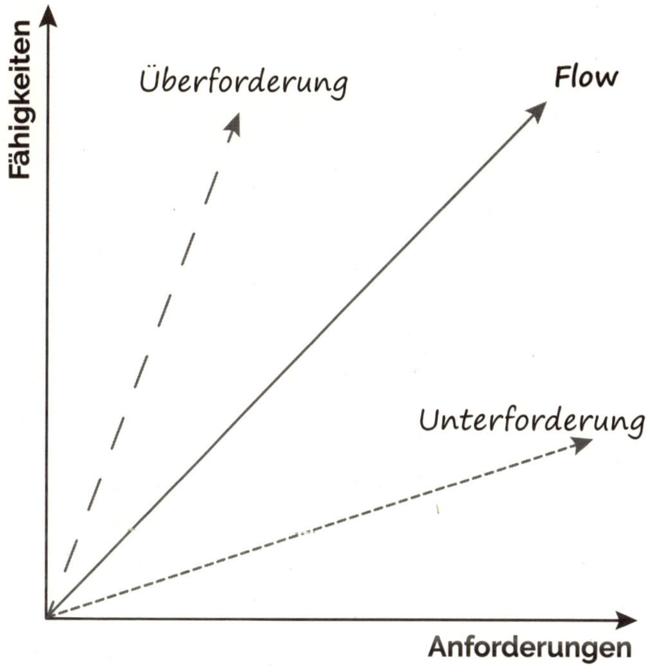

Csikszentmihalyi betont, dass nicht nur Top-Performer in diesen schönen und glücklich machenden Flow-Zustand kommen können, sondern alle Menschen. So befand ich mich vor Kurzem in einem Flow-Zustand, als ich Tischtennis mit einem Freund gespielt habe. Ich bin Amateur und war nie im Verein, und auch er ist kein Timo Boll. Wir sind gleich stark gewesen. Oder besser gesagt: gleich schwach. Doch genau das war eine wichtige Voraussetzung für den Flow-Zustand: Es war die perfekte Balance zwischen unseren Fähigkeiten und den Anforderungen, die der Gegner gestellt hat. Wir hatten uns und die Welt vergessen und waren vollkommen verblüfft darüber, wie schnell die zwei Stunden, die wir die Platte gemietet hatten, vorbei waren. Es hat riesigen Spaß gemacht.

Csikszentmihalyi – einer der führenden Forscher der Positiven Psychologie – bringt ein etwas komplexeres Beispiel des Tennisanfängers Alex[104], das sogleich auch verraten wird, warum es uns allen so schwerfällt, regelmäßig in den Flow zu kommen. Die nachfolgende Grafik zeigt Alex zu vier unterschiedlichen Zeitpunkten, wobei er sich zu Zeitpunkt A1 und A4 im begehrten Flow-Zustand befindet.

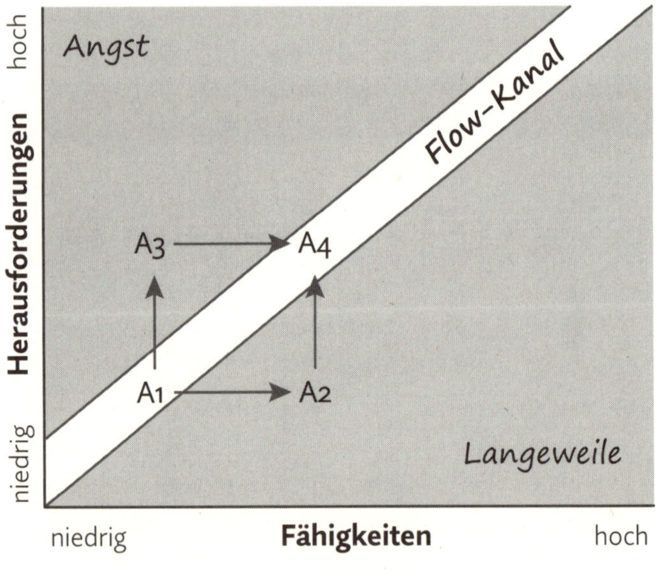

Zum Zeitpunkt A1 hat Alex noch keine Tennisfähigkeiten. Seine einzige Herausforderung ist, den Ball irgendwie über das Netz zu schlagen. Das ist nicht schwer, doch entspricht es genau seinem (niedrigen) Fähigkeitslevel, weshalb es ihm großen Spaß macht. Aber nicht sehr lange, denn irgendwann wird es zu einfach, den Ball über das Netz zurückzuschlagen, weshalb er anfängt sich zu langweilen (Zeitpunkt A2). Vielleicht trifft Alex aber auch einen stärkeren Spieler (nennen wir ihn Sven), der ihn schnell besiegt, weil Alex grundlegende Tennis-Skills fehlen. Alex hat Angst, haushoch zu verlieren, und befindet sich daher außerhalb des Flow-Bereichs (Zeitpunkt A3). Sowohl Langeweile als auch Angst sind negative Zustände, die er dadurch überwinden kann, dass er Tennisstunden nimmt und besser wird, etwa so gut wie sein neuer Gegner Sven. Damit ist er wieder im Flow-Bereich angelangt (Zeitpunkt A4), in dem die Herausforderungen und die Fähigkeiten im Gleichgewicht sind.

A4, schreibt Csikszentmihalyi, ist natürlich ein viel komplexerer Zustand als A1 – und zugleich ist auch er nicht stabil: Man kann eben dieselbe Tätigkeit auf demselben Level nicht für lange Zeit genießen. Das ist die schlechte Nachricht. Doch die gute ist: Die dynamische Eigenschaft des Flow-Zustandes führt letztlich dazu, sich weiterentwickeln und Neues entdecken zu wollen.

Irgendwann war auch einer der besten Tennisspieler der Welt, Roger Federer, der schwächste in seiner Stadt. Doch dann hat er auf Stadtebene alle besiegt und ist bei nationalen und später internationalen Turnieren angetreten. Ähnlich ist es bei Musikern und Mathematikern. Der Mensch hat einen natürlichen Drang, sich weiterzuentwickeln. Denke dabei doch nur mal an dich: Du hast nun circa die Hälfte dieses Buches gelesen, eben weil du dich weiterentwickeln möchtest. Vielleicht bist du sogar beim Lesen in einen Flow-Zustand gekommen. Ich jedenfalls kann sagen, dass ich bei einigen Kapiteln im Flow-Zustand war, weil meine Fähigkeiten und die inhaltlichen Herausforderungen im Gleichgewicht waren. Bei einigen Kapiteln hat es mehr gestockt, weil ich eben viele Studien erst lesen musste, um ein Thema zu erfassen. Wenn man weiß, wo sich der Flow-Zustand einpendelt, muss man nicht auf den Zufall warten, sondern kann ihn selbst erzeugen. Das funktioniert am besten, wenn man die acht Elemente des Flow-Zustandes kennt.

Die acht Elemente des Flow-Zustandes

Csikszentmihalyi selbst war überrascht, dass Menschen unterschiedlichster Berufe, Altersgruppen, Nationalitäten und Kulturen den Flow-Zustand ähnlich beschrieben haben, und zwar unabhängig davon, ob sie gemalt, programmiert, operiert, komponiert oder einfach nur gearbeitet haben. Die von ihm Befragten nannten mindestens eine, häufig aber auch alle acht dieser Elemente[105].

1. *Eine herausfordernde Tätigkeit, die Fähigkeiten erfordert.* Hier betont Csikszentmihalyi, dass die Tätigkeit nicht unbedingt eine physische sein muss und die Fähigkeiten auch geistiger Natur sein können. So können wir auch beim Buchlesen in einen Flow-Zustand kommen und die Zeit komplett vergessen. Voraussetzung ist aber eine Herausforderung, die wir dank unserer Fähigkeiten meistern können.
2. *Volle Konzentration auf die Tätigkeit.* Da die Tätigkeit herausfordernd sein muss, braucht die Person eine ungeteilte

Konzentration auf die Tätigkeit, da sie sonst nicht ausgeführt werden könnte. Sie wendet keine Energie für etwas anderes auf, sondern verschmilzt mit der Tätigkeit und vergisst die Welt um sich.

3. & 4. *Klare Ziele und unmittelbares Feedback.* Ein Tennisspieler weiß genau, was sein Ziel ist: das Spiel gewinnen. Gleichzeitig bekommt er für seine Tätigkeit ein unmittelbares Feedback in Form von Punkten, die ihm oder seinem Gegner zugesprochen werden.

   Übrigens sagt Csikszentmihalyi: Sobald das Gewinnen im Vordergrund steht und nicht das Ziel, möglichst gut zu spielen, verschwindet das Flow-Gefühl, und an seine Stelle tritt die Angst, das Spiel zu verlieren.

5. *Weltvergessenheit tritt ein.* Im Flow-Gefühl vergisst der Mensch die Welt und all seine Probleme. Häufig müssen wir im Alltag daran denken, was in der Vergangenheit schieflief oder wovor wir uns in der Zukunft fürchten. Dadurch, dass die Tätigkeit für uns herausfordernd ist, haben wir erst gar keine Kapazitäten, an etwas Unangenehmes zu denken, weswegen wir den Flow so sehr schätzen.
6. *Das Gefühl der Kontrolle.* Den Flow beschreiben Menschen meist als Gefühl, eine Situation zu kontrollieren. Beispiel Schach: Der Spieler im Flow-Zustand hat volle Kontrolle über seine Züge und sieht ebenfalls alle Züge seines Gegners.
7. *Selbstvergessenheit tritt ein.* Der Flow-Zustand wird als egolos beschrieben. Wir denken nicht mehr über uns nach und auch nicht darüber, was die Welt über uns denkt. Vielmehr werden wir eins mit unserer herausfordernden Tätigkeit oder unserem Team oder unserer Umwelt.

8. *Zeitvergessenheit tritt ein.* Normalerweise sind wir uns in etwa bewusst, wie viel Zeit vergangen ist. Gerade im Zustand der Langeweile – man denke nur an die Schule – ist man sich jeder (langen) Minute bewusst und kann es kaum erwarten, dass endlich Pause ist. Genau das Gegenteil ist der Flow: In ihm denken wir gar nicht an die Zeit, sie wird komplett irrelevant für uns. Im Grunde ist der Flow das Gegenteil zur Schule: die komplette Abwesenheit der Langeweile.

Den Flow finden – aber wo?

Jetzt, wo du die acht Elemente des Flow-Zustandes kennst, frage dich doch kurz Folgendes: Bei welchen Tätigkeiten hast du einige dieser Elemente selbst schon häufiger erlebt? Beim Yoga, bei einem bestimmten Spiel, beim Tanz, beim Sex, beim Musikhören, beim Lesen, beim Musizieren? Natürlich lässt sich diese Liste ewig fortführen. Doch der Sinn der Frage ist klar: Erst müssen wir die herausfordernde Tätigkeit, die uns in einen Flow-Zustand bringen kann, definieren – und sie anschließend korrekt ausführen. »Korrekt« bedeutet in diesem Zusammenhang, wie du bereits weißt, die perfekte Balance zwischen Über- und Unterforderung zu finden.

Csikszentmihalyi selbst schreibt, dass es – auch wenn wir wissen, was uns potenziell in den Flow-Zustand bringt – leider nicht möglich ist, den Flow zu erzwingen. Doch natürlich steigern wir die Wahrscheinlichkeit, indem wir die Voraussetzungen für diesen Zustand schaffen. Idealerweise planst du die herausfordernde Tätigkeit nicht einmal im Monat oder einmal im Quartal, sondern führst sie regelmäßig aus, sodass deine Fähigkeiten und deine Konzentration immer weiter zunehmen.

Hier kommen wir übrigens der Antwort schon sehr nah, wo wir am ehesten nach Flow Ausschau halten müssen. Denn was tun wir alle regelmäßig, ja eigentlich täglich, was uns ständig herausfordert? Natürlich unsere Arbeit. Klar kannst du auch bei Hobbys oder außergewöhnlichen Tätigkeiten in den Flow kommen. Doch ich denke wie immer pragmatisch: Da wir eh täglich arbeiten und Herausforderungen meistern müssen, wäre es am effizientesten, wenn wir den Flow in der Arbeit finden. Doch wie? Nicht alles in der Arbeit macht Spaß. Nicht alles ist eine angenehme Herausforderung. Nicht alles gibt uns unmittelbares Feedback und lässt uns die Zeit vergessen. Viele tägliche Tätigkeiten sind langweilig bis öde – und wir sind eher froh, wenn sie vorbei sind. Doch hier kommt der entscheidende Punkt: Ein Teil unserer Arbeit macht uns großen Spaß. Genau diesen Teil sollten wir unbedingt gegen »dringende« Aufgaben verteidigen, indem wir dafür sorgen, dass wir jede Woche – am besten sogar jeden Tag – für diese Flow-spendende Tätigkeit Zeit reservieren.

Ich gebe dir ein persönliches Beispiel. Obwohl ich Coach, Trainer und Speaker bin sowie einen Podcast betreibe, bin ich ein introvertierter Mensch. Am liebsten arbeite ich allein an Konzepten beziehungsweise Büchern oder lese mir spannende aktuelle Studien durch – daher gibt es auch so viele davon in diesem Buch. Theoretisch könnte ich den ganzen Tag Coachings oder Trainings machen. Doch komme ich hierbei nur selten in einen Flow. Anders ist es beim Schreiben oder beim

Lesen: Hier vergesse ich manchmal die Zeit und die Welt, und deshalb plane ich diese für mich herausfordernden Tätigkeiten täglich in meinen Arbeitstag ein. So ist ein Ziel von mir im Jahr 2022, jeden Tag mindestens drei Seiten zu schreiben. Wenn ich es täglich tue und mich selbst herausfordere, ohne mich zu überfordern, kann ich prinzipiell täglich während dieser Tätigkeit in den Flow kommen. Zumindest für kurze Zeit. Und das macht mich glücklich. Natürlich ist das ein persönliches Beispiel, das du nicht direkt auf dich übertragen kannst. Doch wollte ich damit veranschaulichen, dass jeder bestimmte Tätigkeiten in seiner Arbeit verrichtet, die ihm mit großer Wahrscheinlichkeit den Flow-Zustand bescheren. Diese Teilbereiche der Arbeit zu identifizieren und dafür Zeit zu reservieren, ist die wichtigste Voraussetzung für das Erleben des Flow-Zustandes. Und wenn es wirklich keinen Teilbereich in deinem Job gibt, der dir dieses Gefühl der positiven Herausforderung gibt, wird es vielleicht Zeit, den Job zu wechseln.

Apropos Teilbereiche der Arbeit: Csikszentmihalyi verdeutlicht die unterschiedlichen Gefühle, die Über- beziehungsweise Unterforderung und hohes beziehungsweise niedriges Fähigkeitslevel in uns wecken, in einer interessanten Grafik[106]. Verwende die Grafik doch gern, um die verschiedenen Arbeitstätigkeiten den Gefühlen zuzuordnen – und hoffentlich findet sich dort auch etwas in der oberen rechten Ecke!

Wenn du magst, kannst du neben das Gefühl nicht nur den Teilbereich deiner Arbeit schreiben, sondern auch die ungefähre Wochenarbeitszeit, die du in diesem Bereich beziehungsweise der entsprechenden Emotion verbringst. Das schafft nicht nur Klarheit darüber, ob es in deiner Arbeit überhaupt ein

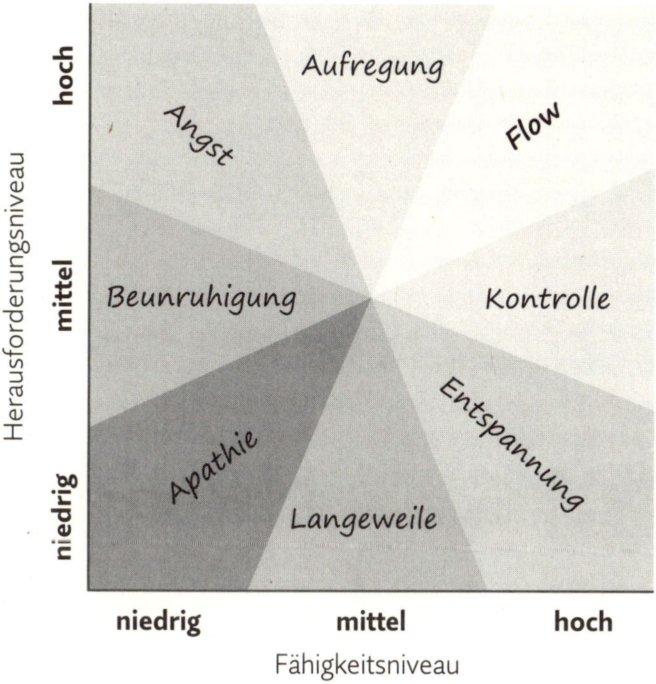

Flow-Potenzial gibt, sondern auch darüber, ob du aus Glücksgründen eine andere Arbeitsgewichtung vornehmen solltest.

Jetzt könntest du einwenden: Aber warum den Flow denn in der Arbeit suchen? Warum nicht abends beim Fernsehgucken oder Internetsurfen oder beim entspannten Liegen auf der Couch? Meine Antwort: Weil die genannten Tätigkeiten zwar angenehm, aber nicht herausfordernd sind. Sie entspannen uns, und natürlich ist Entspannung extrem wichtig. Doch braucht man weder fürs Fernsehgucken noch fürs Surfen noch fürs Auf-dem-Sofa-Liegen bestimmte Fähigkeitsniveau. Wer in einen

Flow-Zustand kommen will, muss sich schon anstrengen. Bei der Arbeit werden wir vor viele Herausforderungen gestellt, für die wir passende Fähigkeiten vorrätig haben (sonst wären wir nicht angestellt worden). Außerdem überschätzen wir, wie oft wir uns während der Freizeit im Flow fühlen. Wie oft scrollen wir fast schon lustlos durch den Facebook- oder Instagram-Feed oder schauen uns aus Langeweile die siebte Serie auf Netflix an? Doch warum tun wir das eigentlich?

Ein anderer Wissenschaftler, Christopher Peterson, hat dazu einen bemerkenswerten neuen Begriff eingeführt, nämlich *junk flow*[107], also Schrott-Flow. Dieser Begriff beschreibt einen Zustand, der dem echten Flow ähnelt, weil er einige der acht oben genannten Elemente des echten Flow-Erlebnisses aufweist. Wenn wir zum Beispiel Serien schauen, tauchen wir häufig auch darin ein und vergessen uns selbst, die Welt und die Zeit. Doch was beim Schrott-Flow nie vorkommt, ist eine herausfordernde Tätigkeit, die Fähigkeiten erfordert. Also das fundamentale Kriterium für Flow. Da wir aber uns selbst und die Welt vergessen, geben wir uns häufig und gern dem Schrott-Flow hin. Denn Anstrengung ist eben anstrengend. Allerdings fühlen wir uns während des Schrott-Flows nicht wirklich glücklich und machen uns danach Vorwürfe, dass wir die Zeit verschwendet haben. Kurz: Schrott-Flow hat eine negative Glücksbilanz. Doch es ist wichtig, sich darüber klar zu werden, dass dieser halb angenehme Zustand uns häufig dazu verführt, stundenlang sinnlose Tätigkeiten auszuführen, die wir nicht einmal genießen. Wenn »stundenlang« für dich erst mal gar nicht so schlimm klingt, hier eine andere Perspektive: Der Durchschnittsbürger verbringt im Schnitt mehr als zehn Jahre vor dem Bildschirm. Doch werden die wenigsten später sagen: Ach, hätte ich doch nur mehr Zeit vor dem Laptop oder im Social-Media-Feed meiner Lieblings-App verbracht!

Das klingt jetzt so, als wäre ich komplett gegen Bildschirmzeit, Social Media und Netflix. Das ist natürlich nicht der Fall. Wir alle brauchen mal eine Auszeit, bei der wir abschalten und das Gehirn mal leerlaufen kann. Doch muss es gleich stundenlanger Schrott-Flow sein? Warum nicht einen einfachen Trick anwenden, bei dem wir ganz bewusst aus diesem ödeblödeschönen Zustand herauskommen? Stell dir einfach bei der Nutzung von Social Media oder Netflix oder ähnlichen »Tätigkeiten« einen Wecker. Sobald er klingelt, weißt du, dass deine Schrott-Flow-Zeit abgelaufen ist. Mittlerweile gibt es auch Software, die alle Social-Media-Apps oder bestimmte Websites nach einer bestimmten Zeit (zum Beispiel einer Stunde) automatisch ausschaltet und für diesen Tag blockiert. Auf diese Weise können wir den angenehm apathischen Schrott-Flow unter Kontrolle bringen. Doch kommen wir zurück zum guten Flow. Ich möchte dir im Folgenden eine Übung vorschlagen, mit der du in den kreativen Flow-Zustand gelangen kannst.

Übungsblatt: Den Flow finden – aber wie?

Nachdem wir durch Mihaly Csikszentmihalyi die acht Elemente des Flow-Zustandes kennengelernt haben, geht es nun darum, die äußeren Bedingungen dafür in der Arbeit oder zu Hause zu schaffen.

FLOW-ÜBUNG

Abgeleitet von den acht Elementen des Flow-Zustandes geht es bei dieser Übung darum, die Voraussetzungen für dein persönliches Flow-Erlebnis zu schaffen.

1. *Suche dir eine herausfordernde Tätigkeit, die deine Fähigkeiten erfordert. Egal ob ein Gedicht, eine Programmieraufgabe, ein Gitarrenstück oder ein Blogartikel – es sollte eine Aufgabe sein, bei der du deine stärksten Stärken ausspielen kannst.*
2. *Konzentriere dich vollkommen auf diese Tätigkeit. Vor allem bedeutet das, dein Handy und deinen Laptop (sofern nicht für die Tätigkeit erforderlich) nicht nur auszuschalten, sondern am besten auch aus dem Zimmer zu verbannen, damit der Anblick dieser verführerischen Technologie dich nicht dazu verleitet, kurz auf Facebook oder in Outlook zu schauen. Handy natürlich auf lautlos stellen.*
3. *Setze dir ein klares Ziel, zum Beispiel das Schreiben eines dreiseitigen Blogartikels. Natürlich gibt dir die Word-Datei auch sofort ein Feedback, wie weit du noch von deinem Ziel entfernt bist. Auch beim Schreiben dieses Buches habe ich mir klare Ziele für die erforderlichen Seitenzahlen am Ende des Tages gesetzt.*
4. *Blockiere dir möglichst viel Zeit für die Tätigkeit. Wenn du schon in einer halben Stunde etwas anderes erledigen musst wie ein Telefonat, wird es schwer mit dem Ge-*

fühl der Kontrolle. Dass du in einer halben Stunde drei Seiten schreibst, ist in der Regel eher Glückssache. Wenn du aber mehrere Stunden dafür blockst, ist die Wahrscheinlichkeit höher – auch wenn die Kreativität nicht sofort kommt –, dass du dein Ziel erreichst. Ein Zusatztipp: Blocke dir die Zeit dann, wenn du am kreativsten bist. Bei Lerchen ist es früh morgens, bei Eulen spät abends. Du weißt ja am besten, wann deine beste und kreativste Zeit anbricht. Genau dann sollte auch deine herausfordernde Tätigkeit steigen.

5. *Die Welt-, Selbst- und Zeitvergessenheit werden nicht automatisch und auch nicht garantiert eintreten. Wie du gesehen hast, müssen dafür deine Fähigkeiten und deine Herausforderungen in einem idealen Verhältnis zueinander stehen. Um beim Beispiel des Blogartikels zu bleiben: Wenn du feststellst, dass drei Seiten zu viel sind und du dich überfordert fühlst, kannst du beim nächsten Mal die Aufgabe auf zwei Seiten reduzieren. Sobald die Herausforderung und die Fähigkeiten in Balance sind, kommt auch die begehrte Welt-, Selbst- und Zeitvergessenheit. Nicht immer. Aber immer öfter.*

Noch ein letzter Hinweis: Wir erinnern uns an das Anfangszitat von Einstein, der sagte, dass Kreativität Intelligenz ist, die Spaß hat. Falls du bei der Auswahl deiner herausfordernden Tätigkeit keinen Spaß und keine kreativen Momente hast, bist du natürlich nicht gescheitert, weil du dann weißt, was dir keinen Flow-Zustand beschert. Dann änderst du einfach die Tätigkeit und versuchst wieder, in den Flow-Zustand zu kommen. Vielleicht sind, um beim Beispiel des Schreibens zu bleiben, Blogartikel nicht »dein Ding«, sondern Gedichte. Oder Kurzgeschichten. Oder Biografien. Wechsele die herausfordernde Tätigkeit gern so lange, bis deine Intelligenz Spaß hat.

2. Charakterstärken einsetzen

Entscheidend für die Glückseligkeit sind die tugendgemäßen Tätigkeiten.
Aristoteles

Schon Aristoteles wusste, dass jedem Menschen eine Tätigkeit besonders gut liegt. Und nicht nur das: Bereits vor 2500 Jahren schrieb er in seiner *Nikomachischen Ethik*, dass das dauerhafte Ausüben der eigenen Stärken den Menschen dauerhaft glücklich machen kann. Als einer der klügsten Köpfe der Geschichte hat er diesen Gedanken im Original zugegebenermaßen etwas kompliziert formuliert. Doch es hat für uns großen Wert, uns dieses Zitat einmal näher anzusehen. Aristoteles schreibt[108]:

> *[Wenn] wir als die eigentümliche Leistung des Menschen ein bestimmtes Leben annehmen und als solches die Tätigkeit der Seele und die vernunftgemäßen Handlungen bestimmen und als die Tätigkeit des hervorragenden Menschen eben diese Tätigkeit in einem hervorragenden Maße, und wenn endlich dasjenige hervorragend wird, was im Sinne* ***der ihm eigentümlichen Leistungsfähigkeit vollendet*** *wird, wenn das alles so ist, dann ist* ***das Gute für den Menschen die Tätigkeit der Seele auf Grund ihrer besonderen Befähigung****, und wenn es meh-*

rere solche Befähigungen gibt, nach der besten und vollkommensten; ***und dies außerdem noch ein volles Leben hindurch****.*

Denn eine Schwalbe macht noch keinen Frühling; und auch nicht ein einziger Tag; ***so macht auch kein einziger Tag oder eine kurze Zeit niemanden glücklich*** *oder selig.*

Einfach formuliert gibt uns Aristoteles hier drei Handlungsschritte vor, wie wir das dauerhafte Glück erlangen können: Im ersten Schritt gilt es, seine eigene besondere Befähigung zu finden. Als Zweites sollten wir diese besondere Befähigung vollenden (es also darin zur Meisterschaft bringen). Drittens geht es schließlich darum, diese eigentümliche, individuelle Leistungsfähigkeit das ganze Leben an den Tag zu legen. Besonders schön finde ich den Gedanken zum Schluss des Zitats – dass es nicht um eine kurze glückliche Zeit geht, sondern um langfristiges Glück. Auch die anderen vorgestellten Techniken zielen ja nicht auf einen kurzen Glücksmoment ab, sondern auf dauerhaftes Glück.

Was sind die tugendgemäßen Tätigkeiten?

Im Anfangszitat stellt Aristoteles die These auf, dass nicht irgendwelche Tätigkeiten uns zur Glückseligkeit bringen, sondern die tugendgemäßen. An dieser Stelle könnte man relativistisch einwenden, dass Tugenden für jedes Volk, jede Kultur, jede Gruppe und jedes Individuum etwas anderes bedeuten. Gerade in der heutigen Zeit des Pluralismus scheint es so, als hätte jede Nation und jede Weltreligion unterschiedliche Auffassungen von Werten und Tugenden. Doch ist das wirklich so?

Kommen wir zurück ins 21. Jahrhundert. Der bereits mehrfach erwähnte Begründer der Positiven Psychologie Martin Seligman hat mit seinen Kollegen die Schriften von Aristoteles, Platon, Thomas von Aquin und Augustinus, das Alte Testament und den Talmud, Konfuzius, Buddha, Lao-Tse, Bushido (den Samurai-Code), den Koran und insgesamt circa 200 Tugendsammlungen aus allen Zeiten und Kulturen durchforstet, und die Wissenschaftler fanden, zu ihrem Erstaunen, insgesamt sechs Tugenden, die in allen Schriften auftauchen[109]:

1. Weisheit und Wissen
2. Mut
3. Liebe und Menschlichkeit
4. Gerechtigkeit
5. Mäßigung
5. Spiritualität und Transzendenz

Die Tugenden, schreibt Seligman[110], sind natürlich sehr abstrakt und nicht messbar. Um sie operationalisierbar zu machen, hatte er die Idee, Wege zu definieren, durch welche wir diese Tugenden erreichen können. Diese Wege nennt Seligman Charakterstärken (*strengths of character* oder *signature strengths*). So kann Menschlichkeit zum Beispiel durch Wohlwollen, Philanthropie, Liebe, Opferbereitschaft oder Mitgefühl erreicht werden.

Warum nun ist es für dich sinnvoll, deine persönlichen Charakterstärken zu kennen und im Alltag einzusetzen? Ganz einfach: Wie wir nachher anhand wissenschaftlicher Studien sehen werden, sind jene Menschen dauerhaft glücklicher, die ihre Stärken kennen und sie in Beruf und Alltag auch zum Einsatz bringen. Das ergibt durchaus Sinn: Wenn ich meine Stärken nutze und damit Erfolge und positives Feedback bekomme, bin ich zufrieden. Wenn ich aber meine Stärken nicht nutze und somit keine Erfolge und eher negatives Feedback erhalte, macht mich das dauerhaft unzufrieden. Die Kunst besteht nun darin, das ganze Leben nach den eigenen Stärken auszurichten. Doch zunächst muss man die 24 Stärken überhaupt kennen.

Die 24 Stärken – welche davon sind deine?

Wie bereits oben erwähnt, hat es sich ein Team von Wissenschaftlern (es waren insgesamt 55 Sozialwissenschaftler) zur Aufgabe gemacht, alle Religionen, Philosophien und Kulturen zu durchforsten und Stärken zu finden, die kulturübergreifend, messbar und für moralisch wertvoll gehalten wurden und werden. Natürlich sollte jede Stärke klar von anderen abgrenzbar sein und die Lebenszufriedenheit fördern.

Im Folgenden kommt eine kurze Übersicht über die Charakterstärken. Sobald du sie durchgelesen hast, wird es spannend! Du kannst deine persönlichen Stärken durch einen kostenlosen Test im Internet herausfinden und siehst, welche davon deine stärksten Stärken (*signature strengths*) sind. Ich bin gespannt, was bei deinem Test herauskommt – und teile übrigens später meine eigenen Ergebnisse mit dir. Alle 24 Charakterstärken[111] lassen sich den sechs oben genannten universellen Tugenden zuordnen.

Weisheit und Wissen

Im Bereich der ersten Tugend geht es um den Erwerb und die Nutzung von Wissen. Seligman ordnet sie von der grundlegenden (Neugier) bis zur reifsten (Weisheit).

1. *Neugier und Interesse an der Welt:* Die Stärke hier besteht darin, offen zu sein für neue Ideen und Erfahrungen. Neugier kann spezifischer (zum Beispiel alles über Gesang) oder allgemeiner Natur (alles Neue in der Welt) sein. Das Gegenteil davon ist das passive Konsumieren von Informationen, wie zum Beispiel das Schauen zufälliger TV-Programme.
2. *Liebe zum Lernen:* Hier liegt die Stärke darin, gerne Neues zu lernen – egal ob im Klassenraum als Schüler, über Fachmagazine oder Internetportale als Erwachsener oder an der Volkshochschule im Rentenalter. Menschen, die gern Neues lernen, sehen jeden Tag als Möglichkeit, ihr Wissen zu erweitern, und haben großen Spaß daran.
3. *Urteilsvermögen und kritisches Denken:* Hier geht es darum, dass ein Mensch Dinge gern zu Ende denkt und einen Sachverhalt aus unterschiedlichen Perspektiven betrachtet, bevor er zu einem endgültigen Urteil kommt. Die Stärke hier besteht darin, sich von Zahlen, Daten und Fakten leiten zu lassen und seine Meinung entsprechend zu ändern. Keine Rolle spielt, was Freunde, Medien oder die Politik sagen.
4. *Originalität und Einfallsreichtum:* Hier liegt die Stärke darin, für praktische Probleme des Alltags ungewöhnliche, originelle Lösungen zu finden. Während normale Menschen

den normalen Weg gehen würden, findet ein origineller und einfallsreicher Mensch eine effizientere oder effektivere Lösung, die den meisten niemals einfallen würde.

5. *Emotionale Intelligenz:* Hier geht es darum, seine eigenen Gefühle und die Gefühle der anderen zu erkennen und beeinflussen zu können. Emotional intelligente Menschen sind sehr einfühlsam und können ihr Verhalten der Stimmung anderer Menschen adäquat anpassen.
6. *Weisheit:* Wenn andere Menschen häufig nach deinem Rat fragen, weil du ihnen aus eigener Erfahrung und plausibel ihre Probleme erläutern und richtig einordnen kannst, ist das ein Hinweis darauf, dass du weise bist. Für andere ist es äußerst sinnvoll, wie du auf die Welt schaust – und du hast bei deinen Ausführungen immer das große Ganze im Blick.

Mut

Bei den Charakterstärken, die dem Mut untergeordnet sind, geht es darum, trotz widriger innerer oder äußerer Umstände ins Handeln zu kommen, obwohl man nicht weiß, ob man zum gewünschten Ergebnis gelangt.

7. *Tapferkeit, Mut:* Diese beiden Tugenden sind natürlich nicht nur physisch zu verstehen, sondern bestehen gerade darin, dass man trotz Angst oder Gefahr oder einer unpopulären Position für seine Werte einstehen kann. Dies kann sich im politischen, unternehmerischen oder privaten Bereich zeigen.

8. *Ausdauer, Beharrlichkeit, Fleiß:* Eine beharrliche Person beginnt schwierige Projekte und bringt sie trotz Widrigkeiten zu Ende, ohne sich täglich darüber zu beschweren, wie schwer die Aufgabe ist. Fleiß und Ausdauer bedeuten in diesem positiven Kontext natürlich nicht, dass sinnlose und unerreichbare Ziele angestrebt werden.
9. *Integrität, Ehrlichkeit:* Hier geht es nicht nur darum, anderen gegenüber die Wahrheit zu sagen, sondern auch um Ehrlichkeit gegenüber sich selbst. Du kennst deine Prinzipien und hältst dich daran und weichst auch dann nicht davon ab, wenn sie dir Nachteile bereiten könnten.

Liebe und Menschlichkeit

Diese Tugend umfasst die Bereitschaft, anderen Menschen großzügig und wohlwollend gegenüberzutreten und ihr Leben dadurch zu verbessern.

10. *Freundlichkeit, Großzügigkeit*: Die Stärke hier besteht darin, anderen Gutes zu tun, ohne im Gegenzug etwas dafür zu erwarten. Dieser Altruismus gilt auch für Menschen, die man nicht gut kennt, denen man aber dennoch etwas Gutes tun möchte.
11. *Liebe, Fähigkeit, sich lieben zu lassen*: Hier geht es nicht um Romantik, sondern um tiefe Beziehungen zu deinen Liebsten. Die Stärke liegt im Liebe-Geben und Liebe-Erhalten – und das über lange Zeit.

Gerechtigkeit

Bei dieser Tugend geht es um das Verhältnis des Individuums zu anderen – der eigenen (politischen) Gemeinschaft, dem eigenen Staat und der Weltordnung als Ganzes.

12. *Pflichtgefühl, Teamwork, Loyalität*: Du bist aktiver Bestandteil einer Gruppe und leistest ihr treu deinen Beitrag. Du respektierst die Entscheidungen der Gruppe, auch wenn sie deinen eigenen Vorstellungen widersprechen, und hilfst ihr auf diese Weise, ihre Ziele besser zu erreichen.
13. *Fairness, Gerechtigkeit*: Hier geht es um die Stärke, Gleiches gleich und Ungleiches ungleich zu behandeln. Nicht der persönliche Vorteil steht im Vordergrund, sondern die konsequente Anwendung objektiver Prinzipien und gerechter Maßstäbe.
14. *Führungskompetenz*: Gruppen zu führen, eine Richtung vorzugeben, innere Konflikte zu managen und Aufgaben an die richtigen Menschen zu delegieren und deren Umsetzung zu überwachen, sind wesentliche Aufgaben einer Führungskraft, die effektiv das Team leitet.

Mäßigung

Bei dieser Tugend geht es um die Vermeidung von Ausschweifungen und das Finden des rechten Maßes bei all seinen Wünschen und Handlungen.

15. *Selbstkontrolle*: Hier geht es zum einen um emotionale Ausschweifungen, insbesondere den Umgang mit negativen Emotionen und die Fähigkeit, sich wieder ins Positive zu bringen. Zum anderen geht es um das Zügeln des eigenen unangebrachten Verhaltens.
16. *Klugheit, Vorsicht:* Kluge Menschen denken nach, wägen ab und betrachten die Dinge unter dem langfristigen Aspekt. Sie sind nicht impulsiv, sondern wägen die Optionen sorgfältig gegeneinander ab.
17. *Demut, Bescheidenheit*: Die Stärke liegt darin, sich und seine Leistungen nicht in den Fokus zu stellen und jedem seine Erfolge aufs Brot zu schmieren.

    Im Gegenteil: Der demütige und bescheidene Mensch hat tiefes Verständnis dafür, dass in Anbetracht der Unendlichkeit des Universums seine Erfolge unbedeutend sind.

Spiritualität und Transzendenz

Bei dieser Tugend geht es um die Fähigkeit, seiner Existenz einen Sinn zu geben und sein eigenes Leben in Verbindung zu etwas Größerem zu betrachten.

18. *Sinn für Schönheit und Vollkommenheit*: Hier geht es um die Fähigkeit, die Schönheit und Vollkommenheit in der Welt wahrzunehmen und zu schätzen – sowohl in der Natur und Kunst als auch in der Wissenschaft und allen anderen Bereichen des Lebens. Verwunderung und Staunen sind hier angenehme Begleiter des Alltags.

19. *Dankbarkeit*: Über diesen Aspekt haben wir ja bereits ausführlich im ersten Abschnitt des Buches gesprochen. Hier geht es um die Fähigkeit, das Gute im Leben wahrzunehmen und ein tiefes Gefühl der Dankbarkeit dafür zu empfinden – auch für kleine Dinge.
20. *Hoffnung, Optimismus, Zuversicht*: Auch darüber haben wir bereits beim »erlernten Optimismus« ausführlich gesprochen. Es geht im Wesentlichen um einen positiven Ausblick auf die eigene Zukunft.
21. *Spiritualität, Religiosität, Glaube*: Um diesen Aspekt wird es ausführlich in den letzten beiden Kapiteln des Buches gehen (ab S. 265). Es geht bei dieser Stärke darum, der eigenen Existenz und der ganzen Welt einen kohärenten Sinn zu geben und aus dem (nicht unbedingt religiösen) eigenen Glauben Stärke und Motivation für sein Leben zu ziehen.
22. *Vergebung, Barmherzigkeit*: Hier besteht die Stärke darin, anderen Menschen zu verzeihen und jedem eine zweite Chance zu geben. Das Gegenteil davon ist, Groll zu hegen und sich für das Fehlverhalten von anderen revanchieren zu wollen.
23. *Verspieltheit, Humor*: Trotz des Erwachsenseins liegt die Stärke darin, das Leben und dessen Fehlschläge spielerisch und mit Humor zu nehmen. Im Gegensatz dazu empfinden bitterernste Menschen das Leben als eine Abfolge von Notwendigkeiten und haben nur selten bis nie großen Spaß.
24. *Enthusiasmus, Tatendrang*: Du bist ein inspirierter Mensch, der jeden Tag aktiv nutzen möchte, statt auf der Couch zu liegen und sich mit Filmen und Ähnlichem berieseln zu lassen.

Die 24 Stärken – der Persönlichkeitstest

Jetzt geht es darum, dass du einen Persönlichkeitstest machst und herausfindest, welche der 24 Charakterstärken bei dir besonders stark ausgeprägt sind. Im zweiten Schritt geht es dann darum, den eigenen Beruf, aber auch das Privatleben, um die stärksten Stärken zu bauen und dadurch dauerhaft mehr Glück und Zufriedenheit zu verspüren.

Der Test kann nur dann ein verlässliches Ergebnis liefern, wenn du die Fragen absolut ehrlich beantwortest. Verlasse dich auf deine erste Reaktion und beantworte die Fragen möglichst spontan. Die englische Originalversion findest du auf *https://www.viacharacter.org*, eine deutsche Version zum Beispiel auf *https://www.persoenlichkeitsstaerken.ch*. Am besten gar nicht weiterlesen, sondern gleich den Test machen! Der dauert keine halbe Stunde!

Was die Wissenschaft über die 24 Stärken sagt

Ich hoffe, du hast deine Ergebnisse ausgedruckt und dir bereits Gedanken darüber gemacht, wie du deine stärksten Stärken noch mehr im Alltag anwenden kannst. Wenn ja, fantastisch! Wenn nein, dann möchte ich dir noch drei Studien mit auf den Weg geben, die dich endgültig davon überzeugen werden, deine Charakterstärken herauszudestillieren und mehr zum Einsatz zu bringen.

In einer Studie[112] wurden die Teilnehmer gebeten, den oben genannten Persönlichkeitstest zu machen und anschließend ihre fünf stärksten Charakterstärken eine Woche lang jeden Tag auf eine neue und komplett andere Weise im Alltag zum Einsatz zu bringen. Natürlich wurden die Ergebnisse mit denen einer Kontrollgruppe verglichen. Hier das erste Ergebnis: Diejenigen, die einfach nur den Test machten und anschließend die Stärken nicht sieben Tage lang auf neue Art und Weise im Alltag einsetzten, hatten nach eigenen Angaben eine Woche, sechs Wochen und sechs Monate keinen Glücksschub im Vergleich zur Kontrollgruppe. Mit anderen Worten: Seine Charakterstärken nur theoretisch zu kennen, sie aber nicht anzuwenden, bringt nichts.

Doch was ist mit der Gruppe, die sieben Tage die stärksten Charakterstärken täglich im Alltag auf neue Weise einsetzte? Das erstaunliche Ergebnis: Deren Zufriedenheit war noch nach drei und sechs Monaten signifikant höher als die der Kontrollgruppe. Mit anderen Worten: Erst der Einsatz der eigenen Stärken macht glücklich. Und nicht nur das: Die Forscher haben ebenso das Auftreten depressiver Symptome gemessen und ein ganz ähnliches Ergebnis erhalten: Wer die Charakterstärken aus dem Test nur theoretisch kannte, hatte im Vergleich nicht weniger depressive Symptome. Doch wer die Charakterstärken zum Einsatz brachte, bei dem waren depressive Symptome nach einer Woche, einem Monat, drei Monaten und sogar sechs Monaten signifikant seltener. Das heißt: Egal wie der Gemütszustand war, hatte die Nutzung der Charakterstärken nur für eine einzige Woche einen dauerhaften Einfluss auf die Zufriedenheit der Studienteilnehmer.

Die Ursache für die langfristige Wirkung sehen die Forscher übrigens darin, dass die Probanden ihre Charakterstärken auch über die Woche hinaus zum Einsatz gebracht haben, obwohl die Forscher die Intervention nur für eine einzige Woche festgelegt hatten. Warum die Teilnehmer nach dem einwöchigen Experiment überhaupt weitergemacht haben? Weil, so die Wissenschaftler, es ihnen immer leichter fiel, ihre Stärken einzusetzen, und sie Spaß daran hatten, dass es mit der Zeit immer besser klappte. Das kann man von quälenden Diäten nicht gerade behaupten – hier können es viele Abnehmwillige kaum erwarten, dass sie zu Ende sind. Und danach kommt häufig das große Fressen, und es tritt der allseits bekannte Jo-Jo-Effekt ein. Dagegen machten über die Hälfte der Studienteilnehmer mit ihren Stärken freiwillig weiter. Das sind doch sehr erheiternde Ergebnisse.

Eine weitere Studie[113] mit 1000 Angestellten hat ebenfalls die Nutzung der Charakterstärken untersucht, diesmal aber im Kontext der Arbeit. Die Forscher wollten herausfinden, ob Menschen, die ihre Charakterstärken nutzen, zum einen produktiver arbeiten und zum anderen zufriedener mit ihrer Arbeit sind. Natürlich wussten die Probanden erst einmal nichts über die 24 Stärken (wahrscheinlich genau wie du vor diesem Kapitel), wurden aber darüber aufgeklärt und gebeten, ihre durch den Test herausgefundenen Charakterstärken bewusst während der Arbeit anzuwenden. Das Ergebnis: Diejenigen, die ihre Stärken bewusst während der Arbeit eingesetzt haben, waren produktiver, engagierter, hatten häufiger positive Emotionen und eine insgesamt höhere Arbeitszufriedenheit. Na, wenn das nicht gute Gründe sind, spätestens jetzt diesen Charakterstärkentest zu machen!

Doch das ist immer noch nicht alles. Die bewusste und häufigere Nutzung der Charakterstärken während der Arbeit kann sogar unsere Wahrnehmung und Interpretation unseres täglichen Tuns komplett verändern – und dazu führen, dass wir unsere Arbeit als »Berufung« ansehen. Dazu wurde eine Studie[114] mit deutschsprachigen (endlich mal!) Teilnehmern durchgeführt, die ebenfalls den oben genannten Charaktertest im Internet durchführen sollten. Die Forscher wollten unter anderem feststellen, wie viele Charakterstärken idealerweise zum Einsatz kommen sollten, damit man seinen Beruf als Berufung ansieht. Es gibt ja insgesamt 24 davon – und wie du im Test gesehen hast, hast du fünf Hauptstärken (*signature strengths*), die dir angezeigt werden.

Das Ergebnis: Je mehr Stärken die Teilnehmer in der Arbeit zum Einsatz bringen konnten, desto zufriedener waren sie. Wenn sie null bis drei Stärken zum Einsatz bringen konnten, sahen sie ihre Arbeit nicht als Berufung an. Wenn sie aber vier bis sieben Stärken einsetzen konnten, war die Wahrscheinlichkeit hoch, dass der Job für sie eine Berufung darstellte. Am Ende der Studie räumen die Forscher ein, dass eine gewisse Kompetenz vorhanden sein muss, um seinen Job als Berufung anzusehen. Denn nicht jeder Mensch hat mindestens vier ausgebildete Charakterstärken. Es ist also wichtig, die eigenen Stärken zu kultivieren und sich weiterzuentwickeln, um überhaupt die Möglichkeit zu haben, vier oder mehr von ihnen zum Einsatz zu bringen. Das ist die *subjektive* Voraussetzung für mehr Zufriedenheit am Arbeitsplatz.

Doch es gibt natürlich auch eine objektive Voraussetzung dafür, dass wir unsere Arbeit als Berufung betrachten können: In unserer täglichen Tätigkeit muss es Gelegenheiten geben, bei denen wir unsere stärksten Stärken zum Einsatz bringen können. Ich gebe dir dazu mal ein persönliches Beispiel. Ich habe bereits erwähnt, dass ich Jura studiert habe. Doch sah ich weder das Studium noch die Arbeit in der Kanzlei jemals als Berufung an. Warum? Ich konnte dort meine Hauptstärke, die Kreativität, überhaupt nicht zum Einsatz bringen. Im Studium und in der juristischen Arbeit geht es nicht darum, sich neue Konzepte auszudenken und sie in der Welt auszuprobieren. Es geht eher um das Gegenteil: Die bewährte Rechtsprechung der obersten Gerichte in Urteilen und Schriftsätzen nachzuzeichnen. Leitentscheidungen zu kennen und auf den eigenen Fall anzuwenden. Und natürlich gibt das Gesetz selbst eine Prüfungsreihenfolge vor. Das alles ist auch systemnotwendig: Recht ist dafür da, Rechtssicherheit zu schaffen – und das geht eben am besten durch Kontinuität und Vorhersehbarkeit. Die eigene Kreativität ausleben konnte ich da nicht. Das ist natürlich nicht die Schuld des Fachs – eher war es mein eigenes Unvermögen, ein Fach auszuwählen, das meiner Hauptstärke entsprach. Kein Wunder, dass ich trotz der siebenjährigen Ausbildung keinen einzigen Tag als Anwalt gearbeitet habe. Dagegen ist das Bücherschreiben Kreativität pur. Das Thema »Manipuliere dich glücklich!« habe ich selbst gewählt. Die Kategorisierung (die vier Dimensionen der Glücksmanipulation) habe ich mir selbst ausgedacht, die Studien und die Glückstechniken selbst recherchiert – und bin völlig frei darin, wie lange ich über etwas schreiben möchte. Das Bücherschreiben passt ideal zu meiner Hauptstärke – und daher werden sicher noch viele Bücher von mir folgen.

Doch was kannst du aus dem Beispiel für dich selbst herausfiltern? Auf jeden Fall die alles entscheidende Frage, ob deine (im Test herausgekommene) Hauptstärke von dir in deiner Arbeit gelebt werden kann. Wenn dies, wie bei mir, nicht der Fall ist, wirst du deine Arbeit nie als Berufung ansehen können. Doch geht es natürlich auch darum, die anderen Hauptstärken im Berufsalltag zum Einsatz zu bringen.

Übungsblatt: Charakterstärken

Lass uns jetzt an die Umsetzung gehen! Du hast oben gesehen: Die eigenen Stärken nur zu kennen, hatte keinen Glückseffekt. Daher die beiden Übungen, um deine Schlüsselstärken zur Anwendung zu bringen.

1. ÜBUNG ZU DEINEN FÜNF HAUPTSTÄRKEN

Notiere deine fünf Hauptstärken aus dem Stärkentest in der linken Spalte. In der rechten notiere bitte, bei welchen Tätigkeiten in deiner Arbeit und wie häufig du sie einsetzen kannst. Idealerweise bleibt die rechte Spalte nirgends leer.

Stärken	Wo und wie lange setze ich sie beim Arbeiten ein?
Stärke 1	....
Stärke 2	....
Stärke 3	....
Stärke 4	....
Stärke 5	....

2. ÜBUNG ZU DEINEN FÜNF HAUPTSTÄRKEN

Wieder geht es um deine fünf Hauptstärken. Wie in der oben bereits beschriebenen Studie mache bitte Folgendes: Bringe deine stärksten fünf Charakterstärken für eine Woche jeden Tag auf eine neue und komplett andere Weise im Beruf zum Einsatz.

1 Woche	Wie kann ich eine meiner Hauptstärken auf neue Art und Weise einsetzen?
Tag 1	....
Tag 2	....
Tag 3	....
Tag 4	....
Tag 5	....
Tag 6	....
Tag 7	....

Du musst dieses Buch gar nicht eilig durchlesen. Mein Vorschlag ist, dass du es die kommenden sieben Tage weglässt und dich tatsächlich auf die beiden Glückstechniken Flow und Charakterstärken fokussierst.

3. Beziehungen stärken

Im Grunde sind es doch die
Verbindungen mit Menschen,
die dem Leben seinen Wert geben.
Wilhelm von Humboldt

In diesem Buch geht es ja um dauerhaftes Glück. Ich war schon immer an diesem Thema interessiert, und daher ist es kaum verwunderlich, dass ich nach Langzeitstudien Ausschau halte, die Menschen und ihre Zufriedenheit über Jahrzehnte messen. Intuitiv wissen wir alle, dass Freunde, Familie und Lebenspartner uns glücklich machen können. Doch welchen Einfluss haben die sozialen Beziehungen wirklich auf unser Glück? Sind sie tatsächlich für unser Leben wesentlich, wie aus dem humboldtschen Einstiegszitat hervorgeht?

Erstmals Zugang zu diesem Thema hatte ich vor etwa zehn Jahren, als ich eine BBC-Dokumentation mit dem Titel *Seven Up!* geschaut habe. Dort hat man siebenjährige Jungen und Mädchen im Jahr 1964 gefilmt und ihnen allgemeine Fragen über das Leben, ihre Freunde, ihre Probleme und ihre Zufriedenheit gestellt. Die Kinder kamen aus unterschiedlichen sozialen Schichten – und die These des Regisseurs war ein berühmter alter Ausspruch: Zeige mir ein Kind nicht älter als sieben, und ich weiß, wie es als Erwachsener sein wird (*give me a child until he is seven and I will show you the man*[115]). Mit anderen Worten ging es in der Serie um die spannende Frage, ob die soziale Schicht der Kinder ihre Zukunft vorherbestimmt und ob man in einem Siebenjährigen tatsächlich den Erwachsenen sehen wird. Diese Dokumentation wurde alle sieben Jahre ausgestrahlt – das letzte Mal im Jahr 2019 mit 63-jährigen Teilnehmern. Es ist erstaunlich, dass die meisten der damals Siebenjährigen weiterhin an der Doku teilnehmen und dass sich in den meisten Fällen ihre soziale Schicht und ihre Art nicht wesentlich verändert haben. Natürlich entspricht diese Dokumentation nicht den harten wissenschaftlichen Standards einer echten Studie, doch sieht man in jeder einzelnen Folge, wie häufig die Teilnehmer über ihr soziales Umfeld sprechen und wie ihr Gemütszustand von ihren Beziehungen zu Liebespartnern, Freunden und Eltern bestimmt wird. Ich kann diese Doku nur wärmstens empfehlen! Sie ist wirklich meine absolute Lieblingsdoku. Du findest sie übrigens kostenlos im Internet[116].

Diese Serie hat mich auch dazu motiviert, nach einer echten wissenschaftlichen Studie Ausschau zu halten, die seit Jahrzehnten Menschen begleitet und wissenschaftlichen Standards entspricht. Und tatsächlich wurde ich fündig. Die Studie heißt *Harvard Study of Adult Development* und läuft bereits seit 1938 und damit mittlerweile über achtzig Jahre[117]. Ähnlich wie bei meiner Lieblingsdoku *Seven Up!* wurden auch hier Menschen aus zwei völlig unterschiedlichen sozialen Schichten genommen: Eine Gruppe bestand aus jungen Harvard-Studenten – offensichtlich eine sozial extrem privilegierte Gruppe. Unter den damals zufällig ausgewählten Teilnehmern fand sich auch der spätere US-

Präsident John F. Kennedy. Die Mitglieder der anderen Gruppe kamen aus den ärmsten Vierteln von Boston und hatten größtenteils nicht einmal Zugang zu fließendem Wasser. Von den ursprünglich 724 Teilnehmern sind heute 19 noch am Leben, und die Studie wurde vor Kurzem auf die zweite Generation erweitert, also auf die circa 1300 Kinder der ursprünglichen Teilnehmer. Damit ist sie eine der längsten Sozialstudien der Welt – und für uns eine Goldgrube, da in ihr auch die Zufriedenheit mit dem eigenen Leben abgefragt wurde. Wie begann aber diese Studie, und was wollten die Forscher mit ihrer Hilfe herausfinden?

Die Idee dafür hatte der in den 1930er-Jahren an der Harvard University angestellte Arzt Dr. Arlie Bock, der bemängelte, dass die medizinische Forschung ausschließlich auf Krankheiten ausgerichtet war. Er nämlich wollte herausfinden, was Menschen glücklich macht, und fand erfreulicherweise einen Geldgeber, der diese neuartige Studie finanziert hat. Alle zwei Jahre wurden den Teilnehmern der Studie Fragebogen zugesendet, mit ihnen und ihren Ehefrauen Interviews durchgeführt, ihre Gehirnaktivität gemessen, ihre Organe untersucht und später auch ihre Kinder befragt. 30 Jahre nach Beginn der Studie hat der damalige Studienleiter George Vaillant die Ergebnisse wie folgt zusammengefasst:

> *Und es ist sehr dramatisch, dass* ***die Qualität der Beziehungen*** *eines College-Studenten zu seiner Familie und dann seiner Beziehungen zu Menschen im jungen Erwachsenenalter nicht nur seine soziale Unterstützung im Alter vorhersagte, sondern auch sein Einkommen, sein berufliches Ansehen und seine Gesundheit. Aber wenn man stattdessen auf die* ***Intelligenz*** *eines*

College-Studenten, seine ***soziale Klasse*** *oder seine* ***Gesundheit*** *als Kind fokussierte, wie dies die Leute oft tun, haben diese Aspekte nichts vorhergesagt.*[118]

Bereits nach 30 Jahren stand das wichtigste Ergebnis der Studie also fest: Die Beziehungen bestimmen unser Leben am meisten. Genauer gesagt: Nicht ihre Quantität, sondern ihre Qualität. Jetzt sind die Teilnehmer der Studie um die 90 Jahre alt. Kommt der aktuelle Leiter der langjährigen Harvard-Studie, Robert Waldinger, zum gleichen Ergebnis wie sein Vorgänger? Sind es nach 80 Jahren der Analyse tatsächlich die sozialen Bindungen, die unser Leben am grundlegendsten bestimmen?

Seine Antwort gab er in seinem sehr sehenswerten TED-Talk mit dem Titel: »Was macht ein gutes Leben aus? Lehren aus der längsten Studie über Glück« (auch mit deutschen Untertiteln abrufbar)[119]. In einem Satz zusammengefasst: Gute Beziehungen machen uns glücklicher und gesünder. Nach einer Analyse Zehntausender Seiten mit Daten fasst er die 80-jährige Forschung der *Harvard Study of Adult Development* in drei wesentlichen Punkten wie folgt zusammen:

1. Soziale Beziehungen sind gut für uns, während Einsamkeit toxisch ist. Einsame Menschen (in den USA circa jeder Fünfte) haben ein unglücklicheres und kürzeres Leben.
2. Es geht nicht um die Anzahl, sondern um die Qualität der sozialen Beziehungen. Menschen, die mit 50 Jahren am zufriedensten waren, waren mit 80 Jahren am gesündesten.
3. Gute Beziehungen wirken sich bis ins hohe Alter positiv auf unser Gehirn und auf unser Erinnerungsvermögen aus.

> Das ist deswegen so entscheidend, weil erst unsere Erinnerungen uns zu dem Menschen machen, der wir sind.

In seinem Vortrag zitiert er auch eine Studie[120], die untersucht hat, wie Menschen sich im hohen Alter mit ihren körperlichen Gebrechen fühlen. Das Ergebnis kann für unsere alternde Gesellschaft nicht relevanter sein: Wenn die 80-jährigen Probanden der Studie körperliche Beschwerden hatten, aber glücklich verheiratet waren, haben physische Schmerzen die eigene Lebenszufriedenheit nicht verringert. Umgekehrt war es bei unglücklich verheirateten 80-Jährigen: Wenn physische Schmerzen zur unglücklichen Beziehung hinzukamen, hatten sie zusätzlich zu den physischen auch noch emotionale Schmerzen.

Waldinger liefert auch eine Erklärung dafür, warum wir leider nicht dazu tendieren, in unsere Beziehungen zu investieren: Menschen mögen nun mal die schnellen Lösungen, die keine Energie kosten: Alkohol, Drogen, Fernsehen, Internetsurfen, Sex, Schokolade, Chips, Cola, Party, Klicks, Likes – alles Dinge, die eine schnelle Glückssteigerung versprechen, während die Früchte der Investition in eine gute Beziehung lange Jahre reifen. Doch die glücklichsten Menschen aus der *Harvard Study of Adult Development* haben viel Zeit in ihre Beziehungen investiert. Am Ende seines Talks, den bereits über 20 Millionen Menschen gesehen haben, gibt der Leiter der Studie den einfachen Tipp, die Bildschirmzeit durch Menschenzeit zu ersetzen (*replacing screen time with people time*). Klingt einfach? Warum dann nicht gleich eine(n) alte(n) Schulfreund(in) anrufen, mit dem/der du schon Jahre nicht gesprochen hast? Oder mit dem Lebenspartner ein schönes Wochenende in einer anderen Stadt planen?

Was die Glücklichen von den Unglücklichen im Kern unterscheidet

Natürlich sind die oben erwähnte Dokumentation und die lange Harvard-Studie nicht die einzigen Hinweise darauf, dass soziale Beziehungen für ein glückliches Leben notwendig sind. Es gibt sehr viele Studien, die diesen Zusammenhang belegen. So haben zwei Forscher in einer Studie[121] (übrigens beide Nobelpreisträger) schlicht die Gruppe der »sehr glücklichen« mit der Gruppe der »sehr unglücklichen« Studenten verglichen und kamen zu dem Schluss, dass die glückliche Gruppe (genauer: die glücklichsten 10 Prozent der Probanden) mehr Freunde, stärkere familiäre Bindungen und häufiger romantische Partner hat. Hingegen waren die Teilnehmer der unglücklichen Gruppe (die unglücklichsten 10 Prozent der Probanden) häufiger allein und haben weniger Zeit mit den Liebsten verbracht. Das wichtigste Ergebnis der Studie war, dass gute soziale Beziehungen zwar keine hinreichende, aber eine notwendige Bedingung für Zufriedenheit waren. Einfacher ausgedrückt: Gute Beziehungen machen allein nicht glücklich – doch ohne sie ist das Glücklichsein unmöglich. Das zweitwichtigste Ergebnis dieser Studie war: Die »sehr glückliche« und die »sehr unglückliche« Gruppe unterschieden sich nicht signifikant darin, (a) wie viel Geld sie im Vergleich zu anderen hatten, (b) wie viele positive und negative Ereignisse ihnen in der Vergangenheit widerfahren waren, (c) in ihrem Notendurchschnitt, (d) in ihrer Attraktivität, die anhand von Fotos von Dritten eingeschätzt wurde, (e) im Konsum von Tabak und Alkohol und schließlich (f) wie viel Zeit sie mit Fernsehen, Fitness und religiösen Aktivitäten verbrachten.

Kurz: Gute Beziehungen zu anderen Menschen sind nicht alles, aber ohne sie ist alles nichts. Dass zum dauerhaften Glück mehr gehört als »nur« gute Verbindungen zu anderen Menschen, drücken die beiden Forscher am Ende ihrer Studie mit dieser schönen Metapher aus:

> *Hohes Glück scheint wie eine Symphonie zu sein. Sie erfordert viele Instrumente, wobei ein einzelnes Instrument für den schönen Klang nicht ausreichen würde.*[122]

Anstatt noch ein Dutzend weiterer Studien zu zitieren, die den Zusammenhang von starken sozialen Beziehungen und Lebenszufriedenheit bestätigen, möchte ich dir eine fast schon witzige Studie vorstellen, die aufzeigt, dass wir Schönes mit anderen Menschen viel intensiver erleben als allein. Dieser Punkt ist bereits im ersten Kapitel über den Momentgenuss aufgetaucht, doch ist diese Studie zu schön, um sie hier wegzulassen. Worum ging es also? Wissenschaftler[123] wollten untersuchen, ob Schokolade besser schmeckt, wenn man sie zeitgleich mit jemand anderem isst. So sah der Aufbau des Experiments aus: Zwei sich unbekannte Menschen saßen gemeinsam an einem Tisch. In der ersten Versuchsanordnung aßen die beiden Probanden zeitgleich Schokolade; in der zweiten sollte sich einer Bilder in einem Katalog anschauen, während der andere Schokolade essen sollte. Die Teilnehmer durften nicht miteinander kommunizieren. Das Ergebnis war verblüffend: Hatten die beiden Testpersonen gleichzeitig Schokolade gegessen, gaben sie hinterher an, dass sie sie mehr genossen hätten, und bewerteten ihren Geschmack besser! Mit anderen Worten: Auch wenn wir keine starke soziale Bindung mit unserem Gegenüber haben, nehmen wir eine schöne gemeinsame Aktivität positiver wahr. Spannendes Detail der Studie: Als die Probanden gefragt wurden, ob die Anwesenheit der anderen Person irgendetwas zur positiven Bewertung der Schokolade beigetragen hätte, antworteten fast alle mit Nein. Wir sind uns also gar nicht bewusst, dass das Teilen der positiven Erfahrungen mit einem Unbekannten die Erfahrung verstärkt. Natürlich will ich dich mit dieser Studie nicht dazu motivieren, mit Unbekannten Schokolade zu essen. Vielmehr geht es mir darum zu zeigen, dass sogar eine ganz lockere soziale Bindung unser Zufriedenheitsgefühl steigern kann. Erst recht gilt das natürlich für die geteilten Erfahrungen mit unseren Liebsten. Diese können sogar lebensrettend sein. So haben Forscher einer anderen Studie[124] herausgefunden, dass jene Menschen, die nach einem Herzinfarkt von ihren Liebsten emotionale Unterstützung bekamen, eine dreifach so hohe Wahrscheinlichkeit hatten zu überleben. Daher ist es sicher nicht überraschend, dass ich dich in der praktischen Übung dazu motivieren möchte, deine wichtigen sozialen Bindungen zu stärken. Denn mittlerweile weißt du ja: Nicht das Wissen der Glückstechniken macht glücklich, sondern dessen Anwendung.

Übungsblatt: Stärkere soziale Bindungen

Angelehnt an Robert Waldingers oben genannten Ratschlag, Bildschirmzeit durch Menschenzeit zu ersetzen, möchte ich dir eine Übung vorschlagen, bei der es darum geht, ein tiefes Einszu-eins-Gespräch mit den dir drei liebsten Personen zu organisieren. Jeder genießt ein gutes Gespräch, wobei natürlich jeder ein gutes Gespräch anders definiert. Dennoch »funktionieren« gute Gespräche meist, indem sich die Menschen über etwas Bedeutungsvolles unterhalten und ihre wahren Meinungen und Argumente austauschen. Hier also meine vorgeschlagene Übung für die nächste Woche.

ÜBUNG FÜR EIN TIEFES GESPRÄCH

Schritt 1: Definiere die drei wichtigsten Personen in deinem Leben und reserviere nächste Woche einen Abend für jeden von ihnen für ein tiefes Gespräch. Sage ihnen, sie sollten sich den ganzen Abend frei halten. Wenn die Person weit weg wohnt, arrangiere einfach einen Video-Anruf (online ist zwar nicht ideal, aber besser als nichts und besser als Netflix).

Schritt 2: Im Folgenden findest du eine Liste mit zehn guten Fragen beziehungsweise Themen für ein tiefes Gespräch. Natürlich kannst du auch ein anderes Thema wählen – die Fragen dienen lediglich zur Inspiration. Versuche beim Treffen bei deinem ausgewählten Thema richtig in die Tiefe zu gehen. Sage deinem Gesprächspartner (ob Freund, Geliebte oder Ehemann), dass du dieses Thema schon immer mal mit ihm/ihr diskutieren wolltest. Ziel ist, dass euch beiden das Gespräch so gut gefällt, dass ihr daraus ein kleines Ritual macht – und statt allei-

ne Netflix zu schauen, euch regelmäßig über für euch bedeutungsvolle Lebensthemen unterhaltet. Ob mit oder ohne Schokolade, überlasse ich euch.

1. *Wenn dein Leben ein Buch wäre: Wie würde es heißen? Wie würden einzelne Kapitel heißen?*
2. *Was motiviert und wer inspiriert dich gerade am meisten?*
3. *Was war der bisher beste Tag in deinem Leben und warum?*
4. *Was macht dich am schnellsten glücklich? Was am dauerhaftesten?*
5. *Welche Person hat dich im Leben am meisten beeinflusst und wie drückt sich das heute noch aus?*
6. *Wie sieht dein ideales Leben in zehn Jahren aus (beruflich und privat)?*
7. *Was war bisher dein bester Deal? Welchen Deal würdest du die kommenden Jahre gern hinbekommen und warum?*
8. *Was war das ungewöhnlichste Gespräch in deinem Leben und warum?*
9. *Wenn du 20 Millionen auf deinem Konto hättest, wie würde sich dein Leben ändern?*
10. *Was würdest du tun, wenn du keine Angst hättest zu scheitern?*

Nach meiner persönlichen Erfahrung eignen sich diese Fragen wunderbar dafür, ein tiefes Gespräch zu führen. Natürlich soll das kein gestelltes Interview sein, sondern beide Seiten sollten sich offen und ehrlich zum Thema äußern. Gern darf es passieren, dass das Gespräch thematisch abdriftet. Das macht natürlich nichts. Es geht lediglich darum, das Gespräch zu genießen, weil es ein sinnvolles Thema hat und du über die oben genannten Fragen die drei für dich wichtigsten Menschen besser kennenlernst und dadurch die soziale Bindung mit ihnen stärkst. Übrigens kannst du das Gespräch auch mit zwei oder drei von ihnen gemeinsam führen, wenn sie sich untereinander gut verstehen. Ob bei einer Tasse Tee oder einem anderen Getränk, das wisst ihr natürlich am besten. Super wäre es, wenn es nicht nur bei einem Gespräch bleibt, sondern wenn daraus eine glückliche Gewohnheit wird.

Natürlich weißt du, dass neben ehrlichen Gesprächen gemeinsame Erfahrungen eine Freundschaft oder eine Beziehung stark festigen. Auch hier wäre es ideal, routinemäßig seine Freunde zu treffen und mit ihnen viele Abende zu verbringen. Am Ende sind es eben nicht Netflix-Abende, an die wir uns gern erinnern, sondern die gemeinsame Zeit mit anderen Menschen. So viel also zu der Wichtigkeit der Beziehungen für das Glück. Jetzt kommen wir zu einer Gewohnheit, für die du dir circa ein Drittel deines Lebens frei hältst. Da lohnt es sich natürlich gleich doppelt und dreifach, dieses Lebensdrittel glückstechnisch zu optimieren.

4. Schlaf verbessern

Der Schlaf ist für den ganzen Menschen, was das Aufziehen für die Uhr.

Arthur Schopenhauer

Man muss nicht so schlau sein wie der berühmte deutsche Philosoph Schopenhauer, um zu wissen, dass wir uns mit wenig Schlaf am nächsten Tag so fühlen, als wären wir aus dem Takt gekommen. Schlechter Schlaf führt zu mehr Gereiztheit, weniger Konzentration – und selbst so schöne Dinge wie ein Spaziergang oder ein Gespräch mit einem Freund fühlen sich im verschlafenen Zustand einfach nicht so gut an wie sonst. Nicht umsonst bedeutet das Wort ausgeschlafen laut Duden umgangssprachlich gewitzt, clever und aufgeweckt – also alles geistige Zustände größerer Präsenz im Augenblick. Da wir alle täglich schlafen müssen, können wir durch die Verbesserung des Schlafes unser tägliches Glück – und unsere Gesundheit – extrem zum Positiven manipulieren. In diesem Kapitel möchte ich dir zeigen, inwieweit guter Schlaf dein Glück dauerhaft steigern kann, und dir ein paar Ratschläge geben, wie du dich selbst manipulieren kannst, um deinem Schlaf jede Nacht mehr Raum und Bedeutung zuzugestehen. Da wir gerade bei deutschen

Philosophen sind, hier noch ein paar weise Worte von Friedrich Nietzsche zum Thema Schlaf[125]:

> ***Ehre*** *und Scham vor dem Schlafe! Das ist das Erste! Und Allen aus dem Wege gehn, die schlecht schlafen und nachts wachen! [...]*
>
> *Zehn* ***Wahrheiten*** *musst du des Tages finden: sonst suchst du noch des Nachts nach Wahrheit, und deine Seele blieb hungrig. [...]*
>
> *Zehn Mal musst du* ***lachen*** *am Tage und heiter sein: sonst stört dich der Magen in der Nacht, dieser Vater der Trübsal. [...]*
>
> ***Friede*** *mit Gott und dem Nachbar: so will es der gute Schlaf. Und Friede auch noch mit des Nachbars Teufel! Sonst geht er bei dir des Nachts um. [...]*
>
> *Viel Ehren will ich nicht, noch große Schätze: das entzündet die Milz. Aber schlecht schläft es sich ohne einen* ***guten Namen*** *und einen* ***kleinen Schatz****.*

Das sind natürlich ziemlich viele Anforderungen von Nietzsche an einen guten Schlaf: zehn Wahrheiten finden, zehn Mal lachen, Friede mit allen schließen, ein gutes Image und ein kleines Vermögen besitzen. Man könnte da schon fast einwenden, dass ein Mensch erst ein glückliches Leben führen muss, um guten Schlaf zu haben. Doch in Wirklichkeit stehen Glück und Schlaf in einer Wechselbeziehung zueinander: Das glückliche

Leben führt zu besserem Schlaf; besserer Schlaf führt zum glücklicheren Leben.

Wenn wir uns zum Beispiel einen Unglückspilz vorstellen, der während des Tages wenig zu lachen, Streit mit Nachbarn und viele Schulden hat und zusätzlich bis 3 Uhr nachts Computerspiele zockt, während er auch noch Kaffee oder Energydrinks zu sich nimmt, um beim Spielen wach zu bleiben, dann führt der daraus resultierende schlechte Schlaf zu einem energielosen Tag – und abends beginnt dieser Teufelskreis von vorn. Dieser Unglückspilz hätte mit einem geregelten und vernünftigen Schlafrhythmus natürlich kein ideales, aber zumindest ein besseres Leben, weil er häufiger ausgeschlafen wäre – im engeren und im umgangssprachlichen Sinn. Doch wie sieht das Verhältnis von Schlaf und Glück nun genau aus? Und wozu führt Schlafmangel stimmungsmäßig wirklich?

Was eine Woche mit wenig Schlaf mit dir macht

In einer Studie[126] haben Forscher den Schlaf der Probanden eine Woche lang auf fünf Stunden reduziert, weil sie untersuchen wollten, wie sich dieser Schlafmangel auf die Laune der Testpersonen auswirkt. Während der sieben Tage wurde ihre Laune jeweils um 10 Uhr, um 16 Uhr und um 22 Uhr gemessen. Das Ergebnis kannst du dir vielleicht schon denken: Während der sieben Tage hat sich die Laune der Probanden zunehmend verschlechtert, am siebten Tag war sie am schlechtesten. Die gute Nachricht: Nachdem die Probanden wieder unbeschränkt schlafen durften, stieg ihre Laune kontinuierlich an und erreichte bereits zwei Nächte nach der schlaflosen Woche wieder das alte Level. Doch während der schlafreduzierten sieben Nächte war die Anzahl der körperlichen und emotionalen Beschwerden *vier- bis siebenmal* höher als an einem normalen Tag mit der Möglichkeit auszuschlafen. Die Müdigkeit erreichte ihren Höhepunkt wie zu erwarten am letzten Tag des Experiments. Der Unglückspilz aus dem obigen Beispiel, der nachts seine Computerspiele spielt, könnte sein Leben verteufeln – oder einfach nur anerkennen, dass er nicht genug schläft. Wer sich also zu mehr Schlaf manipulieren kann, wird mit besserer Laune und weniger Müdigkeit und negativen Emotionen belohnt. Wie du diese Selbstmanipulation anstellst, darum geht es wie immer am Ende des Kapitels, wo ich dir die besten Schlaftipps aus der Schlafforschung vorstellen werde. Doch zuvor noch einige wichtige Infos über den Schlaf, die weitestgehend unbekannt sind.

Schlaf als Therapie?

Einer der heute populärsten Schlafforscher der Welt heißt Matthew Walker, der ein wunderbares Buch darüber geschrieben hat, warum wir überhaupt schlafen[127]. Seine aus meiner Sicht spannendste Theorie lautet wie folgt: Schlaf ist in der Lage, unsere emotionalen Wunden zu heilen. Klingt natürlich erst einmal unglaubwürdig und zu schön, um wahr zu sein. Doch schauen wir uns seine Theorie mal im Detail an. Im Kern sind es zwei Annahmen, von denen Walker ausgeht. Erstens würde der sogenannte REM-Schlaf (*rapid eye movement*; Schlafphase, die durch schnelle Augenbewegungen bei geschlossenen Lidern gekennzeichnet ist und in der wir träumen) dazu führen, dass wir uns besser an Informationen und wertvolle Erfahrungen erinnern können. Zweitens würde der REM-Schlaf diese Erfahrungen von negativen Emotionen befreien, sodass nur die reine Information (ohne die Emotion) im Gedächtnis übrig bliebe. Einfach formuliert: Schlaf führt dazu, dass wir die reine Erfahrung im Gedächtnis abspeichern können ohne deren emotionalen Ballast. Wir lernen also aus unseren Erfahrungen, ohne bei der Erinnerung an negative Ereignisse davon emotional belastet zu werden.

Um seine These vom therapeutischen Schlaf zu überprüfen, hat Walker folgendes Experiment[128] durchgeführt: Zwei Gruppen wurden jeweils verstörende Bilder in einem Kernspintomografen (auch als MRT-Untersuchung bekannt) gezeigt, um ihre emotionale Gehirnaktivität zu messen. Der entscheidende Unterschied zwischen den beiden Gruppen: Die eine hat die verstörenden Bilder morgens und abends gesehen, also ohne eine Nacht dazwischen zu schlafen. Die andere Gruppe hat die Bilder abends und anschließend morgens gesehen, konnte also eine Nacht darüber schlafen. Um noch genauer zu sein, hat Walker beide Gruppen sowohl nach ihrem emotionalen Empfinden gefragt als auch die Gehirnaktivitäten der beiden Gruppen mithilfe des Kernspintomografen objektiv gemessen. Walkers Theorie zufolge hätte die zweite Gruppe mithilfe des Schlafes die emotional verstörenden Bilder besser verarbeiten müssen.

Das erstaunliche Ergebnis: Die zweite Gruppe, die eine Nacht dazwischen schlafen konnte, hat angegeben, dass ihre negative

Reaktion auf die verstörenden Bilder weniger stark war. Zugleich konnte Walker auch objektiv messen, dass in dieser zweiten Gruppe die Aktivität der Amygdala (jene Hirnregion, die für Ängste und emotionale Schmerzen verantwortlich ist) geringer war als in der ersten Gruppe. Durch dieses kluge Experiment konnte Walker seine Theorie beweisen: Der Schlaf hat tatsächlich therapeutische Wirkung auf uns und löst uns vom emotionalen Ballast des Tages. Übrigens scheinen Menschen mit einer posttraumatischen Belastungsstörung, zum Beispiel Soldaten, dieser Theorie zu widersprechen. Auch lange nachdem sie aus einem Kriegsgebiet zurückgekehrt sind, bekommen sie die schrecklichen Bilder nicht aus ihrem Kopf. Doch auch dafür gibt es eine plausible Erklärung: Menschen mit einer posttraumatischen Belastungsstörung haben einen gestörten REM-Schlaf (was wiederum am erhöhten Noradrenalin liegt), sodass die therapeutische Wirkung eines gesunden Schlafs sich bei ihnen nicht entfalten kann[129].

Für uns heißt das: Wenn wir unser Verhalten so manipulieren, dass wir in den Genuss eines gesunden Schlafs kommen, dann werden wir den emotionalen Ballast der negativen Erfahrungen abwerfen können. In den Genuss kommt aber nur derjenige, der sich an ganz konkrete Schlaftipps hält. Davon hat Walker gleich zehn im Gepäck. Doch bevor ich zu denen komme, möchte ich auf einige weitere Gesundheitsaspekte eines schlechten Schlafes hinweisen.

Schlechter Schlaf ist schlimmer, als man denkt

Bereits nach *einer Nacht* mit schlechtem Schlaf haben wir messbare negative Auswirkungen auf unseren Körper und Geist. Hier die überraschenden Ergebnisse der aktuellen Schlafforschung kurz zusammengefasst:

1. Nach einer schlechten Nacht tendieren wir dazu, größere Portionen zu essen[130].
2. Wir haben eine Präferenz für kalorienreicheres Essen[131].
3. Wir haben mit höherer Wahrscheinlichkeit einen Unfall[132].
4. Wir können uns mit höherer Wahrscheinlichkeit eine Erkältung holen[133].
5. Unsere Fähigkeit, Erinnerungen zu konsolidieren und damit Neues zu lernen, ist im unausgeschlafenen Zustand ebenfalls stark eingeschränkt[134].

Wer dauerhaft schlecht schläft, muss leider mit viel schlimmeren Folgen rechnen. Hier sind sie kurz zusammengefasst:

1. Dauerhafter Schlafmangel (unter sechs Stunden) führt zu höherem Herzinfarkt- und Schlaganfallrisiko[135].
2. Auch das Risiko, an Diabetes und Fettleibigkeit zu erkranken, steigt signifikant, wenn man dauerhaft unter sechs Stunden schläft[136]. Wer dauerhaft länger als zehn Stunden schläft, dem droht übrigens dasselbe[137].
3. Das Risiko, bestimmte Krebsarten zu bekommen[138], steigt ebenfalls bei dauerhaftem Schlafmangel.
4. Die Zeugungsfähigkeit bei Männern ist reduziert[139].

5. Menschen mit dauerhaft wenig Schlaf können früher sterben[140].

Wenn Schlaganfälle, Herzinfarkte und Diabetes keine einleuchtenden Gründe sind, dauerhaft seinen Schlaf zu verbessern, welche Gründe könnten uns dann überhaupt überzeugen? Doch selbst die kurzfristigen gesundheitlichen Auswirkungen von Schlafmangel sind für sich allein genommen aus meiner Sicht Grund genug, dem Schlaf – wie Nietzsche es formulierte – mehr Ehre zu erweisen. Doch wie kannst du deinen Schlaf ganz konkret verbessern und in den Genuss von dauerhaft besserer Laune und Gesundheit kommen?

Übungsblatt: 10 Verhaltensmanipulationen für besseren Schlaf

Da du jetzt weißt, dass schlechter Schlaf nicht nur reizbarer, sondern auch auf unterschiedlichsten Ebenen krank macht, möchte ich hier die besten Tipps des Schlafforschers Matthew Walker[141] auflisten:

1. *Gehe zur gleichen Zeit zu Bett und stehe zur gleichen Zeit auf.* Da der Mensch ein Gewohnheitstier ist, fällt es uns schwer, unseren Schlafrhythmus ständig wechselnden Uhrzeiten anzupassen. Die meisten Menschen nutzen einen Wecker, um aufzustehen.

   Die einfache Idee zum Schlafengehen: ebenfalls einen Wecker stellen. Er kann zum Beispiel eine halbe Stunde vor dem Schlafengehen klingeln. Dann hast du genug Zeit für Zähneputzen und Ähnliches.

Am Wochenende länger zu schlafen, wiegt den Schlafmangel der Woche nicht auf. Außerdem fällt es dir dann noch schwerer, am Montagmorgen aufzustehen. Daher sollte man auch am Wochenende zur etwa gleichen Zeit wie unter der Woche aufstehen.

2. *Sport ist super, aber nicht kurz vor dem Schlafengehen.* Zwei bis drei Stunden vorher sollten wir damit fertig sein.
3. *Vermeide Koffein und Nikotin.* Walker empfiehlt, ab 12 Uhr mittags keinen Kaffee mehr zu trinken, weil Koffein sehr langsam vom Körper abgebaut wird. Nikotin stimuliert den Körper, weshalb Raucher einen oberflächlicheren Schlaf haben.
4. *Vermeide Alkohol vor dem Schlafengehen.* Mit Alkohol können wir zwar besser entspannen, aber er raubt uns den so wichtigen REM-Schlaf, weswegen wir zwar leichter einschlafen, der Schlaf jedoch oberflächlicher ist und wir morgens nicht ausgeruht sind.
5. *Vermeide große Mahlzeiten vor dem Schlafengehen.* Denn dann wird die Verdauung gestartet, was für den Schlaf alles andere als dienlich ist.
6. *Verzichte auf Nickerchen nach 15 Uhr.* Denn dann ist es schwieriger, abends einzuschlafen.
7. *Entspanne kurz vor dem Schlaf.* Insbesondere keine potenziell negativen Informationen wie berufliche E-Mails, Nachrichten oder aufwühlende Serien und Filme konsumieren. Am besten wäre eine ruhige Aktivität wie ein schönes Buch oder ruhige Entspannungsmusik.

8. *Dunkles Schlafzimmer ohne Elektrogeräte.* Dunkel, damit uns das helle Licht nicht das falsche Signal gibt, nicht einzuschlafen. Gedimmtes Licht ist ideal. Elektrogeräte wie Laptops oder Handys machen uns durch die hellen Bildschirme nicht nur wach, sondern locken uns mit Nachrichten und sonstigen aufwühlenden Informationen.
9. *Ausreichend Sonnenlicht am Tag.* Schlafexperte Walker empfiehlt mindestens eine halbe Stunde Sonnenlicht am Tag. Idealerweise stehst du mit viel Helligkeit auf, die dem Körper signalisiert, dass der Tag beginnt. Wenn du Probleme beim Einschlafen hast, wäre sogar eine ganze Stunde Sonnenlicht morgens ratsam.
10. *Liege nicht länger als 20 Minuten wach im Bett.* Wenn du nicht einschlafen kannst, dann steh lieber auf und mache etwas, was dich entspannt. Die Angst, nicht einschlafen zu können, führt dazu, dass es dir noch schwerer fallen wird einzuschlafen. Ein Teufelskreis.

In vielen Interviews entschuldigt sich Walker vor allem für die Ratschläge, spätabends keinen Alkohol und nachmittags keinen Kaffee mehr zu trinken. Beides ist in unserer westlichen Kultur so weit verbreitet, dass es für viele Menschen schlicht undenkbar ist, darauf zu verzichten. Doch guter Schlaf hat eben seinen Preis.

Meine Aufgabe sehe ich nicht darin, dich von allen zehn Punkten zu überzeugen und dir zu sagen, dein ganzes Leben dahingehend umzukrempeln. Doch du hast in diesem Kapitel gesehen, wie wichtig Schlaf für unser emotionales Wohlbefinden und für deine Gesundheit wirklich ist.

Aus meiner Coaching-Erfahrung weiß ich, dass insbesondere der erste Tipp – abends einen Wecker zu stellen, um daran erinnert zu werden, schlafen zu gehen – sehr leicht umgesetzt werden kann – vor allem wochentags. Es ist einfach. Es ist praktisch. Es hilft deinem Schlafrhythmus. Natürlich kannst du auch abends die Snooze-Funktion nutzen, sodass der Wecker nach zehn Minuten wieder klingelt, um dich daran zu erinnern, dass du bald ins Bett gehen solltest. Wenn möglich, den Rhythmus auch am Wochenende beibehalten. Durch diese Selbstmanipulation wird dein Schlaf verbessert und damit deine allgemeine Zufriedenheit erhöht, und gleichzeitig kannst du die vielen schlimmen gesundheitlichen Auswirkungen verhindern. Kurz: Mache auch deinen Schlaf zu einer glücklichen Gewohnheit.

Nach diesen vier Verhaltensmanipulationen wird es nun Zeit für die vierte und letzte Dimension der Glücksmanipulation. Im Folgenden wird es darum gehen, wie wir unsere tief verwurzelten Glaubenssätze über uns selbst, über die Natur des Glücks, über Gott und über den Sinn des Lebens manipulieren können, um glücklicher zu sein. Doch bevor du damit startest: Hast du bereits deinen Wecker für heute Abend gestellt?

Vierte Dimension: Den eigenen Glauben manipulieren

Zu glauben ist schwer.
Nichts zu glauben ist unmöglich.
Victor Hugo

Unser Kopf ist voller Glaubenssätze über uns selbst, über die Welt, über den Sinn des Lebens und über das, was nach dem Tod kommt. Dabei sind die Glaubenssätze natürlich nicht unbedingt religiös zu verstehen. Wir alle glauben an etwas, und es ist unmöglich, an nichts zu glauben. So definiert etwa der Duden den Glauben als »gefühlsmäßige, nicht von Beweisen, Fakten oder Ähnlichem bestimmte unbedingte Gewissheit, Überzeugung«[142]. Wenn uns also Zahlen, Daten und Fakten fehlen und wir gleichzeitig fest von etwas überzeugt sind, dann glauben wir. Vielfach sind wir uns unserer Glaubenssätze gar nicht bewusst. Man unterscheidet zwischen alltäglichen Glaubenssätzen wie »Ich glaube nicht, dass Veganer gesünder leben« und tiefen Glaubenssätzen über uns selbst (»Ich bin einfach nicht gut in Mathe«), über Gott (»Ich glaube an die Wiederauferstehung Jesu«), über die Natur des Glücks (»Egal was man tut, man kann nicht glücklicher werden, als man jetzt ist«) oder den Sinn unserer Existenz (»Mein Leben ist absolut sinnlos«). Diese persönlichen tiefen Glaubenssätze oder »Gewissheiten« beeinflussen selbstverständlich in hohem Maße unser Glücks- und Zufriedenheitsgefühl. Sie sind tief in uns verwurzelt, weshalb sich die Glücksmanipulation in diesem Bereich am schwierigsten gestaltet. Doch wie wir von Seneca bereits gelernt haben:

> *Nicht weil es schwer ist, wagen wir es nicht, sondern weil wir es nicht wagen, ist es schwer.*

In gewisser Weise sind wir alle Fundamentalisten. Einige Glaubenssätze wollen wir selbst dann noch verteidigen, wenn es objektive Gründe gegen sie gibt. Sie sind so sehr Teil unserer Identität (zumindest glauben wir das), dass ein Loslassen uns wie eine Amputation vorkommen würde. Daher ist die Glücksmanipulation in dieser vierten Dimension besonders herausfordernd. Die am häufigsten übersehenen tiefen Glaubenssätze betreffen übrigens uns selbst: Welche Geschichte erzählen wir uns über uns selbst? Wer ist man eigentlich und warum? Je nachdem, wie das Selbstbild (also deine eigene Erzählung über dein eigenes Ich) gestaltet ist, erlaubt es mehr oder weniger Zufriedenheit. Schauen wir uns daher zuerst die Glaubenssätze über das Ich an, bevor wir uns den großen religiösen, spirituellen und Sinn-Fragen widmen.

1. Die gute Ich-Erzählung

Was ist denn mein Ich?
Ich weiß es nicht.

Stendhal

Der berühmte französische Schriftsteller Stendhal, der für die scharfen psychologischen Betrachtungen seiner Romanfiguren bekannt ist, weiß also nicht, was sein »Ich« ist. Offensichtlich hat jeder von uns ein Bild von sich selbst. Doch wie korrekt ist unser Selbstbild? Reden wir uns einiges einfach nur ein? Und ist das meiste vielleicht sogar das Ergebnis der Zuschreibungen, die wir von unserem Umfeld übernommen haben? Wenn du zum Beispiel drei Jahre lang einen schlechten Mathelehrer hattest, der dich noch dazu nicht gemocht hat, ist die Wahrscheinlichkeit groß, dass du nicht nur Wissenslücken in Mathe hast, sondern auch eine Abneigung gegen das Fach. Doch könnte es ja sein, dass dein wahres Ich eine Affinität zur Mathematik hat und du einfach nur Pech mit den Umständen hattest. Oder umgekehrt: Stell dir vor, dein Deutschlehrer war immer begeistert von dir und hat dich und deine Leistungen entsprechend überbewertet. Das fühlte sich natürlich gut an – weshalb du vermutlich davon ausgegangen bist, dass du ein Talent für Sprache hast, und dir möglicherweise einen Job gesucht hast, in dem du viele Texte schreiben musst. Dabei hat dein wahres Ich vielleicht eine viel größere Affinität zum Programmieren, die du aber nie entdecken wirst, weil du nie mit dem Programmieren anfangen wirst.

Diese zwei einfachen Beispiele zeigen, dass unser Umfeld einen extrem großen Einfluss darauf hat, welchen Teil unseres »Ich« wir sehen und fördern wollen. Dabei prägen Lehrerzuschreibungen und Schulleistungen eher das Bild unserer Fähigkeiten, während unsere Eltern eher das Bild unseres Charakters prägen. Wenn etwa die Mutter zu ihrem Sohn sagt: »Du bist immer so faul«, oder der Vater jahrelang zur Tochter sagt: »Du wirst später eine ausgezeichnete Mutter werden«, entwickeln die Kinder daraus ein Ich-Bild, das diesen Zuschreibungen in vielen Fällen entspricht. Daher ist es wenig verwunderlich, dass viele Kinder als Erwachsene so werden wie ihre Eltern. Irgendwann beginnt jeder Mensch, aus diesen Zuschreibungen eine Geschichte über sich selbst zu stricken; ich nenne diesen Prozess, angelehnt an die Erzähltheorie aus der Literaturwissenschaft, die »Ich-Erzählung«. Das ist wahrscheinlich ein etwas ungewohnter Gedanke, doch wird er gleich für unsere Glücksmanipulation eine große Bedeutung entwickeln. Denn wenn wir erkennen, dass wir selbst die Ich-Erzählung erschaffen haben, haben wir gleichzeitig die Macht, die eigene Ich-Erzählung umzuschreiben.

Was etwas ungewohnt klingt, kennt im Grunde jeder. Doch die Umschreibung der eigenen Ich-Erzählung geht bei den meisten Menschen so langsam und graduell vonstatten, dass wir sie nicht wahrnehmen. Hier ein persönliches Beispiel, das diesen Gedanken veranschaulicht: Ursprünglich wollte ich Diplomat bei den Vereinten Nationen werden und habe daher Politologie und Jura studiert. Anschließend habe ich durch das studentische Debattieren die Rhetorik für mich entdeckt und mich als leidenschaftlicher Rhetoriktrainer und Redner gesehen. Mittlerweile (Stand 2021) verbringe ich die meiste Zeit mit dem Schreiben von Büchern und identifiziere mich als Sachbuchautor. Diese drei beruflichen Identitäten sind vielleicht in dieser Reihenfolge selten, doch bin ich mir sicher, dass auch du deine Berufswünsche und Lebensträume im Laufe deines Lebens vielfach geändert hast. Für jede Veränderung gab es Gründe. Und natürlich haben du und ich eine Ich-Erzählung, bei der wir genau erklären können, warum wir uns in diese Richtung verändert haben. Doch könnte man die persönliche Geschichte eben auch komplett anders erzählen.

Die persönliche Identität wird natürlich teilweise überlagert von der Gruppenidentität. Dazu gehören zum Beispiel das Frau-Sein, das Weiß-Sein, das Bayerisch-Sein, das Fußballclubmitglied-Sein oder das Feministin-Sein. Einige dieser Gruppen-Identitäten lassen sich aber ebenso wie die persönliche Identität verändern oder komplett aufgeben. So kann etwa eine Feministin nach der Geburt des ersten Kindes eher die traditionelle Frauenrolle übernehmen wollen – und natürlich wird sie für diese Identitätsverschiebung eine passende Ich-Erzählung im Kopf entwickeln. Dass die eigene Identität eine Konstruktion ist und sich ständig wandelt, hat übrigens bereits Platon vor 2500 Jahren in seinem *Symposion* beschrieben[143]:

> *[...] auch jedes einzelne lebende Wesen wird, solange es lebt, als dasselbe angesehen und bezeichnet: z.B. ein Mensch gilt von*

Kindesbeinen an bis in sein Alter als der gleiche. Aber obgleich er denselben Namen führt, ***bleibt er doch niemals in sich selbst gleich****, sondern einerseits erneuert er sich immer, andererseits verliert er anderes: an Haaren, Fleisch, Knochen, Blut und seinem ganzen körperlichen Organismus. Und das gilt nicht nur vom* ***Leibe****, sondern ebenso von der* ***Seele****: Charakterzüge, Gewohnheiten, Meinungen, Begierden, Freuden und Leiden, Befürchtungen: alles das bleibt sich in jedem einzelnen niemals gleich, sondern das eine entsteht, das andere vergeht. Was aber noch viel wunderlicher ist, auch selbst von den* ***Erkenntnissen*** *sind nicht etwa bloß die einen erst im Entstehen, während die andern schon wieder verschwinden, und wir sind nicht einmal in Bezug auf die Erkenntnisse dieselben, sondern jede einzelne Erkenntnis für sich erleidet den gleichen Wechsel.*

Kurz: Unser Körper, unser Geist und unsere Erkenntnisse sind ständig im Wandel, obwohl wir uns selbst paradoxerweise als dieselbe Person betrachten. Natürlich wandeln sich unsere Ich-Erzählungen, die diese körperlichen und geistigen Veränderungen durch neue Interpretationen neu einordnen. Wir sind also heute nicht die Person, die wir sind – sondern die, die wir uns durch die eigene Geschichte konstruiert haben. Die Ich-Erzählung steht dabei natürlich in einem stetigen Spannungsverhältnis zwischen dem *alten Ich* der Vergangenheit und dem *neuen Ich* der Zukunft. Was abstrakt und kompliziert klingt, bekommt fast jeder von uns automatisch hin: Unser Gehirn spinnt sich nämlich eine kohärente Ich-Erzählung zusammen, an die die meisten von uns auch glauben. Oder in den Worten des griechischen Philosophen Epiktet: »Du bist nicht das, was du zu sein scheinst; du bist bloß eine Vorstellung«[144]. Und genau hier setzt die Manipulation des Glücks an: Wenn wir unsere Vorstellung von uns selbst, also unsere Ich-Erzählung, verändern können, können wir auch unsere Lebenszufriedenheit verändern – im Sinne dieses Buches natürlich dauerhaft zum Positiven.

Diese Manipulation der Ich-Erzählung können wir vor allem auf zwei Ebenen vornehmen: Erstens können wir darauf einwirken, ob wir ein *statisches* oder *dynamisches* Selbstbild haben. Zweitens können wir uns die Unterscheidung zwischen dem *erlebenden* oder *erinnernden* Ich zunutze machen. Beides hat für unsere angestrebte Glücksmanipulation, wie wir gleich sehen werden, eine große Bedeutung.

Das statische und das dynamische Ich

Im Jahr 2006 hat Carol Dweck[145] zwei Konzepte über das Ich populär gemacht, nämlich das *fixed mindset* und das *growth mindset*. Häufig werden diese Begriffe mit »fixe Denkweise« und »Wachstumsdenkweise« übersetzt. Doch geht es in Wirklichkeit darum, welche Geschichte wir uns selbst über unser Ich erzählen. Menschen mit einem *fixed mindset* glauben fest daran, dass ihre Fähigkeiten, ihre Talente und ihre Intelligenz fix, also von vornherein festgelegt sind. Im Gegensatz dazu glauben die Menschen mit *growth mindset*, dass ihre Fähigkeiten, ihre Talente und ihre Intelligenz durch Training und Anstrengung wachsen können. Die einen glauben also an ein statisches Ich, welches über das ganze Leben hinweg stabil bleibt, während die anderen an ein dynamisches Ich glauben, welches sich je nach eigenen Interessen und eigener Kraftanstrengung in unterschiedliche Richtungen entfalten kann.

Diese beiden Glaubensüberzeugungen führen bei Menschen zu extremen Unterschieden. So fand Dweck heraus, dass Menschen mit einem *fixed mindset* glauben, nicht klug oder gut genug für eine bestimmte Aufgabe zu sein. Aus der Sicht eines Menschen mit statischem Ich macht eine Kraftanstrengung erst gar keinen Sinn, weshalb der Erfolg langfristig ausbleibt. Dweck stellte fest, dass Menschen mit einem statischen Ich Schwierigkeiten eher aus dem Weg gehen und sich lieber mit Schlechteren vergleichen, um sich besser zu fühlen[146]. Mehr noch – die Gehirnaktivität derjenigen mit einem statischen Ich ist viel geringer, wenn sie mit einem Problem konfrontiert werden[147]. Mit anderen Worten: Solche Menschen wollen sich erst gar nicht mit einem herausfordernden Problem auseinandersetzen, was dazu führt, dass es mit größerer Wahrscheinlichkeit auch nicht gelöst wird. Im Gegensatz dazu ist die Gehirnaktivität bei Menschen mit dynamischem Ich viel größer, was die Forscher damit erklären, dass das Gehirn dieser Menschen sich mit dem Problem aktiver auseinandersetzt. Deshalb kommen sie mit größerer Wahrscheinlichkeit zu einer Lösung und werden aus dem Problem lernen. Man könnte es auch mit einem Zitat, das häufig Henry Ford zugeschrieben wird, auf den Punkt bringen:

> *Egal ob du glaubst, dass du etwas kannst, oder es nicht kannst – du hast recht!*

Die Ich-Erzählung, insbesondere ob wir an persönliches Wachstum glauben oder nicht, bestimmt also unseren Umgang mit

Schwierigkeiten und sagt voraus, wie schnell wir bei Problemen aufgeben. Der Bezug zum Thema Glück ist offensichtlich: Wenn wir glauben, dass wir zu blöd für eine Aufgabe sind, geben wir schnell auf und resignieren. Wenn wir aber glauben, dass wir noch nicht gut genug sind, um die Aufgabe zu lösen, uns diese Fähigkeiten aber aneignen können, werden wir nicht resignieren. Dann ist es nur eine Frage der Zeit, bis wir eine Lösung für die ehemals schwierige Aufgabe gefunden haben und dadurch das schöne Glücksgefühl verspüren. Auch bezogen auf große Lebensziele ist ein dynamisches Ich natürlich vorteilhaft, weil die dynamische Ich-Erzählung davon ausgeht, dass wir mit der Zeit die Fähigkeiten erlangen werden, welche die Voraussetzungen für die ehrgeizigen Lebensziele bilden.

Im Gegensatz dazu sorgt sich das statische Ich darum, vor sich selbst und vor anderen clever auszusehen, und hat Angst, Neues anzufangen, weil es ja scheitern und dieses Image verlieren könnte. Also schränkt das statische Ich seinen Handlungsradius so stark ein, dass es nur Dinge im wahrgenommenen Kompetenzbereich macht, um das Label »clever« bloß nicht zu verlieren. Während das statische Ich sich also auf den Erhalt seiner guten Reputation fokussiert, denkt sich das dynamische Ich: »Warum sollte ich Zeit verschwenden und versuchen, klug auszusehen, wenn ich in dieser Zeit klüger werden könnte?«[148] Carol Dweck gibt übrigens ihren Studenten die Aufgabe, ihr persönliches Vorbild zu analysieren. Die Erwartung der Studenten ist meist, dass das Vorbild unglaubliches Talent in die Wiege gelegt bekommen hat und sein Weg zum Erfolg von Anfang an vorgezeichnet war. Doch stellen die Studenten nach der Analyse fest, dass ihr persönlicher Held ein *growth mindset* hat und viele Herausforderungen meistern musste, um dorthin zu gelangen, wo er heute ist. Das statische und das dynamische Ich sind also wie eine selbsterfüllende Prophezeiung und bestimmen in riesigem Ausmaß, wie häufig wir Erfolgs- und damit auch Glücksmomente spüren dürfen.

Wenn du bereits ein *growth mindset* hast, dann Glückwunsch! Doch was tun, wenn du tief in dir glaubst, dass deine Talente und Fähigkeiten fix vorherbestimmt sind? Was kannst du tun, um von einem statischen zu einem dynamischen Ich zu kommen? Hier kommt ebenfalls die Erfinderin des Begriffs *growth mindset* Carol Dweck ins Spiel. Sie hat nämlich herausgefunden, dass Kinder und Jugendliche dann ein dynamisches Ich entwickeln können, wenn man sie nicht für Ergebnisse und Erfolge, sondern für die Prozesse und das Bemühen, eine Aufgabe zu lösen, lobt[149]. Generell kann man ja drei Dinge loben: die Person selbst (»Du bist aber clever«), das Ergebnis (»Das hast du sehr gut gemacht«) oder den Prozess (»Toll, dass du so hartnäckig drangeblieben bist«). Das Grundproblem ist: Wenn man eine unlösbare Aufgabe bekommt (wie so häufig im Leben), fühlt man sich dumm und hilflos, wenn man vorher für seine Cleverness gelobt wurde und dann die Aufgabe nicht gelöst bekommt. Man fragt sich dann: Wenn ich wirklich so clever bin, wie das Feedback suggerierte, warum kann ich dann diese Aufgabe nicht lösen? Die Person und das Ergebnis zu loben hat auch eine zweite negative Seite: Weil man sein cleveres Selbstbild nicht gefährden möchte, nimmt man auch weniger Herausforderungen an – und verpasst so die Chance, weiter zu wachsen.

Wurden die Probanden dagegen für ihre Ausdauer und ihr Engagement gelobt, fühlten sie sich angesichts der unlösbaren

Aufgabe nicht hilflos, denn sie maßen ihren Selbstwert nicht am Erfolg, sondern an ihrem (unter ihrer Kontrolle stehenden) Bemühen, die Aufgabe zu lösen. Dann hatten sie auch keine Angst zu scheitern und nahmen Herausforderungen an, an denen sie wachsen konnten.

In Bezug auf die Glücksmanipulation können wir also sagen: Es geht nicht darum, etwas schon zu können oder bereits Erfolge vorzuweisen und sich an ihnen zu erfreuen. Es geht darum, den Glauben an ein dynamisches Ich zu entwickeln, das die Erfolge *noch nicht* besitzt und das vielleicht auch das Glück *noch nicht* dauerhaft empfinden kann – und gleichzeitig daran zu glauben, dass diese Erfolge und dieses Glück noch kommen werden. Wenn du also die Wirkungen der psychologischen Techniken in diesem Buch noch nicht verspürst, heißt das nicht, dass du die Fähigkeit zum Zufriedensein nicht besitzt. Es heißt lediglich, dass du die Fähigkeit *noch nicht* besitzt. Durch ständige Übung aber wird dich der Glaube an ein dynamisches Ich belohnen, und deine Bemühungen werden reiche Früchte tragen. In der Realität ist es übrigens selten so, dass ein Mensch nur einen statischen oder nur einen dynamischen Glücksglauben hat. Vielmehr denkt er, dass er in einigen Bereichen durchaus besser werden kann, während er andere Bereiche komplett abschreibt. So denkt etwa meine Mutter, dass sie musikalisch noch viel dazulernen will (*growth mindset*), während sie sich sicher ist, dass sie den PC niemals ohne Hilfe nutzen kann (*fixed mindset*). Nach der Lektüre dieses Kapitels sollte sie jetzt sagen: Ich kann den PC allein *noch nicht* nutzen. Und natürlich sollte es auch bei dir und mir darum gehen, die statische Ich-Erzählung Stück für Stück und Lebensbereich für Lebensbereich zu verdrängen.

Überhaupt zu wissen, dass man ein dynamisches Ich ausbauen kann, ist bereits ein großer Gewinn. So hat man bei einer Studie[150] Matheschülern erzählt, dass ihre neuronalen Netze sich neu formieren und stärkere Verbindungen im Gehirn entstehen, sobald sie eine schwere Matheaufgabe versuchen zu lösen und damit aus ihrer Komfortzone heraustreten. Durch dieses Bemühen würden sie immer klüger werden. Die Studie hat die mathematischen Erfolge dieser über das dynamische Ich aufgeklärten Schüler mit jenen verglichen, die nichts über das *growth mindset* wussten – und siehe da: Die aufgeklärten konnten ihre Noten verbessern. Das Wissen um unser wachsendes Ich half, selbst im »Hassfach« Mathematik besser zu performen. Die Ich-Erzählung kann also motivieren (»Ich kann besser werden«) – oder demotivieren (»Mathe kann ich einfach nicht«). Warum also nicht an eine motivierende Ich-Erzählung glauben, welche dir Erfolge und Wachstum bescheren wird? Dazu jetzt eine kleine Übung, um das neue Mindset zu trainieren.

Übungsblatt: Growth Mindset

Denke an eine Aufgabe oder Tätigkeit, welche dir noch nicht gelingt. Statt zu denken, dass du »zu blöd« dafür bist beziehungsweise sie dir einfach nicht liegt, überlege dir, wie du konstant daran weiterarbeiten kannst – und zwar unabhängig davon, ob der Erfolg eintritt.

Persönliches Beispiel: Wie du dir vorstellen kannst, hat jeder Autor auch mal Schreibblockaden und ihm fehlen die kreativen Momente, um ein Kapitel weiterzuschreiben. Mir geht es natürlich auch so. Doch statt zu sagen, dass ich zu blöd für ein Thema oder einen Abschnitt bin, sage ich mir: Es geht um das regelmäßige Bemühen, täglich drei Seiten zu schreiben. Wenn es an einem Tag mal nicht läuft, lobe ich mich dafür, dass ich mich dennoch hingesetzt und es versucht habe. Lob also für den Prozess, nicht das Ergebnis. Früher oder später kommen die kreativen Momente zurück – und da du das Buch jetzt in deinen Händen hältst, hat das prozessorientierte Lob, welches mein tägliches Bemühen anerkennt, funktioniert. Und viel wichtiger: Meine Zufriedenheit hängt nicht von der Seitenzahl ab, sondern vom täglichen Bemühen. Letzteres liegt wiederum völlig in meiner Macht.
Jetzt bist du dran: Bei welcher Aufgabe solltest du deinen inneren Dialog auf ähnliche Weise verändern und dich für den Prozess statt für das Ergebnis loben? Und wie soll der Prozess genau aussehen?

Der Glaube an ein *growth mindset* hat logischerweise zur Folge, dass das zukünftige Ich anders sein wird als das aktuelle Ich. Gerade deswegen macht eine zusätzliche Übung Sinn, um den Glauben an ein dynamisches Ich noch weiter zu stärken – und zwar, sich das »bestmögliche Ich« vorzustellen. Denn wenn wir nur vage daran denken, dass wir uns in Zukunft weiterentwickeln werden, hat das natürlich nicht dieselbe Wirkung, als wenn wir uns unser bestmögliches Ich ziemlich genau vorstellen. Einer der Vorteile ist, dass wir umso klarer wissen, woran wir eigentlich arbeiten müssen. Es ist aber auch eine Möglichkeit, über uns selbst zu lernen, uns unsere Prioritäten und Wünsche zu illustrieren und unsere Motive und Werte besser zu verstehen, weil wir im bestmöglichen Ich all das bildlich repräsentieren[151]. Diese Übung hat auch einen sofortigen Effekt: Teilnehmer, die diese Übung gemacht haben, haben sich unmittelbar danach und noch drei Wochen später glücklicher gefühlt, weil es einfach angenehm ist, an das eigene persönliche Wachstum zu glauben[152]. Es wird also Zeit, diese Übung[153] selbst auszuprobieren!

Übungsblatt: Bestmögliches Ich

Denke jetzt über dein bestmögliches Ich nach, wobei dies bedeutet, dass in der Zukunft alles so gut gelaufen ist, wie es nur hätte laufen können. Du hast hart gearbeitet und alle deine Lebensziele erreicht. Betrachte das bestmögliche Ich als die Verwirklichung deiner Lebensträume und deiner besten Potenziale. So identifizierst du die bestmögliche Art und Weise, wie sich die Dinge in deinem Leben entwickeln könnten, um dich jetzt bei deinen Entscheidungen zu unterstützen. Auf diese Art hast du vermutlich noch nie über dich nachgedacht, aber die Forschung legt nahe, dass dies eine starke Wirkung auf deine Stimmung und Lebenszufriedenheit haben wird. Schreibe also nun den ersten Entwurf dazu nieder und

vergiss nicht, auch in den nächsten Wochen an dein bestmögliches Ich zu denken.

Ich mache nach dieser Übungsanleitung extra keine Platzvorgaben, weil du dir vorstellen kannst, dass du am besten einen möglichst langen Text schreiben solltest – je ausführlicher und präziser, desto besser. Mach bitte nicht den Fehler, einfach nur über das bestmögliche Ich zu philosophieren. Denn das Schreiben führt dazu, dass du dich intensiver mit dem Thema auseinandersetzt, deine Gedanken besser strukturierst, intensiver über das Thema nachdenkst und mehr darauf achtest, keine Widersprüche zu erzeugen – alles Vorteile, die man beim bloßen Nachdenken über das Thema nicht hat[154]. Die Übung hat übrigens viele Studienteilnehmer dazu animiert, sich länger als vorgegeben mit ihrem bestmöglichen Ich zu beschäftigen. Gerade diejenigen, die Freude an dieser Übung fanden, haben noch Wochen nach ihrem ersten Entwurf an ihrem bestmöglichen Ich gefeilt. Die Forscher betonen, dass eine Glücksübung zur Persönlichkeit passen muss, um ihre Glückswirkung voll entfalten zu können[155]. Denn nicht allen Teilnehmern hat diese Übung gefallen – und gerade sie haben nicht dauerhaft am Bild ihres bestmöglichen Ichs gearbeitet. Das entspricht ja auch dem Grundgedanken des Buches: Unterschiedliche Techniken und Übungen bringen unterschiedlichen Menschen unterschiedlich viel Freude. Es geht also nicht darum, sich zu allen Glücksübungen im Buch zu zwingen, sondern nur mit jenen weiterzumachen, von denen du persönlich das Gefühl hast, dass sie zu deiner Persönlichkeit passen.

Das erlebende und das erinnernde Ich

»Zwei Seelen wohnen, ach! in meiner Brust« – so ein berühmtes Zitat aus Goethes *Faust*. Tatsächlich ist dies der Fall. Einfaches Beispiel: Wenn ich dich frage, wie zufrieden du in diesem Moment bist, würdest du mir eine bestimmte Antwort geben. Doch wenn ich dich frage, wie zufrieden du mit deinem gesamten Leben bist, würdest du die Frage wahrscheinlich ganz anders beantworten. Die Ursache für die zwei unterschiedlichen Antworten liegt in einem neuen Konzept des Nobelpreisträgers Daniel Kahneman, der vom erlebenden Ich (*experiencing self*) und vom erinnernden Ich (*remembering self*) spricht[156]. Das erlebende Ich gibt darüber Auskunft, wie es dir aktuell geht, während das erinnernde Ich die Frage beantwortet, wie etwas war. Gleich zeige ich dir, wie du vor allem das erinnernde Ich zu deiner Glücksmanipulation nutzen kannst.

Um zu veranschaulichen, wie unterschiedlich die beiden Ichs ein und dieselbe Situation bewerten, hier das berühmte Kalte-Hand-Experiment[157]: Probanden wurden gebeten, eine Hand bis zum Handgelenk in schmerzhaft kaltes Wasser einzutauchen, bis ihnen ein warmes Handtuch angeboten würde. Mit der anderen Hand sollten sie Pfeile auf einer Tastatur steuern und ein kontinuierliches Protokoll ihrer Schmerzempfindungen führen. Mit anderen Worten: Das erlebende Ich sollte sich zum Gemütszustand direkt äußern. Kahneman hat natürlich niemanden gezwungen, die Hand im kalten Wasser zu lassen – doch alle Probanden waren stark genug und hielten ihre Hand im kalten Wasser, bis man ihnen ein warmes Handtuch anbot. Jeder Proband durchlief diese zwei Phasen:

Phase 1: In der kurzen Episode sollte jeder Proband die Hand für 60 Sekunden in 14 Grad kaltem Wasser halten, was zwar unangenehm, aber dennoch für alle machbar war. Anschließend konnten alle die Hand herausnehmen und bekamen das rettende Handtuch.

Phase 2: In der langen Episode sollten die Probanden insgesamt 90 Sekunden ihre Hand im kalten Wasser lassen. Dabei waren die ersten 60 Sekunden identisch mit Phase 1. Nach 60 Sekunden allerdings öffnete der Experimentator ein kleines Ventil, woraufhin etwas wärmeres Wasser in die Wanne lief. Dadurch war die Temperatur am Ende der 30 Sekunden um etwa ein Grad gestiegen. Die Probanden konnten also eine leichte Abnahme der Schmerzintensität spüren.

Jetzt kommen die beiden Ichs ins Spiel. Aus Sicht des erlebenden Ichs war die Phase 2 offensichtlich schlimmer. Sie dauerte 30 Sekunden länger, und das Wasser war auch diese letzten Sekunden unangenehm kalt. Doch es passierte etwas Erstaunliches: Als alle Probanden nach den beiden Phasen gebeten wurden, eine davon zu wiederholen, entschieden sich ganze 80 Prozent für Phase 2. Was war passiert?

Kahneman gibt dazu eine spannende Erklärung, die zeigt, wie irrational unser erinnerndes Ich in Wirklichkeit ist. Es gibt nämlich zwei Faktoren, die die Bewertung des erinnernden Ichs grandios verzerren:

1. Die *Höchststand-Ende-Regel*: Kahnemans Experimente haben gezeigt, dass das erinnernde Ich zwei Momente viel

schwerer gewichtet als andere: den Höchststand (also einen besonders positiven oder einen besonders negativen Moment) und das Ende (also die letzte Erfahrung).

2. Die *Vernachlässigung der Dauer*: Kahneman konnte in mehreren Experimenten nachweisen, dass die Dauer einer Erfahrung nur eine untergeordnete Rolle bei der Einschätzung des erinnernden Ichs spielt. Gemäß dem Motto: Klasse statt Masse.

Wenn man diese Faktoren nun einbezieht, wird klar, warum sich ganze 80 Prozent für die Wiederholung der Phase 2 beim Kalte-Hand-Experiment entschieden haben. Der Höchststand war ja bei beiden Phasen identisch (14 Grad kaltes Wasser). Aber das Ende war bei Phase 2 weniger unangenehm, weil das Wasser ein Grad wärmer war – womit das erinnernde Ich einen guten Grund hatte, sich für Phase 2 zu entscheiden. Gemäß dem zweiten Faktor ist es für das erinnernde Ich völlig nebensächlich, wie lange eine Erfahrung dauert. Daher war es für das erinnernde Ich unwichtig, dass die zweite Phase 30 Sekunden länger gedauert hat. Kahneman selbst schreibt in seiner Interpretation des Experiments:

> *Die Probanden, die die lange Episode vorzogen, waren keine Masochisten und entschieden sich nicht absichtlich dafür, sich der schlimmeren Erfahrung auszusetzen; sie machten einfach einen Fehler. Hätten wir sie gefragt: »Was ziehen Sie vor: ein 90 Sekunden langes Eintauchen oder nur den ersten Teil davon?«, dann hätten sie mit Sicherheit die zweite Option gewählt. Aber wir benutzten nicht diese Worte, und die Probanden taten das, was für*

sie selbstverständlich war: Sie beschlossen die Episode zu wiederholen, an die sie sich mit weniger Unlust erinnerten.[158]

Das erinnernde Selbst unterliegt also einer kognitiven Verzerrung, weil es den Höchststand und das Ende (zu Unrecht) mehr gewichtet und die Dauer einer Erfahrung nicht in die Kalkulation einbezieht. Zu diesem Ergebnis kamen auch mehrere nachfolgende Experimente. Eines, das besonders berühmt wurde, wandte zwei unterschiedliche Verfahren bei einer schmerzhaften Darmspiegelung an[159]. Ich möchte dir die Einzelheiten ersparen, doch war es ähnlich wie bei dem Kalte-Hand-Experiment: Die Patienten entschieden sich für das Verfahren, bei dem die letzten Minuten weniger schmerzhaft waren, obwohl dieses Verfahren den gleichen Höchstschmerz verursachte und mehr als doppelt so lange dauerte.

Nicht das erlebende Ich, sondern das erinnernde Ich bestimmt nach Kahneman unser Leben und trifft für uns die Entscheidungen. Das erlebende Ich ist zwar immer dabei, doch ist es der »Tyrannei des erinnernden Ich«[160] ausgesetzt. Was bei Kahneman so ungerecht und totalitär klingt, können wir für unseren Zweck der Glücksmanipulation aber wunderbar nutzen!

Meine Idee ist folgende: Da wir aus Experimenten nun wissen, dass das erinnernde Ich den Takt angibt und die intensivste und letzte Erfahrung eine größere Rolle als die Erfahrungsdauer spielen, können wir die intensivste und letzte Erfahrung ganz in unserem Sinne manipulieren. Und das sowohl bei unangenehmen als auch bei angenehmen Erfahrungen. Nehmen wir zum Beispiel eine angenehme Erfahrung wie den Urlaub: Wir können ihn für unser erinnerndes Ich noch angenehmer gestalten, indem wir zum einen bewusst ein Highlight einbauen und zum anderen am letzten Tag etwas ganz besonders Schönes machen. Dadurch verzerren wir die Erfahrung zum Positiven und erinnern uns an einen viel schöneren Urlaub. Ob er eine Woche oder zwei Wochen dauert, spielt dabei keine große Rolle.

Dazu ein persönliches Beispiel, um es dir zu veranschaulichen. Ich war im Sommer auf Mallorca – und vor dem Urlaub habe ich mir überlegt, wie der Urlaub mit der oben besprochenen Höchststand-Ende-Regel für das erinnernde Ich noch schöner werden kann. Als Highlight habe ich mir einen Tag am schönsten Strand der Insel, *Platja des Trenc*, herausgesucht. Wunderschönes blaues Wasser, als wäre man irgendwo mitten in der Karibik und nicht im siebzehnten Bundesland Deutschlands. Ein toller Tag. Und das Ende des Urlaubs? Ich habe mir überlegt, am letzten Tag morgens noch mal schwimmen zu gehen – und dafür einen teuren Flug in Kauf genommen. Als ich dann im Flieger saß, hat sich mein erinnerndes Ich vor allem an diese zwei Momente erinnert, und der Urlaub, obwohl nicht exotisch, ist mir heute noch in toller Erinnerung. Es lohnt sich also, das Highlight und das Ende der positiven Erfahrungen zu planen.

Genauso ist es natürlich mit negativen Erfahrungen – wie wir gerade bei dem Kalte-Hand-Experiment gesehen haben. Bei negativen Erfahrungen geht es darum, den Höchststand umgekehrt möglichst gering zu halten und die letzte Erfahrung möglichst angenehm zu gestalten. Auch dazu ein persönliches Beispiel: Meine Joggingstrecke hat nach der Hälfte einen unangenehmen Berganstieg – und natürlich bin ich am Ende der Strecke total aus der Puste. An manchen Tagen, an denen ich überhaupt keine Lust auf das Laufen habe, nutze ich folgenden Trick, um doch laufen zu gehen: Erstens sage ich mir, dass ich heute den Anstieg nicht hochjoggen, sondern einfach hochgehen werde (damit ist die negativste Erfahrung kleiner geworden). Und am Ende erlaube ich mir, die letzten 300 Meter spazieren zu gehen, statt wie an guten Tagen bis zur Tür zu laufen. Dadurch ist das Ende der Erfahrung viel angenehmer, da mein Puls langsam zur Ruhe kommen und ich sogar die Bäume um mich herum genießen kann. Nach dem Joggen bin ich natürlich total stolz darauf, dass ich nicht mit einer Chipstüte vor einem Film saß, sondern draußen in der Natur gejoggt bin.

Übungsblatt: Das erinnernde Ich

Diese zwei Beispiele inspirieren dich hoffentlich dazu, die Höchststand-Ende-Regel auch in deinem Leben anzuwenden und dein erinnerndes Ich wunderbar auszutricksen. Genau darum geht es in den beiden nächsten Übungen.

1. ÜBUNG ZUM ERINNERNDEN ICH

Schritt 1: Stelle dir eine schöne Erfahrung vor, die bald bevorsteht (zum Beispiel Urlaub). Plane bewusst ein Highlight in diese Erfahrung ein – also etwas, was dich komplett begeistert, und schreibe es hier kurz auf:

....

....

....

Schritt 2: Überlege dir nun ein schönes Ende dieser schönen Erfahrung – also was du am letzten Tag oder in den letzten zwei Stunden machen könntest. Orientiere dich dabei natürlich nicht daran, was bei Instagram gut aussehen würde, sondern allein daran, was dein erinnerndes Ich glücklich machen würde:

....

....

....

2. ÜBUNG ZUM ERINNERNDEN ICH

Schritt 1: Stelle dir eine unangenehme Erfahrung vor, die bald bevorsteht (zum Beispiel das Lernen für eine schwere Prüfung). Überlege dir, was das Unangenehmste an dieser Erfahrung sein wird, und versuche, diesen Aspekt in seiner Schlagkraft zu reduzieren (zum Beispiel indem du für ein extrem schweres Thema einen Lehrer/Coach engagierst). Schreibe deine Überlegungen hier auf:

....

....

....

Schritt 2: Jetzt überlege dir ein möglichst angenehmes Ende dieser Erfahrung – also was du am letzten Tag machen könntest. Um beim Prüfungsbeispiel zu bleiben, könntest du am letzten Tag lediglich eine Stunde lernen und dir ansonsten freinehmen. Die Prüfung ist nur ein Beispiel – notiere hier das möglichst angenehme Ende deiner eigenen Situation:

....

....

....

Doch nicht nur wir selbst können auf das erinnernde Ich Einfluss nehmen, sondern auch unsere Umwelt. Eindrucksvoll bewiesen hat das eine Studie[161], bei der asiatischen Frauen Mathetests vorgelegt wurden. Beim ersten Durchlauf wurden sie manipuliert, indem sie sich vor dem Test ins Bewusstsein rufen sollten, dass sie Frauen sind – hier wurde also das Vorurteil einbezogen, dass Frauen schlechter in Mathe sind als Männer. Beim zweiten Durchlauf wurden sie implizit dazu gebracht, sich darauf zu fokussieren, dass sie Asiatinnen sind – hier ist das Vorurteil, dass Asiaten in Mathe überdurchschnittlich gut sind.

Das Ergebnis war, dass sie im zweiten Test viel besser abgeschnitten haben, obwohl sich ihr IQ natürlich nicht verändert hat. Am Anfang des Tests wurde aber ein anderer Teil ihrer Ich-Erzählung aktiviert. Erstaunlich, oder? Je nachdem, auf welchen Teil der Ich-Erzählung wir uns fokussieren, verändert sich unsere Leistung!

Manchmal passen wir die Ich-Erzählung aus pragmatischen Gründen unbewusst an, um Vorteile für uns zu sichern – was ja wiederum beweist, dass unsere Ich-Erzählung und unser erinnerndes Ich alles andere als eine fixe Größe sind. So hat man in einer fast schon lustigen Studie[162] einer Gruppe erzählt, dass Extrovertierte mehr Gehalt bekämen und häufiger befördert würden. Der zweiten Gruppe erzählte man, dass Introvertierte mehr verdienen und schneller befördert würden. Anschließend bat man die Teilnehmer beider Gruppen, an vergangene Situationen aus ihrem Leben zu denken, die dabei helfen würden, ihren Status als introvertierter oder extrovertierter Mensch zu bestimmen. Was haben die Teilnehmer in beiden Gruppen gemacht? Sie haben sich an jene Situationen erinnert, die günstiger für ihr Ergebnis waren: In der »Extrovertierte sind erfolgreich«-Gruppe haben sich die Probanden eher an ihre extrovertierten Momente erinnert, während in der »Introvertierte sind erfolgreich«-Gruppe die Testpersonen eher an ihre introvertierten Momente gedacht haben. Wenn das nicht ein bemerkenswerter Beweis dafür ist, dass wir unsere Ich-Erzählung unbewusst so biegen, dass sie uns einen besseren Dienst erweist. Die Idee dieses Kapitels ist aber natürlich nicht, dies zufällig und als Reaktion auf einen Umwelteinfluss zu machen, sondern proaktiv das erinnernde Ich und die Ich-Erzählung glückstechnisch günstig anzupassen.

Es ist nie zu spät für eine glückliche Kindheit

Wir stellen also fest: Wir alle haben eine Ich-Erzählung geformt, die ein statisches oder dynamisches Ich voraussetzt und vom erinnernden Ich interpretiert wird. Letzteres, haben wir von Kahneman gelernt, ist Verzerrungen ausgesetzt – und sieht die Vergangenheit nicht objektiv. Wenn wir also in einer Ich-Erzählung leben, die nicht objektiv und durchsetzt von verzerrten Interpretationen ist, warum dann nicht aktiv in seine eigene Ich-Erzählung eingreifen? Von Erich Kästner[163] stammt der schöne Gedanke, dass es nie zu spät für eine glückliche Kindheit ist. Im Kern bedeutet das Zitat: Wir können unsere Kindheit zwar nicht verändern, aber unsere Interpretation davon. Wenn uns unsere Eltern beispielsweise gezwungen haben, Klavier zu spielen, und uns das damals komplett missfallen hat, können wir es *heute* so interpretieren, dass unsere Eltern zwar das Beste für uns wollten, jedoch keine Ahnung von unseren Wünschen und einer freiheitlichen Erziehung hatten. Außerdem können wir uns darüber freuen, dass wir jetzt nicht mehr im Zwangsbereich unserer Eltern sind, wir aus den elterlichen Fehlern lernen konnten und unsere eigenen Kinder ohne Zwang aufwachsen lassen.

Bei dieser Uminterpretation dichten wir keine Fakten dazu. Es geht lediglich darum, die Perspektive zu verändern und daraus Mut, Kraft oder Motivation zu schöpfen. Statt sauer auf die Eltern zu sein, weil sie uns zum Klavierspielen gezwungen haben, können wir uns auf die Frage fokussieren, wie das damals durchaus vorhandene Leid uns heute nutzen könnte. Wir müssen also nicht Sklave unserer Vergangenheit sein, sondern können der eigenen Ich-Erzählung eine andere Gewichtung und Bedeutung für die Gegenwart geben. Obwohl ich gern Aristoteles, Nietzsche und Kästner zitiere, gibt es auch aktuelle Künstler wie Christina Aguilera, die in ihren scheinbar belanglosen Pop-Songs tiefe Gedanken platziert. Der Song *Fighter* beginnt so:

After all you put me through
You'd think I'd despise you
But in the end, I wanna thank you
'Cause you made me
that much stronger[164]

Nach allem, was du mir angetan hast
Denkst du wohl, dass ich dich verachten würde
Doch am Ende möchte ich dir danken
Weil du mich so viel stärker gemacht hast[165]

Ähnlich wie in diesem Song könntest du den Unmut und Hass auf Menschen, die dir in der Vergangenheit Böses angetan haben, in Dankbarkeit verwandeln. Denn Schwierigkeiten haben uns zu dem Menschen gemacht, der wir heute sind. Dass dieser Prozess schwierig sein kann und dabei gegebenenfalls auch psychologische Hilfe nötig ist, streite ich nicht ab. Doch ich möchte dir klarmachen, dass du immer die Deutungshoheit über deine Ich-Erzählung hast – und diese auch nutzen solltest, um dich glücklicher zu fühlen. Das, was geschah, hat an sich keine Bedeutung. Fakten werden erst durch eine Interpretation für uns bedeutsam. Und da es unterschiedliche Interpretationen für jeden Fakt und jede Situation gibt, sollten wir im Sinne der positiven Glücksmanipulation nach einer Interpretation suchen, die uns leichter zufrieden macht.

Die einfachste Uminterpretation für ein alltägliches negatives Erlebnis habe ich vom Psychologen und meinem Podcast-Gast Jens Corssen gelernt. Er sagt, dass eine negative Situation unser Coach ist – und wir sind ihre Schüler[166]. Die Situation will uns herausfordern und sehen, dass wir an ihr wachsen. Netterweise ist diese Situation, im Gegensatz zu einem guten Coach, auch noch kostenlos. Sie ist eine Trainingseinheit, durch die wir gelassener, klüger oder kreativer werden können, wenn wir sie als solche wahrnehmen und nutzen.

Doch vielleicht gelingt es dir auch, eine tiefere Uminterpretation der negativen vergangenen Erlebnisse vorzunehmen. Ich gebe dir dazu wieder ein sehr persönliches Beispiel: Als Student wollte ich unbedingt Weltmeister im Debattieren werden. Ich habe zehn Jahre lang diese studentische Sportart betrieben – doch mein bestes Ergebnis war »nur« die Viertelfinal-Teilnahme, was für mich damals sehr schmerzlich war, weil ich ein sehr ehrgeiziger Typ bin und leider nur schwer mit sportlichen Niederlagen umgehen kann. Jetzt könnte ich die folgende Ich-Erzählung aufbauen: Als Redner bin ich nie der Beste gewesen und sollte mir deswegen einen anderen Job suchen. Ich sollte beruflich einfach das tun, wofür ich eine siebenjährige Ausbildung abgeschlossen habe: Anwalt werden.

Diese Ich-Erzählung ist weder richtig noch falsch. Sie gründet auf den richtigen Tatsachen und ist eine mögliche Interpretation des Geschehens. Doch ich habe eine andere Ich-Erzählung gewählt: Obwohl ich nicht Weltmeister im Debattieren geworden bin, habe ich in den zehn Jahren sehr viel Wertvolles über das Reden vor Publikum gelernt. Die Tatsache, dass ich im Viertelfinale war, zeigt, dass ich als Student ein guter Redner war – und mit etwas mehr Glück beim Thema hätte ich im Turnier durchaus weiterkommen können. Das positive Feedback aus den unzähligen Turnieren hilft mir heute noch, meine Botschaften effektiver in die Welt zu tragen. Zudem habe ich noch die nächsten fünfzig Jahre Zeit, um die eigenen Argumente und Storys weiter auszufeilen – warum sollte mich also ein Turnierergebnis vor über einem Jahrzehnt zurückhalten?

Entscheidend ist: Auch diese zweite Ich-Erzählung ist weder richtig noch falsch. Sie gründet wieder auf Fakten und ist eine weitere Interpretation des Geschehens. Doch ist die zweite Ich-Erzählung eine, die mich dazu motiviert, an meiner Rednerfähigkeit weiter zu arbeiten. Kein Wunder, dass ich sie für mich gewählt habe. Nachdem ich mit dir eine schmerzliche Erfahrung in der Vergangenheit geteilt habe, möchte ich dich einladen, eine negative Situation aus deiner Vergangenheit (es muss nicht unbedingt in deiner Kindheit gewesen sein) neu zu interpretieren. Dabei belässt du die Fakten, wie sie waren. Es geht nicht um das Leugnen des Geschehens, sondern um dessen Neuinterpretation. Es geht auch nicht darum, was andere als negativ einstufen, sondern es geht bei der Übung nur um deinen eigenen Maßstab und deine eigenen Empfindungen. Nimm – weil es wahrscheinlich die erste Übung dieser Art für dich ist – nicht die schlimmste Situation, sondern eine mittelschwere, welche hin und wieder an deinem Glück nagt.

Übungsblatt: Reinterpretation der Vergangenheit

Schritt 1: *Erinnere dich an eine unangenehme Erfahrung in der Vergangenheit. Was waren die Fakten? Welche aktuelle Interpretation der Fakten führt dazu, dass du das Ereignis negativ bewertest?*

....

....

....

Schritt 2: *Jetzt überlege dir eine Neuinterpretation der Erfahrung, wobei du die Fakten als solche anerkennst, aber die Bedeutung dieser Erfahrung für dich positiv deutest. Wenn es dir nicht gelingt, dann bitte einen Freund, dir bei der Suche nach einer positiven Interpretation zu helfen. Manchmal sind wir zu sehr in unseren Emotionen gefangen – und ein Freund, Coach oder Therapeut kann helfen, das Gute am Schlechten zu finden.*

....

....

....

Die Übung zur Reinterpretation deiner Vergangenheit kannst du natürlich auf viele unangenehme Erfahrungen ausweiten. Es muss also nicht bei der einen Situation bleiben. Aus eigener Erfahrung kann ich sagen, dass es ein befreiendes Gefühl ist, eine negative Erfahrung umzuinterpretieren. Wie sagte Shakespeare in *Hamlet* so schön: »For there is neither good or bad but thinking makes it so« (An sich ist nichts weder gut noch schlimm, das Denken macht es erst dazu)[167].

Fassen wir also zusammen: Das erinnernde Ich bastelt sich eine Ich-Erzählung, die wir bewusst durch die Höchststand-Ende-Regel manipulieren können. Doch auch abseits des erlebenden und des erinnernden Ichs steht es uns offen, an ein fixes oder ein wachsendes Ich zu glauben. Der eigenen Entwicklung und dem eigenen Glück zuträglicher ist natürlich das *growth mindset* – und wie du es entwickeln kannst, hast du in diesem Kapitel kennengelernt. Wenn das Ich also eine Konstruktion unseres Geistes und unserer Umwelt ist, warum dann nicht heute schon anfangen, an eine der Zufriedenheit zuträglichere Ich-Erzählung zu glauben?

Es geht also nicht unbedingt darum, sich selbst zu erkennen. Es geht eher darum zu erkennen, welches Selbst wir konstruiert haben – und die eigene Ich-Erzählung dort anzupassen, wo es dem eigenen Glück förderlich sein könnte. Übrigens sagen mir viele Coaches, dass sie sich selbst und ihre Ich-Erzählung in den letzten Jahren und Jahrzehnten gar nicht verändert haben. Wirklich? Es gibt dieses schöne Gedankenexperiment von dem Glücksforscher Dan Gilbert[168]: Wenn ich dich frage: Wie viel wirst du dich in zehn Jahren verändern? Dann wirst du wohl sagen: Kaum bis gar nicht. Doch wenn ich dich fragen würde, wie sehr du dich in den letzten zehn Jahren verändert hast, dann wirst du zugeben, dass dein Ich große Veränderungen durchgemacht hat. Gilbert nennt es die *end of history illusion*[169], also die Illusion, dass die Geschichte unseres Ichs abgeschlossen ist und wir uns nicht weiterentwickeln. Doch das ist eben eine große Illusion. Vor genau zehn Jahren habe ich mein juristisches Referendariat angefangen und war mir noch nicht sicher, ob ich Anwalt in einer Kanzlei oder selbstständiger Speaker und Trainer werden sollte. Vielleicht hätte ich mir vorstellen können, Bücher zu schreiben – aber nicht einmal in meiner Fantasie habe ich daran gedacht, ein Buch über Glücksmanipulation zu schreiben. Frage dich das doch jetzt auch: Was hast du vor genau zehn Jahren gedacht und gemacht? Hast du erwartet und richtig vorhergesagt, wie dein Ich sich entwickelt hat? Wenn also nun klar ist, dass dein Ich und deine Ich-Erzählung sich in zehn Jahren immens verändern werden, warum dann mit den hier beschriebenen psychologischen Techniken und Übungen nicht dafür sorgen, dass dein zukünftiges Ich sich in eine zufriedenere und glücklichere Richtung bewegt?

2. Dynamischer Glücksglaube

Die meisten Menschen
sind so glücklich,
wie sie es sich selbst
vorgenommen haben.

Abraham Lincoln[170]

Etwas unerwartet, aber dennoch wahr: Auch das Glück selbst ist Gegenstand unseres Glaubens. Manche Menschen glauben fest daran, dass sie es nicht verdient haben, glücklich zu sein. Manche Menschen glauben fest daran, dass man das eigene Glück nicht vergrößern kann, weil genetisch vorherbestimmt ist, wie viel Glück man als Individuum verspüren kann. Manche Menschen glauben, dass man Glück durch psychologische Techniken erweitern und sich zu mehr Glück manipulieren kann (wie etwa der Autor dieses Buches). Wiederum andere glauben, dass das Glück ein Nullsummenspiel ist: Demnach gibt es eine beschränkte Summe an Glück, die unter den Menschen verteilt werden kann – und wenn der eine mehr Glück für sich beansprucht, dann bedeutet es weniger Glück für die anderen. Wie immer gilt: Es gibt keinen »richtigen« oder »falschen« Glauben. Der Glaube zeichnet sich gerade dadurch aus, dass niemand die absolute Wahrheit kennt und sich im Grunde selbst aussuchen kann, woran er glauben möchte. Das gilt für den Glauben an die Ich-Erzählung, den Glauben an das Göttliche (siehe nächstes Kapitel) sowie den Glauben an die Natur des Glücks.

Bereits im Zitat von Lincoln ist aber jene Antwort enthalten, die ich zu einer erfolgreichen Glücksmanipulation empfehle: sich vorzunehmen, einen glücksfördernden Glauben an das Glück anzunehmen. Hier sollten wir wieder ganz pragmatisch sein: Wenn es unterschiedliche Glaubensansätze gibt, warum dann nicht einen positiven und dynamischen Glücksglauben annehmen, der uns zufriedener machen würde? Die in diesem Kapitel vorgestellten Erkenntnisse aus der Glücksforschung sollen dieses Argument untermauern.

Die manipulierbare Vorstellung über die Natur des Glücks

Es gibt also Menschen, die an ein fixes Glückskontingent in ihrem Leben glauben, und solche, die davon ausgehen, dass ihr Glück vermehrt werden kann. Woran erinnert uns das? An das statische und das dynamisch Ich, um die es im letzten Kapitel ging. Kurze Wiederholung: Menschen, die an eine statische Ich-Erzählung glauben, haben ein sogenanntes *fixed mindset* – und Menschen, die an eine dynamische Ich-Erzählung glauben, das sogenannte *growth mindset*. Ich wollte wissen, ob es parallel zu diesen Konzepten eine Studie zu *fixed happiness mindset* (statischer Glücksglaube) und *growth happiness mindset* (dynamischer Glücksglaube) gibt – und bin zum Glück fündig geworden. Zwei Wissenschaftler[171] wollten vor ein paar Jahren eben dies herausfinden: In welcher Beziehung steht ein statischer und dynamischer Glücksglaube zur eigenen Lebenszufriedenheit?

Im ersten Studienteil haben sie den Probanden Thesen wie »Egal wer du bist, du kannst die eigene Zufriedenheit signifikant verändern« vorgelegt, und die Teilnehmer konnten diese Thesen bejahen oder verneinen. Auf diese Weise wollten die Forscher herausfinden, ob der Mensch einen statischen oder dynamischen Glücksglauben besitzt. Anschließend haben die Forscher die Testpersonen über ihre allgemeine Lebenszufriedenheit und ihre Zufriedenheit mit ihren Liebsten befragt. Das klare Ergebnis: Jene, die einen dynamischen Glücksglauben hatten, waren insgesamt sowohl mit ihrem Leben als auch mit ihren sozialen Beziehungen zufriedener. Ähnlich wie bei den oben beschriebenen Ich-Erzählungen zahlt sich ein Wachstumsglaube aus.

Als hätten sich die Forscher unser Thema »Manipuliere dich glücklich!« auf ihre Fahnen geschrieben, wollten sie im zweiten Studienteil (mit anderen Teilnehmern) herausfinden, ob man Menschen manipulieren kann, einen statischen oder dynamischen Glücksglauben anzunehmen. Hier haben sie einen psychologischen Trick angewendet, über den ich bereits in meinem Buch *Dunkle Rhetorik* geschrieben habe: den Priming-Effekt[172]. Priming bedeutet im Kern die Manipulation durch Vorinformation. Mit anderen Worten: Menschen reagieren auf Situationen und Fragen anders, wenn sie ganz bestimmte Vorinformationen bekommen, die ihr Urteil in eine ganz bestimmte Richtung lenken. So wurden bei einem Experiment[173] einer Gruppe folgende zwei Fragen vorgelegt:

1. Wie glücklich sind Sie zurzeit?
2. Wie viele Dates hatten Sie im vergangenen Monat?

Die Antworten auf die beiden Fragen standen dabei in keiner kausalen Korrelation zueinander. Das bedeutet: Es gab glückliche Menschen mit vielen Dates, glückliche Menschen mit wenig Dates und unglückliche Menschen mit vielen und mit wenigen Dates. Die Reihenfolge der beiden Fragen spielte für die Antworten keine Rolle. Einer anderen Gruppe wurden die beiden Fragen ebenfalls gestellt, aber in umgekehrter Reihenfolge, nämlich:

1. Wie viele Dates hatten Sie im vergangenen Monat?
2. Wie glücklich sind Sie zurzeit?

Doch jetzt gab es plötzlich einen unmittelbaren Zusammenhang zwischen den Antworten auf die erste Frage und denen auf die zweite. Der Korrelationskoeffizient lag bei 0,66, was bedeutet: Diejenigen mit mehr Dates haben bei der zweiten Frage viel öfter angegeben, glücklicher zu sein. Menschen mit weniger Dates dagegen gaben häufiger an, unglücklicher zu sein. Die erste Frage hat die Menschen also *geprimt*, oder auf Deutsch: das Ergebnis angebahnt. Die Antwort auf die zweite Frage stand also im Schatten der Antwort auf die erste Frage.

Jetzt, da du den Priming-Effekt kennst, wird es Zeit, zu unserer Studie zum statischen und dynamischen Glücksglauben zurückzukehren. Bevor die Versuchsteilnehmer diesmal angeben sollten, ob sie daran glauben, dass sich ihr Glückszustand im Leben signifikant verändern kann, wurden sie durch einen Essay *geprimt.* Die eine Gruppe bekam einen Essay mit wissenschaftlichen Beweisen und Zitaten von Forschern, die dahingehend argumentierten, dass der allgemeine Glückszustand veränderbar ist (Stichwort *happiness growth mindset*). Die zweite Gruppe hingegen bekam einen Essay, in dem Forscher dahingehend argumentierten, dass der allgemeine Glückszustand, unabhängig von der Situation, in der man sich befindet, unveränderbar bleibt (Stichwort *happiness fixed mindset*). In beiden Gruppen sollten die Teilnehmer diese Essays nicht nur lesen, sondern auch mit eigenen Worten zusammenfassen, weil die Forscher sicherstellen wollten, dass sich die Teilnehmer intensiv mit dem Essay auseinandersetzen. Erst nach der Zusammenfassung wurde eine Umfrage durchgeführt, in der die Teilnehmer angeben sollten, ob sie einen statischen oder dynamischen Glücksglauben haben und wie zufrieden sie allgemein mit ihrem Leben sind. Das erstaunliche Ergebnis: Der Priming-Effekt hat auch hier funktioniert! Die Gruppe, die durch den Essay mit dem dynamischen Glücksglauben *geprimt* wurde, glaubte in der anschließenden Umfrage häufiger selbst an die veränderbare Natur des Glücks und gab anschließend auch eine größere Lebenszufriedenheit an. Umgekehrt verhielt es sich mit der Gruppe, die durch den statischen Glücksglauben geprimt wurde: Sie glaubte an die unveränderbare Natur des Glücks und gab in der Umfrage eine geringere Lebenszufriedenheit an. Es ist also absolut erstaunlich: Wenn man Menschen davon überzeugen kann, dass das Glück veränderbar ist und man es in sich kultivieren und steigern kann, führt das zu einer größeren Zufriedenheit. Einen Essay zu lesen und zusammenzufassen hat dafür ausgereicht. Daher wird es dich sicher nicht verwundern, dass nun diese Übung folgt:

Übungsblatt: Dynamischer Glücksglaube

Schritt 1: Fasse in den folgenden Zeilen das oben beschriebene Experiment zusammen, in dem die Probanden aufgrund der veränderten Fragenreihenfolge unterschiedliche Antworten gaben.

....

....

....

Schritt 2: Fasse in eigenen Worten das Experiment zusammen, in dem Menschen geprimt wurden und anschließend, je nach Priming, unterschiedliche Antworten auf die Frage zum Glück gaben.

....

....

....

Die Forscher beschreiben es am Ende ihres Artikels sehr schön[174]:

> *Wenn Menschen daran glauben, dass ihr Glück nicht veränderbar ist und dass sie vielleicht* ***eingesperrt sind in ihrem aktuellen emotionalen Zustand****, berichten sie eine geringere Lebenszufriedenheit [...]. Sogar das* ***Lesen eines kurzen Essays*** *schien eine* ***Verschiebung hin zu einem Wachstumsdenken*** *hervorzurufen.*

Ich war so fasziniert von dem Ergebnis dieser Studie, dass ich die Forscher aus den USA gebeten habe, mir diese kurzen Essays zuzusenden – was sie netterweise auch taten[175]. Was soll ich sagen? Es war nur eine Seite Text! Nicht mehr, nicht weniger. Die Lektüre nur einer Seite kann also unsere Glaubensüberzeugungen über die Natur des Glücks verändern.

Ein kurzes Resümee: Nicht nur ein dynamischer Glücksglaube wirkt sich positiv auf unsere Lebenszufriedenheit aus, sondern auch eine kurze Auseinandersetzung mit dem Gedanken, dass ein dynamischer Glücksglaube existiert. Erst recht wird man eine positive Wirkung sehen, wenn man sich anhand eines kurzen Essays über den dynamischen Glücksglauben informiert – oder aber anhand eines ganzen Buches (damit meine ich natürlich jenes, das du in den Händen hältst), in dem man noch dazu durch Übungen eine Möglichkeit zur tieferen Auseinandersetzung mit dem Thema bekommt (damit meine ich natürlich alle Übungen in diesem Buch). Doch der Glaube an eine mögliche Glücksmanipulation ist nicht der einzige Aspekt – deshalb wird es Zeit für einen kleinen Ausflug in die Spieltheorie.

Das Glück als Nullsummenspiel?

Manche glauben fest daran, dass das Glück ein Nullsummenspiel ist. In der Spieltheorie ist ein solches Spiel so definiert, dass die Summe der Gewinne und Verluste aller Spieler gleich null ist. So sind Spiele wie Fußball oder Schach Nullsummenspiele. Hier eine kurze Rechnung: Wenn man den Sieg einer Fußballmannschaft als +1 definiert, eine Niederlage als -1 und ein Unentschieden mit 0, dann ist die Summe jedes Spielergebnisses immer null. Viele Menschen gehen zum Beispiel auch davon aus, dass die Wirtschaft ein Nullsummenspiel ist: Wenn der eine Geld mit einem Auftrag verdient, dann bekommt der andere dieses Geld eben nicht. Des einen Gewinn ist des anderen Verlust. Der Gegenbegriff zum Nullsummenspiel ist das sogenannte Plussummenspiel. Hier geht man davon aus, dass beide Spieler etwas gewinnen können. Doch was hat das Ganze mit dem Glücksglauben zu tun, den wir ja manipulieren wollen?

Tatsächlich glauben manche Menschen daran, dass das Glück des einen gleichzeitig das Unglück des anderen bedeutet. Wenn sich zum Beispiel zwei Bewerber um eine freie Stelle bewerben, freut sich der eine, dass er die Stelle bekommt, während er gleichzeitig die Ursache für das Unglück des anderen ist. Der Glaube an ein Nullsummenspiel bedeutet also, dass die sozialen Beziehungen antagonistischer werden, weil der zu verteilende »Glückskuchen« eine feste Größe besitzt und die anderen uns Stücke davon wegessen können und damit unsere Glücksmöglichkeiten beschränken. Dieser Ideologie zufolge ist auch in Glücksangelegenheiten der Mensch dem Menschen ein Wolf.

Doch was bedeutet das für unsere Zufriedenheit? Eine groß angelegte Studie[176], in der 37 unterschiedliche Nationen analysiert wurden, kam zu dem Schluss: Der Glaube an ein Glücks-Nullsummenspiel führt zu weniger Zufriedenheit mit dem eigenen Leben. Ist ja auch logisch: Ich muss mir ständig um mein Stück des Glückskuchens Sorgen machen, weil es mir ein anderer wegschnappen könnte und es insgesamt einen fixen Bestand an Glück in der Welt gibt. Darüber hinaus führt der Glaube an ein Nullsummenspiel auch zu mehr Pessimismus, mehr Glaube an Ungerechtigkeit in der Welt, mehr Traurigkeit, mehr Angst und mehr Zynismus[177].

Wenn Menschen in diesem Nullsummenspiel-Glauben einen Misserfolg einfahren, dann glauben sie natürlich, dass andere ihnen den Erfolg gestohlen haben, was wiederum die sozialen Beziehungen schwächt. Das Gegenmittel? Natürlich der Glaube an ein Plussummenspiel und an Win-win-Situationen in Glücksangelegenheiten. Wir haben bereits im Momentgenuss-Kapitel gesehen, dass Menschen einen Moment dann mehr genießen können, wenn sie ihn mit anderen teilen (sogar wenn der andere ein Unbekannter ist). Geteilte Freude ist doppelte Freude. Und wieso sollte dann der Glückskuchen beschränkt sein? Einfachstes Beispiel ist ein schönes Geburtstagsgeschenk: Der Beschenkte freut sich über die Aufmerksamkeit – und der Schenker freut sich über die Freude des Beschenkten. Eine glasklare Win-win-Situation. Davon ließen sich natürlich Tausende andere finden. Ähnlich also wie beim dynamischen Ich und beim dynamischen Glücksglauben ist es günstiger, wenn wir an einen unendlich vergrößerbaren Glückskuchen glauben, von dem jeder genug abhaben kann.

Und jetzt kommt eine erstaunliche Methode, mit der wir unseren eigenen Glauben an ein Glücks-Nullsummenspiel manipulieren können: unser Schlaf. So kam eine Studie[178] zu dem Schluss, dass Menschen, die schlecht schlafen, häufiger ans Nullsummenspiel glauben und in der Folge weniger zufrieden mit ihrem Leben sind. Um es noch klarer zu sagen: Wir können unseren Glauben an die Welt und an das vorhandene Glück durch unseren Schlaf manipulieren! Für mich eine unglaubliche Botschaft. Jetzt wäre doch eine gute Gelegenheit, das Schlaf-Kapitel inklusive der Übungen noch einmal durchzuarbeiten und die dort enthaltenen zehn Verhaltensmanipulationen für besseren Schlaf von Matthew Walker (S. 212 ff.) auch wirklich im Alltag umzusetzen.

Ist Glück genetisch vorherbestimmt?

Manche Menschen glauben fest daran, dass das ganze Leben – und auch die eigene Lebenszufriedenheit – genetisch vorherbestimmt ist. Doch die entscheidende Frage ist nicht, ob unsere Gene unser Leben vorherbestimmen, sondern in welchem Ausmaß. Niemand würde abstreiten, dass unsere Gene zum Beispiel unsere Augenfarbe oder unsere Körpergröße definieren. Doch ebenso würde niemand bestreiten, dass Umwelteinflüsse eine Rolle dabei spielen, wie wir uns entwickeln. Hinzu kommt der eigene Wille: Wenn ich beispielsweise kein großes mathematisches Talent besitze, kann ich trotzdem durch Fleiß das fehlende Talent ausgleichen und einen Test dennoch bestehen.

Doch wie verhält es sich jetzt mit dem Glück? Wie viel ist durch Gene vorherbestimmt? Die führenden Glücksforscher sind sich in diesem Punkt ziemlich einig, und der Begründer der Positiven Psychologie, Martin Seligman, kommt auf die folgende knackige Formel[179]:

Z = G + U + K

Dabei steht **Z** für dauerhaftes Level an Zufriedenheit, **G** für genetische Prädisposition, **U** für äußere Umstände und **K** für die von der willentlichen Kontrolle abhängigen Glücksfaktoren. Letztere sind natürlich nicht nur Fokus der Positiven Psychologie, sondern auch dieses Buches. Wie hoch sind nun die Anteile der drei Glücksfaktoren an der Formel? Wie schwer wiegen die äußeren Umstände? Oder sind es hauptsächlich die Gene, die unsere Lebenszufriedenheit bestimmen? Hier wird es gerade für diejenigen von uns spannend, die den festen Glaubenssatz haben, dass man das eigene Glück nicht groß verändern kann.

Bevor wir zum Ergebnis kommen, noch einige wichtige Definitionen der Formel: Mit dem dauerhaften Level an Zufriedenheit meint Seligman also nicht kurzfristige Hochs und Tiefs, sondern welches Niveau an Zufriedenheit wir für gewöhnlich verspüren. Die genetische Prädisposition ist natürlich als das genetische Material, das wir von unseren Eltern vererbt bekommen haben, definiert. So sind manche von uns zum Beispiel etwas genervter beziehungsweise neurotischer als andere – was sie nur bedingt beeinflussen können, da das Persönlichkeitsmerkmal Neurotizismus relativ stabil bleibt (doch zum Glück mit zunehmendem Alter abnimmt). Das Persönlichkeitsmerkmal Extraversion, wozu auch die Leichtigkeit des Empfindens positiver Emotionen zählt, ist ebenfalls stark von unseren Genen vorherbestimmt: Manche sehen zum Beispiel ein Eichhörnchen und sind überglücklich, während andere für das gleiche Glücksempfinden zehn Eichhörnchen auf ihrem Schoß in einem Privatjet brauchen. Wichtig an dieser Stelle zu bemerken ist aber, dass die genetische Prädisposition mitunter durchaus veränderbar ist – wie beispielsweise Pessimismus (siehe oben: Erlernter Optimismus, S. 94 ff.) – und dass nach dem Stand der aktuellen Forschung im Bereich der Epigenetik die Umwelt unsere Gene beeinflusst und manche von ihnen durch Umwelteinflüsse aktiviert oder deaktiviert werden. Mit anderen Worten: Selbst die eigenen Gene sind beeinflussbar.

Mit äußeren Umständen meint Seligman Aspekte wie Arbeit, Ehe, Kinder, Bildung, Staat, Gesundheit, Religion und alle weiteren Bereiche, die durch unsere soziale Umwelt determiniert werden. Diese sind zwar gewissermaßen seit unserer Kindheit in uns angelegt, doch können wir unsere Umwelt auch bewusst verändern oder das eigene soziale Umfeld komplett verlassen. Einfachstes Beispiel: Man lässt sich von der Person scheiden, die einem dauerhaft nur Unglück bringt – oder man trennt sich von toxischen Freunden, weil sie dauerhaft negativen Einfluss auf einen haben.

Schließlich das letzte Element der Glücksformel: Das K steht für jene Aspekte des Glücks, die wir durch unsere Aktivitäten und unseren Willen kontrollieren (beziehungsweise beeinflussen) können. Dazu gehören die vier Dimensionen der Glücksmanipulation, die ich in diesem Buch vorstelle, also die eigene

Einwirkung auf Emotionen, Gedanken, das Verhalten und den Glauben.

Wie hoch sind nun die Anteile der drei Glücksfaktoren an der Formel? Das Ergebnis hat eine Glücksforscherin[180] in einem schönen Kuchendiagramm dargestellt, wobei dieselben Werte[181] auch von Seligman angenommen werden:

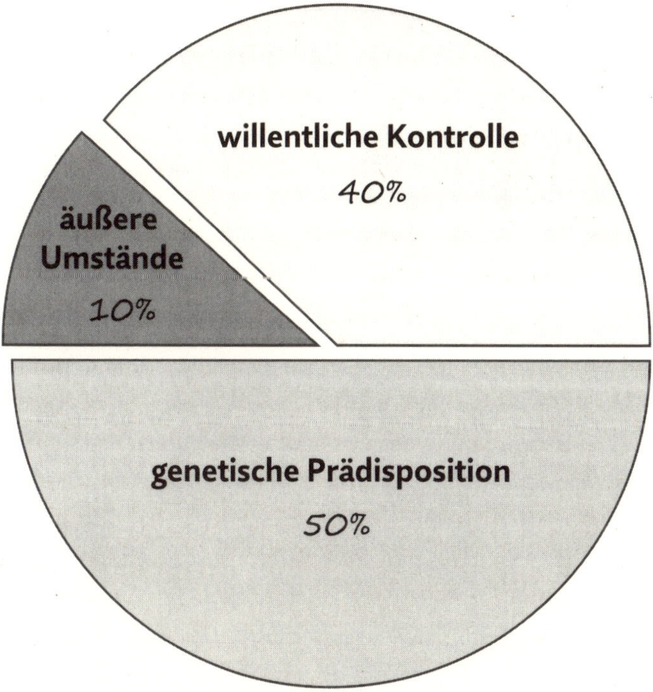

Die Forschung sagt also, dass beide Extreme falsch sind: Weder ist unsere allgemeine Lebenszufriedenheit vollkommen durch unsere Gene bestimmt, noch können wir unseren Glückszustand mit funktionierenden psychologischen Techniken komplett manipulieren. Mindestens 40 Prozent unserer Zufriedenheit liegen aber komplett in unserer Hand – und die wissenschaftlich validierten Techniken, mit denen die eigene Zufriedenheit erhöht werden kann, stellt dir dieses Buch vor. Und ja, das heißt auch: Beim Glück haben manche Menschen etwas mehr Glück als andere gehabt. Doch stell dir vor, ich würde dir sagen, du kannst 40 Prozent deines eigenen Gehalts positiv verändern. Das wäre doch gar nicht so schlecht, oder? Jedenfalls lautet die Schlussfolgerung aus dieser Formel: Wir können einen substanziellen Anteil unserer dauerhaft empfundenen Zufriedenheit beeinflussen – und sollten dies natürlich auch tun. Doch wie bei allem sollten wir es nicht übertreiben. Dazu jetzt einige wichtige Gedanken.

Gefahren eines überoptimistischen Glücksglaubens

Der alte Paracelsus hat bekannterweise gesagt, dass die Dosis das Gift macht. Beispiel Ernährung: Zu viel Wasser – und wir sterben. Zu viel Salz – und wir sterben. Diese Liste könnte man beliebig fortführen. Schon die antike Philosophie lehrte uns, ein gesundes Maß in allen Dingen zu finden. So ist es auch beim Thema Glück. Wenn wir es zum einzigen Ziel in unserem Leben erklären und uns darauf versteifen, in jedem Augenblick das Glücksempfinden zu maximieren, werden wir scheitern. Daher sollten wir uns nicht zum Sklaven einer ständigen Glücksmaximierung machen.

Hierbei spielen die eigenen Erwartungen an das maximierbare Glück eine entscheidende Rolle: Wer zum Beispiel glaubt, dass er nach der Lektüre dieses Buches dauerhaft wesentlich glücklicher sein wird, wird notwendigerweise enttäuscht. Warum? Allein schon deshalb, weil nicht das Wissen um das Glück und die Techniken uns glücklich macht, sondern die Veränderung unserer Glaubenssätze, Denkweisen, Verhaltensweisen und Emotionen, welche erst durch die dauerhafte Anwendung der Glückstechniken einsetzt. Es ist so, als würde man einen Marathon laufen wollen – und nach zwei Laufeinheiten erwarten, dass man gleich die ganze Marathonstrecke laufen kann. Oder dass man nach ein paar Klavierstunden das Instrument beherrscht. Die Grundidee dieses Buches ist ja gerade, dass man sich mit den Techniken ein Leben lang beschäftigt und bei ihrer Anwendung immer besser wird.

Wie beim Marathontraining oder den Klavierstunden gilt: Wer sich zu sehr auf ein bestimmtes Ergebnis versteift und mit überhöhten Erwartungen an die Glücksmanipulation herangeht, wird nicht nur scheitern, sondern sich gegebenenfalls auch unglücklicher machen. So fand eine Studie[182] heraus, dass Menschen, die dem Glück nachjagen, unter bestimmten Umständen unglücklicher sind. Wenn die Erwartungen an das eigene Glück unrealistisch hoch sind, kann man eigentlich nur enttäuscht werden. Wer sich einen perfekten Urlaub wünscht, wird meist enttäuscht. Wer sich einen perfekten Partner wünscht, wird meist enttäuscht. Wer sich einen perfekten Job wünscht, wird enttäuscht. Mit anderen Worten: Auch beim Thema Glücksmanipulation brauchen wir ein gesundes Maß an realistischer Erwartungshaltung, um die vier Dimensionen der Glücksmanipulation für uns nutzen zu können. Es gibt überhaupt keinen Grund zur Eile.

Dieser ausbalancierte Glaube an das manipulierbare Glück, der die oben beschriebene Glücksformel der Wissenschaft berücksichtigt, ist eine wichtige Voraussetzung für unsere Glücksmaximierung. Nachdem wir nun den Glauben an unsere Ich-Erzählung und an die Natur des Glücks kennengelernt haben, wird es Zeit, über den Glauben im engeren Sinn zu sprechen – über das Göttliche. Auch hier werden wir sehen, dass unterschiedliche Glaubensvorstellungen unsere Glücksmaximierung unterschiedlich beeinflussen.

3. Religion und Spiritualität

Unter der Hülle aller Religionen liegt die Religion selbst, die Idee des Göttlichen.

Schiller

Wahrscheinlich wunderst du dich darüber, dass es in einem Buch zur Glücksmanipulation ein Kapitel zum Thema Religion und Spiritualität gibt. Denn die Menschen werden sicher nicht religiös oder spirituell, weil sie ihr Glück manipulieren wollen. Doch geht es in diesem Kapitel darum, dir aufzuzeigen, *warum* religiöse und spirituelle Menschen glücklicher und zufriedener sind und was du als möglicher Atheist oder Agnostiker von ihnen für deine Glücksmanipulation abschauen kannst. Falls du selbst religiös oder spirituell bist, ist es sicher ebenfalls aufschlussreich zu erfahren, warum der Glaube an das Göttliche den Menschen glücklicher macht.

Zunächst vielleicht ein paar Gedanken zum Verhältnis der beiden Konzepte Religion und Spiritualität, auch wenn man dazu ein ganzes Buch schreiben könnte: Religiöse und spirituelle Menschen gehen gleichermaßen davon aus, dass es etwas Transzendentes gibt – also etwas, das außerhalb der wahrnehmbaren, beschreibbaren Welt existiert. Während die meisten Religionen einen Gott voraussetzen und feste kodifizierte Regeln über das Leben im Dies- und Jenseits haben (etwa in der Bibel oder im Koran), folgt ein spiritueller Mensch nicht zwangsläufig einem festen Regelkanon, sondern definiert seine Beziehung zum Transzendenten selbst. Letzteres macht es auch so schwer, sich auf eine genaue Definition von Spiritualität zu einigen. Doch für unsere Zwecke reicht es, dass der Mensch, wie Schiller so schön formulierte, der Idee des Göttlichen gegenüber offen ist. Schauen wir uns beide Gruppen etwas genauer an.

Warum religiöse Menschen glücklicher sind

Religiöse Menschen sind, wie viele Studien beweisen, im Schnitt glücklicher und zufriedener mit ihrem Leben, ihrem Job und ihrer Ehe[183]. Religiöse Menschen leben länger und gesünder, allein schon deswegen, weil sie weniger Alkohol trinken und weniger rauchen[184]. Auch die Treffen mit Gleichgesinnten in der Kirche tragen substanziell zum Glücksgefühl bei: So betrachten sich 47 Prozent der Menschen, die mehrmals pro Woche in die Kirche gehen, als »sehr glücklich«, während diese Selbstzuschreibung nur 28 Prozent der Menschen tätigen, die weniger als einmal im Monat in die Kirche gehen[185]. Daraus können wir bereits schließen, dass es wichtig ist, Teil einer Gruppe zu sein, welche die eigenen Grundwerte teilt.

Darüber hinaus begehen religiöse Menschen seltener Selbstmord, lassen sich seltener scheiden, nehmen seltener Drogen und sind seltener kriminell[186]. Sie hegen auch seltener Groll gegen Übeltäter, weil Religionen häufig dazu anstiften, anderen

Menschen zu vergeben[187]. Zudem glauben religiöse Menschen, dass die Wege des Herrn unergründlich sind und dass Gott seine Gründe haben wird, wenn beispielsweise ein Kind stirbt oder ein Angehöriger eine schwere Diagnose bekommt. Nach Meinung religiöser Menschen ist dies Gottes Vorsehung, der man sich zu stellen habe. Gleichzeitig vermitteln viele Religionen die Idee einer göttlichen Gerechtigkeit, spätestens im Jenseits. Dadurch sind die Ungerechtigkeiten dieser Welt natürlich leichter zu ertragen, da man weiß, dass zum Beispiel am Tag des Jüngsten Gerichts im Christentum oder bei der Wiedergeburt gemäß dem eigenen Karma im Hinduismus jeder die gerechte Strafe beziehungsweise Belohnung für seine Taten bekommt.

Natürlich beantworten Religionen auch die wichtige Frage nach dem Lebenssinn und was nach dem Leben kommt. Das Gefühl jedes Atheisten, ein höher entwickelter Affe auf einem sich um die eigene Achse drehenden Planeten im leeren und kalten Universum zu sein, welches bald implodiert, ist weder angenehm noch sinnstiftend. Die Einbettung des eigenen Lebens in ein kosmisches Ganzes, welches von einem oder mehreren göttlichen Wesen erschaffen wurde, ist dagegen schon an sich ein beruhigender und zufriedenstellender Gedanke, weil die großen Fragen nach dem Warum des Lebens mit der Existenz des oder der Götter und ihren heiligen Büchern endgültig und wahrhaftig beantwortet werden.

Übrigens gibt es zwei wichtige Ausnahmen bei all den guten Nachrichten für religiöse Menschen zum Thema Glück. Zum einen wurde wissenschaftlich festgestellt, dass religiöse Menschen gestresster und kränker als ihre atheistischen Mitbürger sind, wenn sie sich ihren Gott als kalt, strafend und distanziert vorstellen. Die Idee des strafenden Gottes begünstigt Depression und reduziert die eigene Lebenszufriedenheit[188]. Die zweite Ausnahme sind Menschen, die in ihren Ländern wegen ihrer Religionszugehörigkeit verfolgt und inhaftiert werden. Doch bis auf diese zwei Ausnahmen hat Religiosität positive Auswirkungen auf die Lebenszufriedenheit.

Warum spirituelle Menschen glücklicher sind

Auch spirituelle Menschen sind im Schnitt glücklicher, was wiederum häufig damit zu tun hat, dass auch sie seltener süchtig und psychisch krank und eher zufrieden mit ihren Ehen sind[189]. Wie auch die religiösen Menschen sind sie glücklicher, wenn sie sich das Transzendente beziehungsweise Göttliche als etwas Liebendes, Positives oder Wohlwollendes vorstellen[190]. Die Spiritualität kann auch darin bestehen, Beziehungen zu Partnern oder Kindern als etwas Heiliges zu verstehen und Ziele anzustreben, die das eigene Ich überstrahlen und etwas Größeres anvisieren. Diese Sanktifizierung (Heiligsprechung) der alltäglichen Dinge geht ebenfalls mit einer erhöhten Lebenszufriedenheit einher[191].

Zwar kann man aufgrund der schier endlosen individuellen Herangehensweisen nicht genau sagen, woran die Vielzahl der spirituellen Menschen genau glaubt, doch haben die meisten spirituellen Menschen eine ungefähre Antwort darauf, wer sie sind, wer die höheren Kräfte sind, was wir anstreben sollten und wie ein gutes Leben im Einklang mit dem Universum zu führen ist. Die Beantwortung dieser großen Lebensfragen ist, wie bei religiösen Menschen, einer der Gründe für die höhere Lebenszufriedenheit[192].

Was Atheisten und Agnostiker von religiösen und spirituellen Menschen lernen können

Wir stellen also fest: Religiöse und spirituelle Menschen besitzen bestimmte Eigenschaften, die sie zufriedener machen. Wenn du also Atheist oder Agnostiker bist, hier fünf relevante Punkte, die wir von diesen Menschen für unseren Alltag abschauen können, um selbst glücklicher zu sein.

1. *Gemeinschaft der Gleichgesinnten*: Religiöse und spirituelle Menschen suchen und finden eine Gemeinschaft von Menschen, die ihre Werte und Weltvorstellungen teilt. Da wir soziale Wesen sind, tut es uns gut, mit gleichgearteten Menschen Zeit zu verbringen und in traurigen Momenten von ihnen Zuspruch zu bekommen. Gerade Religionen haben mit ihren Gottesdiensten die Treffen der Gläubigen in der Kirche institutionalisiert. Umgekehrt kann man beobachten, dass in der heutigen Welt der sozialen Medien die echten persönlichen sozialen Kontakte immer weiter schrumpfen. Doch auch als Atheist und Agnostiker kann man Vereine oder Projekte finden, in denen man regelmäßig mit Gleichgesinnten an etwas gemeinsam arbeitet. So war für mich persönlich der Debattierclub München fast zehn Jahre ein Verein, in dem ich mit Gleichgesinnten Zeit verbracht habe. Wir alle teilten die Auffassung, dass man für

jede These eine Begründung finden und zu allem auch Gegenargumente finden kann. Hast du ein Projekt oder einen Verein, wo du dich regelmäßig mit Gleichgesinnten über für dich wichtige Themen austauschst?

2. *Die Klarheit über Gut und Böse und den Lebenssinn*: Religiöse und spirituelle Menschen haben eine klare Vorstellung darüber, was zu tun und zu unterlassen ist. In klassischen Religionen wie dem Christentum gibt es in der Heiligen Schrift eindeutige Gebote und Verbote, während ein spiritueller Mensch an bestimmte Regeln des Universums glaubt und versucht, sich in Harmonie mit ihnen zu befinden. Zudem bietet der eigene Glaube auch Antworten darauf, warum wir existieren und was nach dem Tod passieren wird. Letzteres wird der Atheist oder der Agnostiker niemals sicher beantworten können. Doch sich einen eigenen Lebenssinn zu definieren, im Sinne einer postreligiösen und postspirituellen eigenen Verfassung, ist für jeden Menschen möglich. Wie genau das funktionieren kann und was du dabei beachten solltest, darum geht es ausführlich im nächsten Kapitel. Doch schon mal vorab: Wenn du eine persönliche Verfassung schreiben solltest mit zehn bis zwanzig Prinzipien, welche Prinzipien wären das? Was ist gut? Was böse? Was dein persönlicher Lebenssinn?
3. *Fokus auf Akzeptanz*: Der Glaube, dass größere Mächte oder Energien am Werk sind, die die Welt lenken und durchdringen, macht es religiösen und spirituellen Menschen leichter, mit Rück- und Schicksalsschlägen umzugehen. Wenn beispielsweise das eigene Kind Diabetes hat oder früh verstirbt, dann wird das als Teil eines größeren

Planes oder einer göttlichen Vorsehung interpretiert. Gerade unreligiöse und unspirituelle Menschen fragen sich in schweren Zeiten, warum gerade sie getroffen wurden. Die Abwesenheit einer Antwort ist zermürbend, und es fällt schwer, die unglückliche Lage einfach zu akzeptieren. Doch wie heißt es so schön in einem Zitat[193]: Glück ist eine Funktion der Akzeptanz dessen, was ist. Mit anderen Worten: Je mehr wir das Dasein akzeptieren, desto glücklicher sind wir. Je weniger wir es akzeptieren, desto unglücklicher sind wir. Natürlich geht es nicht darum, alles zu akzeptieren, sondern nur das, was wir selbst nicht verändern können. Dass Akzeptanz zu mehr Zufriedenheit führt, wurde in mehreren Studien[194] nachgewiesen. Im Deutschen heißt es so schön, dass man »Akzeptanz *üben*« muss. Es ist eine bewusste Entscheidung. Wenn du also eine unangenehme Situation nicht mithilfe des Glaubens an höhere Mächte, welche die Situation geschaffen haben, akzeptieren kannst, dann kannst du Akzeptanz durch Meditation und Achtsamkeit üben. Ich hatte ja bereits oben über die fünf Faktoren der Achtsamkeit geschrieben (siehe dazu auch das Kapitel zur Dankbarkeit, S. 60 ff.) – und insbesondere das Nichtbewerten von und das Nichtreagieren auf Erfahrungen wird die Akzeptanz dessen, was ist, erhöhen und das Leid mindern. Ganz ohne den Glauben an Götter und höhere Energien, welche für das Unangenehme in der Welt verantwortlich sind. Meditiere doch an dieser Stelle fünf Minuten über eine Sache, die du nicht verändern kannst und dennoch akzeptieren möchtest. Wenn du nur einen Funken Akzeptanz nach diesen fünf Minuten verspürst, lohnt es sich, die Meditation zu wiederholen und so Stück für Stück Akzeptanz zu *üben*.

4. *Das Leben nach dem Tod*: Viele Menschen haben Angst vor dem Tod. Doch sind religiöse und spirituelle Menschen hier eindeutig im Vorteil. In den Weltreligionen gibt es konkrete Antworten darauf, was mit uns nach dem Tod passiert – und der Gedanke, ins Himmelreich zu kommen beziehungsweise das Nirwana zu erreichen, ist eine angenehme Antwort auf diese ewige Frage. Auch für die meisten spirituellen Menschen geht es nach dem Leben weiter, weil sie glauben, dass ihre Seele oder Energie auf einer anderen Ebene erhalten bleibt und die Erderfahrungen mit auf die Reise genommen werden können. Das ist auf den ersten Blick für Atheisten oder Agnostiker nicht »operationalisierbar« – man kann ja nicht einfach an eine unsterbliche Seele glauben, nur weil es eine angenehmere Antwort auf die Frage gibt, was nach dem Tod passiert. Doch in Wirklichkeit kann sich der Atheist oder Agnostiker Folgendes klarmachen: Wenn keine Götter und unsterblichen Seelen existieren, dann haben wir nur dieses eine Leben, das wir auskosten sollten. Wenn danach nichts ist und davor kein Schöpfer eine Vorsehung für jeden von uns vorbereitet hat, gilt es, zwei antike Prinzipien umso mehr zu befolgen: Erstens *carpe diem*, das heißt, nutze den Tag, koste ihn aus und maximiere dein Glück. Und zweitens *memento mori*, das heißt, sei dir der Sterblichkeit bewusst und sei dankbar, dass du lebst und somit überhaupt Glücksmomenten zugänglich bist. Wenn du aber zu den »Glücklichen« gehörst, die an ein Leben nach dem Tod glauben (können) – umso

besser. Denn, das kann ich aus eigener Erfahrung sagen, es ist kein angenehmer Gedanke, dass nach dem Leben nichts kommt. Doch umso mehr können Atheisten oder Agnostiker für dieses eine Leben dankbar sein (siehe dazu auch das Kapitel zur Dankbarkeit, S. 60 ff.).

5. *Das Heilige im Diesseits*: Religiöse Menschen verehren die Götter, spirituelle Menschen den Zauber der Welt, ihre Energie und den Glanz der Ewigkeit, der in ihrer Seele angelegt ist. Doch wie oben angedeutet, kann man das Heilige auch im Alltäglichen finden. So sprechen Menschen, die ihren Traumberuf gefunden haben, häufig von einer »Berufung«. Politisch oder unternehmerisch engagierte Menschen sagen, dass sie auf einer »Mission« sind. Von manchen werden die Schwangerschaft als ein »Wunder« und Kinder als »Segen« betrachtet. Andere wiederum glauben fest an die »ewige« Liebe. Manche sind »demütig« gegenüber der unendlichen Kraft der Natur. Andere wiederum betrachten das Wochenende mit ihrer Familie als »heilig«. Wie man an diesen sprachlichen Ausdrücken sieht, können wir auch im Diesseits bestimmte Menschen oder Dinge für heilig erklären (sanktifizieren), ohne gläubig oder spirituell zu sein. Die religiösen Begriffe, die Menschen nutzen, sind dabei alles andere als ein Zufall. Vielmehr ist es eine unbewusste Heiligsprechung mit der Folge, dass bestimmten Menschen oder Dingen eine erhöhte Bedeutung und Aufmerksamkeit geschenkt wird und sie als richtungsweisend für das eigene Leben wahrgenommen werden. Was für uns selbst diesen heiligen Charakter bekommen soll, liegt natürlich ganz und gar in unserem eigenen Ermessen. Drei

> praktische Fragen für Atheisten und Agnostiker, über die man abends bei einer Tasse Tee nachsinnen könnte: (1) Welche Menschen oder Dinge sind dir im unreligiösen und unspirituellen Sinn heilig? (2) Welche Dinge oder Momente erzeugen in dir ein Gefühl der Bewunderung, eines Zaubers, einer positiven Ehrfurcht? (3) Was folgt daraus für deine Aufmerksamkeit und dein Verhalten im Alltag hinsichtlich dieser Menschen oder Dinge?

Fassen wir also kurz zusammen: Als Atheist oder Agnostiker können wir die oben genannten fünf Punkte von religiösen und spirituellen Menschen lernen, um zufriedener mit unserem Leben zu sein. Da wir aber im 21. Jahrhundert leben und die Welt immer atheistischer wird, stellt sich für immer mehr Menschen die Frage nach einem *postreligiösen* Lebenssinn. Welche positiven Auswirkungen dieser auf unsere Lebenszufriedenheit hat und wie wir unseren weltlichen Glauben an einen ganz persönlichen Lebenssinn knüpfen können, darum geht es im nächsten Kapitel.

4. Postreligiöser Lebenssinn

Sinn kann nicht gegeben,
sondern muss gefunden werden.
Viktor Frankl

Was hat der Sinn des Lebens mit unserem Glück und unserer Zufriedenheit zu tun? Wie wir in diesem Kapitel sehen werden, sehr viel. Man muss kein Philosoph sein, um sich immer mal wieder die Frage zu stellen, warum wir eigentlich existieren, was unsere eigene Bestimmung im Leben ist und welchen Sinn unser Leben hat. Das sind wohl die schwersten Fragen des Lebens, doch von ihrer Beantwortung hängt ab, ob wir das volle Potenzial unseres Lebensglücks ausschöpfen können. Natürlich ist der Sinn des eigenen Lebens kein objektiver Fakt, sondern eine subjektive Entscheidung, die jeder früher oder später für sich selbst fällt. Wenn wir nicht religiös sind und somit nicht das Glück haben, dass alle Lebensfragen von Gott in heiligen Büchern beantwortet werden, können wir die Antwort auf die Frage nach dem Lebenssinn nicht *wissen*. Deswegen fällt sie in den Bereich unserer tiefen Glaubensüberzeugungen.

Wie hängen aber das Glücksgefühl und der Lebenssinn miteinander zusammen? Abstrakt betrachtet werden alle unsere Gefühle vom Sinn bestimmt, den wir Situationen geben. Wenn man den Sinn verändert, verändert man auch das entstehende Gefühl. Etwas zu abstrakt? Ich gebe dir ein Beispiel: Stell dir vor, dass zwei Jura-Studienanfänger zeitgleich ein unbezahltes Praktikum bei einem Anwalt beginnen. Der eine von ihnen sieht die Bedeutung des Praktikums darin, dass es in seinem Studium vorgeschrieben ist und er ansonsten nicht zum Examen zugelassen wird. Er ärgert sich darüber, dass er unbezahlt in der Kanzlei seine Stunden absitzen muss. Der andere sieht die Bedeutung des Praktikums in etwas völlig anderem: Er möchte den Anwaltsberuf in der Praxis kennenlernen und für sich entscheiden, ob das Jura-Studium überhaupt das Richtige für ihn ist. Der zweite Student kann nur gewinnen: Entweder er findet heraus, dass das Anwaltsdasein nichts für ihn ist, und bricht das für ihn sinnlose Studium früh ab. Oder er erkennt, dass die Arbeit als Anwalt genau das Richtige für ihn ist – und studiert mit noch mehr Motivation weiter. Seine Bedeutung des Praktikums ist sinnstiftend und damit der Bedeutung des ersten Studenten vorzuziehen.

Dieses vermeintlich einfache Beispiel zeigt, dass es bei ein und derselben Situation einen Riesenunterschied macht, welchen Sinn beziehungsweise welche Bedeutung man einer Situation beimisst. Sinn und Bedeutung sind nicht nur Kompass für unser Verhalten in der Zukunft, sondern bestimmen auch die Gefühle in der Gegenwart. Auch Martin Seligman ist der Meinung, dass die Positive Psychologie nicht zur reinen Freude-Wissenschaft (*happyology*[195]) verkommt, sondern dass der Lebenssinn einen wichtigen Teil unseres Glücks ausmacht. Nur, wo findet man den Sinn?

Die Gretchenfrage: Was ist der Sinn des Lebens?

Das Einstiegszitat von Frankl beinhaltet bereits viel Weisheit: Den Sinn muss man für sich selbst finden. Aber wie? Die schönste Antwort darauf fand ich in seinem Buch *Über den Sinn des Lebens*, welche ich dir natürlich nicht vorenthalten möchte[196]:

> *Der Sinn des Lebens unterscheidet sich von Mensch zu Mensch, von Tag zu Tag, von Stunde zu Stunde. Entscheidend ist daher nicht der Sinn des Lebens im Allgemeinen, sondern* ***der spezifische Sinn*** *des Lebens eines Menschen* ***zu einem bestimmten Zeitpunkt****. Die Frage allgemein zu stellen wäre wie die Frage an einen Schachmeister: »Sag mir, Meister, was ist der beste Schachzug der Welt?« Es gibt einfach nicht den besten oder gar guten Zug, abgesehen von einer bestimmten Situation in einem Spiel und der besonderen Persönlichkeit des Gegners. Das Gleiche gilt für die menschliche Existenz. Man sollte nicht nach einem abstrakten Sinn des Lebens suchen. Jeder hat* ***seine eigene spezifische Berufung oder Mission*** *im Leben, um eine konkrete Aufgabe zu erfüllen, die ihre Erfüllung verlangt. Darin kann er nicht ersetzt werden, noch kann sein Leben wiederholt werden. Somit ist die Aufgabe eines jeden so einzigartig wie seine konkrete Möglichkeit, sie umzusetzen.*

Der Schach-Vergleich ist genial: Jede Position ist anders, und daher ist der beste Zug nur möglich in Bezug auf eine ganz bestimmte Situation. Es geht also nicht darum, einen allgemeinen Lebenssinn zu definieren, sondern einen spezifischen, der uns hilft, eine bestimmte Lebensaufgabe zu erfüllen.

Natürlich versuchen dir Eltern, Lehrer, Freunde und viele andere Menschen einzureden, was denn dein Lebenssinn sein sollte. Doch vielleicht kennst du den schönen Spruch, dass derjenige, der nicht an seinen eigenen Zielen arbeitet, an Zielen eines anderen Menschen arbeitet. So ist es auch mit dem Lebenssinn: Wenn du nicht deinen eigenen Lebenssinn verfolgst, folgst du dem Lebenssinn eines anderen Menschen. Es gibt natürlich auch die Option, dass du weder einem eigenen noch einem fremden Lebenssinn folgst. Doch in diesem Fall fühlt sich ein Mensch verloren – ohne eine Richtung, ohne ein Ziel und ohne eine Motivation, überhaupt zu handeln. Wenn es keinen Sinn gibt, müssen wir ihn – ganz im Sinne unserer Glücksmanipulation – eben erfinden. Bei dieser schwierigen Aufgabe werden dich die Sinn-Übungen am Ende dieses Kapitels unterstützen.

Die Beziehung zwischen Lebensglück und Lebenssinn

Es gibt Philosophen und Psychologen, die einen Unterschied zwischen Lebensglück und Lebenssinn sehen. So etwa Martin Seligman[197], der zwischen dem *angenehmen Leben* und dem *sinnvollen Leben* unterscheidet. So würde es beim Ersteren darum gehen, positive Emotionen zu maximieren, während Letzteres darauf abzielte, einer Aufgabe nachzugehen, die größer sei als man selbst. Laut dem Begründer der Positiven Psychologie ist das sinnvolle Leben komplett vom emotionalen Zustand getrennt[198]. Doch hat er damit recht?

Ich würde argumentieren, dass es für uns sehr wohl eine Genugtuung und Freude ist, etwas Sinnvolles zu tun. Wenn unsere Mission zum Beispiel darin besteht, als Arzt Menschen zu helfen oder mit unserem Unternehmen den Müll aus den Ozeanen zu entfernen oder unsere Kinder freiheitlich zu erziehen, dann macht uns doch bereits der Prozess glücklich. Emotionen und Sinn hängen daher zusammen. Dafür spricht auch die empirische Forschung. So haben Forscher in einer Studie[199] herausgefunden, dass Menschen, die nach Glück *und* nach Sinn streben, solche Tätigkeiten auswählen, die *beide* Aspekte beinhalten, und daher Glück und Sinn als Zwillinge betrachtet werden können. Doch wie es bei Zwillingen nun mal ist: Glück und Sinn sind sich zwar ähnlich, doch haben Forscher Unterschiede zwischen glücklichen und sinnvollen Tätigkeiten herausgefunden. So beinhalten glückliche Erfahrungen mehr positive Emotionen, Unbeschwertheit, Zeit mit Freunden und die Befriedigung eigener Wünsche (zum Beispiel ein Campingwochenende mit alten Schulfreunden). Dagegen werden sinnvolle Erfahrungen eher von Gedanken an die Vergangenheit, Hilfsbereitschaft und manchmal auch negativen Gefühlen wie Angst und Sorge begleitet (zum Beispiel das Lernen mit dem eigenen Kind für einen wichtigen Test).[200] Doch natürlich ist Hilfsbereitschaft nie reiner Selbstzweck, sondern durch sie fühlen wir uns gut, weil wir uns selbst als gute Menschen wahrnehmen können, die »das Richtige« tun – ein angenehmes Gefühl.

Kein Wunder, dass meine Lieblingsdefinition von Glück kurz und knapp ist: die Erfahrung von Freude und Sinnhaftigkeit[201]. Idealerweise verspüren wir also beides. Da du gerade liest, habe ich ein passendes Beispiel: Natürlich kannst du dir ein Buch vorstellen, bei dem du Freude empfindest, dessen Inhalte aber komplett sinnlos sind. Ebenso kannst du dir ein Buch vorstellen, das sehr sinnvoll ist, aber bei dessen Lektüre du kein Vergnügen verspürst. Am besten ist aber ganz klar ein Buch, das sowohl Freude bereitet als auch etwas für dich Sinnvolles transportiert. Beide Erfahrungen, Freude und Sinn, sind eben besser.

Es gibt mittlerweile unzählige Studien, die nachgewiesen haben, dass Menschen mit einem Lebenssinn zahlreiche Glücksvorteile aufweisen. Sie verspüren häufiger positive Emotionen und Vitalität, sind zufriedener mit ihrem Leben, haben eine höhere Selbstzufriedenheit und Selbstakzeptanz, ein stärkeres Gefühl von Autonomie, mehr Ambitionen und einen optimistischeren Ausblick auf die Zukunft.[202] Doch das ist nicht alles: Menschen mit einem Lebenssinn haben statistisch auch eine bessere körperliche Gesundheit[203]. Das ist auch logisch: Menschen, die einen Sinn verfolgen, möchten ihn auch dauerhaft verfolgen können und kümmern sich daher mehr um ihre körperliche Gesundheit. Sie essen gesünder[204] und treiben statistisch gesehen sogar häufiger Sport. Mit anderen Worten: Menschen, die ihrem Leben einen Sinn gegeben haben, besitzen auch ein Motiv, sich anzustrengen und ihre Lebensvision zu verwirklichen.

Natürlich ist es schön, seine Berufung in etwas gefunden zu haben und sein Leben als sinnstiftend zu empfinden. Doch auch in schwierigen Lebenslagen ist es für uns vorteilhaft, einen Sinn in den düstersten Stunden zu finden und etwas Schlimmes für sich so zu interpretieren, dass wir einen Vorteil für unser Leben daraus schlagen. So haben Studien[205] belegt, dass Menschen den Tod ihrer Nächsten besser verkraften und seltener an Depressionen leiden, wenn sie ihm einen Sinn geben. Worin genau dieser Sinn besteht, ist dabei zweitrangig. So können Menschen anerkennen, dass das Leben kurz ist, dass der Mensch an sich zerbrechlich ist, dass sie aus dem Verlust etwas Entscheidendes für ihr eigenes Leben gelernt haben – zum Beispiel dass sie aufhören sollen, Alkohol zu trinken. Hier erinnern wir uns an das Kapitel über die Ich-Erzählung: Wir selbst erschaffen unsere eigene Identität und erzählen uns eine Geschichte über uns selbst. Dasselbe tun wir natürlich auch mit Ereignissen, die anderen Menschen widerfahren.

Kurz: Wenn wir glauben, dass ein Leben ohne unsere große Liebe keinen Sinn macht, hat es für unseren Glückszustand offensichtlich dauerhaft negative Auswirkungen. Wenn wir das Ereignis aber so interpretieren, dass wir das Leben noch bewusster leben und genießen sollen, weil es ja jederzeit vorbei sein kann, dann hat das natürlich positive Auswirkungen auf unseren Glückszustand. Das Besondere: Keine der beiden Geschichten ist objektiv richtig. Wie wir schon beim Kapitel über die Ich-Erzählung gelernt haben: Die Deutungshoheit über alle Lebensereignisse haben wir selbst in der Hand.

Ein anschauliches Beispiel zur klug ausgeübten Deutungshoheit fand ich in einem wissenschaftlichen Artikel[206], der Interviews mit Reinigungskräften eines Krankenhauses ausgewertet hat. Einige Reinigungskräfte waren äußerst unzufrieden mit ihrem Job, weil die Arbeit keine besonderen Fähigkeiten erforderte und für sie keinen größeren Sinn beinhaltete. Andere Reinigungskräfte dagegen gaben ihrem Job einen größeren Sinn, nämlich dass es ihre Aufgabe ist, das Leben von Patienten, Krankenschwestern und Besuchern zu verbessern. Sie hatten mehr soziale Interaktionen und mochten den Prozess des Saubermachens. Sie haben ihrer Arbeit also einen größeren Sinn gegeben und ihre Tätigkeit komplett anders gedeutet. Menschen, die nach etwas Größerem streben sowie ihre Träume und Wünsche erfüllen wollen, sind viel glücklicher als Menschen ohne jeglichen übergeordneten Sinn und Zweck[207]. Dabei ist sowohl wichtig, die eigenen Lebensziele erreichen zu wollen, als auch dass man darauf hinarbeitet[208]. Bestes Beispiel sind die Reinigungskräfte: Sie werden nie ein Endziel erreichen, denn das Krankenhaus wird immer schmutzig werden. Doch befinden sie sich täglich im Prozess, allen im Krankenhaus einen möglichst sauberen und angenehmen Aufenthalt zu ermöglichen – und dieser Prozess zählt.

Diesen wichtigen Gedanken hat ein US-amerikanischer Buchautor, Earl Nightingale, wie folgt auf den Punkt gebracht: Glück ist die fortschreitende Verwirklichung eines würdigen Ideals oder Ziels[209]. Mit anderen Worten: Uns alle macht es ein Stückchen glücklicher, wenn wir einem selbst gesteckten Ziel ein wenig näher kommen. Und mein US-amerikanischer Trainerkollege, Brian Tracy, setzt noch einen drauf, wenn er sagt[210]: Einer der größten Vorteile von einem Ziel und einem Sinn besteht darin, dass der Mensch selbst die Richtung seines Lebens bestimmen und dadurch stärker das Gefühl von Kontrolle und Eigenverantwortung verspüren kann. Ein Lebenssinn und selbst gewählte Ziele machen den Menschen also von einem Fähnchen im Wind zu einem sinnerfüllten Individuum, das Freude darin verspürt, den eigenen Weg zu erschaffen.

Das existenzielle Vakuum

Bevor wir zu praktischen Übungen kommen, möchte ich noch etwas näher auf diejenigen Menschen eingehen, die keinen Lebenssinn für sich finden. Gerade in freiheitlichen Gesellschaften haben wir schier unendliche Möglichkeiten, unser Leben selbst zu gestalten. Doch gerade diese unendliche Auswahl überfordert viele von uns. In einem totalitären Staat würde der Staat uns sagen, was der Sinn unserer Existenz ist. In einem Gottesstaat würden Religionsvertreter sagen, was der Sinn unseres Lebens ist. Doch was tun, wenn wir alle Freiheiten der Welt haben? Der französische Philosoph Sartre formulierte nicht umsonst, dass wir *zur Freiheit verdammt* sind. Doch gleichzeitig heißt das, positiv betrachtet, dass wir selbst entscheiden können, was unseren (postreligiösen) Lebenssinn ausmachen soll. Aber wie erkennen wir das existenzielle Vakuum in uns?

Frankl sagt, dass es sich in unserer Langeweile manifestiert[211]. Er spricht von der sogenannten Sonntagsneurose, also einer Art Depression, wenn Menschen am Tag, an dem sie nicht arbeiten müssen, erkennen, dass ihr Leben keinen sinnvollen Inhalt und kein Ziel hat. Häufige Symptome für innere Leere und Langeweile im 21. Jahrhundert sind das stundenlange Glotzen von Serien und Filmen auf Netflix oder YouTube und das täglich hundertfache Entsperren unseres Smartphones, in der Hoffnung, dass wir eine spannende Nachricht oder wenigstens irgendeine App-Benachrichtigung oder E-Mail bekommen haben. Zugespitzt formuliert: Je häufiger jemand sich gelangweilt fühlt, desto weniger ist ihm sein Lebenssinn bewusst.

Doch was kannst du tun, um deinem persönlichen Lebenssinn näher zu kommen?

Übungsblatt: Deinen Lebenssinn finden – Warum es nicht wagen?

Viele Menschen versuchen nicht einmal, die Frage nach ihrem Lebenssinn zu beantworten, weil sie ihnen zu groß und zu kompliziert erscheint. Doch wie bei allem im Leben ist es hilfreich, eine große Aufgabe in Teilaspekte zu unterteilen und sie nacheinander abzuarbeiten. Rom wurde ja auch nicht an einem Tag erbaut. Daher hier einige Übungen, mit deren Hilfe du dich an deinen Lebenssinn herantasten kannst. Es ist hilfreich, den »großen« Lebenssinn in seinen kleineren Aspekten zu betrachten, nämlich welche *Tätigkeiten* wir als sinnvoll erachten (Übung 1), welche persönlichen und beruflichen *Ziele* wir für sinnvoll erachten (Übung 2), welche persönlichen *Werte* wir für sinnvoll erachten (Übung 3) und wo sich unsere Aufgabe, unsere Leidenschaft, unser Beruf und unsere Berufung *überschneiden* (Übung 4). Die vier Übungen kannst du als Puzzleteile betrachten, die von dir anschließend zu einem Lebenssinn zusammengefügt werden können.

ÜBUNG NR. 1 ZUM LEBENSSINN

***Schritt 1:** Zähle fünf Aufgaben oder Tätigkeiten in deinem Beruf auf, die aus deiner Sicht bedeutsam sind, und schreibe dahinter, warum sie für dich bedeutsam sind. Gerade in der Begründung versteckt sich häufig ein noch nicht bewusst gemachter Sinn.*

1. ....

   ....

2. ....

   ....

3. ....

   ....

4. ....

   ....

5. ....

   ....

Schritt 2: Zähle fünf Tätigkeiten in deiner Freizeit auf, die aus deiner Sicht bedeutsam sind, und schreibe dahinter, warum sie für dich bedeutsam sind. Auch hier gibt dir deine eigene Begründung einen Hinweis auf den noch nicht bewusst gemachten Sinn.

1. ....

....

2. ....

....

3. ....

....

4. ....

....

5. ....

....

Ich gebe dir dazu ein Beispiel: Stellen wir uns den Steuerberater Sven vor, der es liebt, seinem Mandanten vorzurechnen, wie viel

Geld er vom Finanzamt zurückbekommt. Sven könnte sich nun fragen, warum ihm genau dieser Teil seiner Arbeit so bedeutsam vorkommt. Als Antwort könnte er sich geben, dass er seinen Lebenssinn darin sieht, »das hart erarbeitete Geld der Menschen vor dem Finanzamt zu retten«. Ich wähle bewusst diese Formulierung, damit klar wird, dass sich Sven im vermeintlich langweiligen Job des Steuerberaters auf einer Mission befindet. Für ihn sind Spesenrechnungen und Holdingstrukturen keine bürokratischen Monster, sondern rettende Wege für seine Mandanten zu mehr Netto vom Brutto. Doch würde Sven an dieser Stelle die Übung nicht beenden, sondern vier weitere berufliche Tätigkeiten und anschließend fünf private finden – und auf diese Weise dem Lebenssinn ein Stückchen näher kommen. Doch wie gesagt: Auch Ziele haben für Menschen eine große Bedeutung, womit wir uns in der zweiten Übung beschäftigen wollen.

ÜBUNG NR. 2 ZUM LEBENSSINN

Schritt 1: Zähle fünf berufliche Ziele auf, die du in den nächsten zehn bis zwanzig Jahren erreichen möchtest, und schreibe dahinter, warum sie für dich bedeutsam sind.

1. ....

....

2. ....

....

3. ....

....

4. ....

....

5. ....

....

Schritt 2: Zähle fünf private Ziele auf, die du in den nächsten zehn bis zwanzig Jahren erreichen möchtest, und schreibe dahinter, warum sie für dich bedeutsam sind.

1. ....

....

2. ....

....

3. ....

....

4. ....

....

5. ....

....

Auch hier ein Beispiel: Das private Ziel von Sven könnten zwei Kinder sein. Als er sich fragt, warum das sein Ziel ist, stellt er fest, dass er sich wünscht, etwas von ihm möge auf der Erde sein, wenn er lange nicht mehr ist. Er findet, dass das Leben erst dadurch, dass man es weitergibt, seine wahre Bedeutung erhält. Und warum sollen es zwei Kinder sein? Er als Einzelkind fühlte sich häufig allein und möchte das bei seinen eigenen Kindern vermeiden. Dieses Beispiel verdeutlicht übrigens, dass Ziele und Sinn sehr subjektiv sind.

Übrigens kann Sinn für Menschen auch ergebnisunabhängig sein. Nicht alle Menschen wollen sich Ziele setzen und diese erreichen. Einige wollen nach ihren eigens gewählten Werten leben. Bereits in einem anderen Buch[212] habe ich geschrieben, dass es hilfreich ist, eine persönliche Verfassung mit eigenen Grundwerten aufzustellen und sich das Grundgesetz zum Vorbild zu nehmen. Einer meiner Grundwerte besteht zum Beispiel darin, dass man sich bei einem Thema immer mit den Pro- und Kontra-Argumenten beschäftigen soll, bevor man eine Entscheidung trifft (der alte Grundsatz lautet: *audiatur et altera pars*, lat. für: man höre auch die Gegenseite an). Wer nämlich weiß, für welche Werte er steht, kann ein für ihn bedeutsames Leben führen und diese Werte verteidigen. Auf den ersten Blick wird es für dich vielleicht befremdlich sein, eigene Grundwerte zu formulieren. Doch hatten die bedeutendsten und charismatischsten Menschen der Geschichte alle einen festen Wertekanon, für den sie ihr Leben lang gekämpft haben (man denke nur an den Kampf von Martin Luther King für die Gleichberechtigung von Schwarzen und Weißen in den USA). Was wären deine zehn wichtigsten Grundwerte, an die du glaubst?

ÜBUNG NR. 3 ZUM LEBENSSINN

Zähle zehn Grundwerte auf, an die du fest glaubst und die dir Orientierung geben können. Zur Inspiration lies dir gern die ersten zehn Artikel des Grundgesetzes durch, die die Grundlage unseres Staates bilden. Welche Werte bilden dich? Für welche Werte bist du bereit, dich täglich einzusetzen?

Artikel 1: ....

Artikel 2: ....

Artikel 3: ....

Artikel 4: ....

Artikel 5: ....

Artikel 6: ....

Artikel 7: ....

Artikel 8: ....

Artikel 9: ....

Artikel 10: ....

Deine persönliche Verfassung steht also für das, wofür du stehst. Sie ist ein wichtiges Puzzlestück auf der Suche nach dem größeren Sinn. Zuletzt noch eine Übung, die du vielleicht aus dem Internet kennst. Sie ist fälschlicherweise als *Ikigai*-Diagramm bekannt, bei welchem du vier Fragen beantworten kannst und die Überschneidung zwischen ihnen den Lebenssinn ausmacht. *Ikigai* beschreibt ein japanisches Glückskonzept, das sich nicht klar definieren lässt, jedoch die Aktivitäten umfasst, für die es sich zu leben lohnt. Die vier Fragen sind eine westliche Verzerrung[213] des japanischen Konzepts. Sie sind jedoch sehr anschaulich für unsere Zwecke, den Lebenssinn zu finden. Auf der nächsten Seite ist das berühmt-berüchtigte Diagramm abgebildet.

ÜBUNG NR. 4 ZUM LEBENSSINN

Beantworte für dich die vier Fragen und finde hoffentlich eine Überschneidung, die deinen Lebenssinn ausmachen könnte.

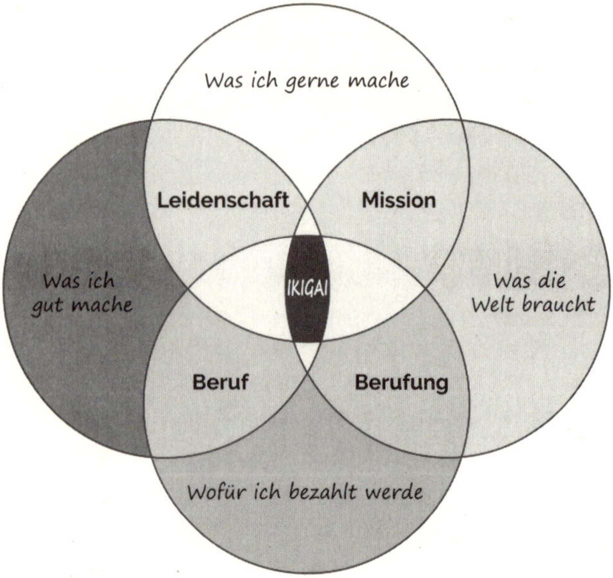

Hast du etwas gefunden, das du in die Mitte schreiben könntest? Dann hat sich dir dein persönlicher Lebenssinn erschlossen. Doch wenn du noch nicht das Eine gefunden hast, wo sich deine Leidenschaft, dein Beruf, deine Berufung und deine Mission überschneiden, bleib gelassen. Denn erstens hast du aus den ersten drei Übungen wichtige Lebenssinnstückchen mitgenommen, und zweitens ist die Sinnsuche immer ein langfristiger Prozess, bei dem dein Sinn auch im Wandel der Zeit steht.

Übrigens gibt es eine große japanische Studie zum Thema *Ikigai*. Forscher fragten knapp 44 000 Menschen, ob sie das *Ikigai* in ihrem Leben gefunden haben, und definierten den Begriff als den Glauben daran, dass das eigene Leben es wert ist, gelebt zu werden[214]. Die Befragten konnten mit »ja«, »unsicher« oder »nein« antworten. Das Ergebnis der Studie: Menschen, die mit »nein« geantwortet hatten, wiesen eine höhere Mortalität auf. Insbesondere waren sie häufiger an kardiovaskulären Erkrankungen verstorben. Menschen, die mit »ja« geantwortet hatten, waren dagegen häufiger verheiratet, hatten einen festen Job, weniger Stress und lebten gesünder. Die japanische Studie deckt sich demnach mit der westlichen Forschung, der zufolge – wie oben erwähnt – die psychische und physische Gesundheit der Menschen im Westen besser ist, wenn der Mensch einen Lebenssinn gefunden hat.

Ohne Zweifel ist die vierte Dimension der Glücksmanipulation mit Abstand die schwierigste. Doch haben die vier Glaubenssätze über die Ich-Erzählung, über die Natur des Glücks, über das Göttliche und schließlich über den Lebenssinn alle eine wissenschaftlich nachgewiesene Bedeutung für unsere Lebenszufriedenheit. Wenn du es also ernst mit dir und deinem Glück meinst, wirst du keine der Übungen überspringen und womöglich sogar Gefallen daran finden, deine Glaubenssätze zu manipulieren.

Schließen möchte ich das Kapitel zum Lebenssinn mit einem Gedanken von Michel de Montaigne, der schrieb:

> *Unser großes und glorreiches Meisterwerk ist es, sinnvoll zu leben. Alles Übrige – wie regieren, Schätze sammeln, Bauten errichten – sind nur Nebensachen.*[215]

Die Metapher des Meisterwerks ist aus zwei Gründen erleuchtend: Erstens heißt das, dass niemand mal eben aus dem Stegreif seinen Lebenssinn entwickeln kann. Denn jedes Meisterwerk braucht seine Zeit. Und zweitens ist das Meisterwerk immer das Werk eines Künstlers, das heißt, wir alle können und dürfen unser Leben als Kunstobjekt betrachten, das wir selbst formen können. Hier schließt sich der Kreis zum Einstiegszitat von Frankl: Der Sinn kann nicht gegeben, sondern muss gefunden werden.

Exkurs: Kalkuliere dich glücklich!

Was du nicht messen kannst,
kannst du nicht lenken.
Peter Drucker

Wäre es nicht schön, all unser Tun in eine Formel hineinzupacken und rational zu bewerten, ob eine bestimmte Aktivität sich glückstechnisch lohnt? Wir haben in den vier Dimensionen der Glücksmanipulation erfahren, wie wir unser Glück maximieren. Doch ist es möglich, es zu kalkulieren? In diesem Exkurs möchte ich dir gleich drei Formeln an die Hand geben, mit deren Hilfe du zwischen Handlungsalternativen entscheiden kannst. Die hier vorgestellten Formeln sind zu unterscheiden von der allgemeinen Glücksformel von Seligman, welche die drei Bestandteile des Glücks einfach aufzählt (Zufriedenheit = Gene + Umstände + Kontrolle, siehe S. 259). Die allgemeine Glücksformel sagt nämlich abstrakt, aus welchen Bestandteilen sich unsere dauerhafte Zufriedenheit zusammensetzt, jedoch nicht, welche Handlungsoption wir konkret in einer Situation wählen sollen. Alles im Leben ist Abwägungssache beziehungsweise eine Frage der Prioritäten. Doch wie sollen wir sie setzen?

Interessanterweise ist die Idee der Abwägung in Fragen des Glücks uralt. So hat sich bereits Epikur, einer der berühmtesten

Philosophen der Antike, Gedanken zur Prioritätensetzung in puncto Glückseligkeit gemacht und dabei darauf hingewiesen, dass wir nicht jeder Freude nachjagen und nicht jedem Schmerz aus dem Weg gehen sollen. Natürlich hat es der alte Meister vor gut zweitausend Jahren schöner formuliert[216]:

> *Die Freude [ist] der Anfang und das Ziel des glücklichen Lebens [...] Und gerade weil sie unser erstes und angeborenes Gut ist,* ***wählen wir auch nicht jede Freude****, sondern übergehen zuweilen viele Freuden, wenn sich aus ihnen eine größere Widerwärtigkeit für uns ergäbe; und umgekehrt halten wir* ***viele Schmerzen für wertvoller als Freuden****, wenn für uns auf lange Schmerzenszeit eine umso größere Freude folgt. Jede Freude ist also ein Gut, weil das ja ihr ureigenstes Wesen ausmacht, doch* ***nicht jede ist schon deshalb erstrebenswert****; gleicherweise ist jeder Schmerz wohl ein Übel, aber* ***nicht jedem Schmerz muss man deshalb ausweichen****.*

Einfaches Beispiel für einen sinnvollen Schmerz ist ein anstrengendes Sporttraining: Kurzfristig bedeutet es Anstrengung und Schmerzen, doch langfristig fühlen wir uns durch Sport besser und gesünder. Einfaches Beispiel für eine sinnlose Freude ist Komasaufen: Es mag kurzfristig ein schönes Rauschgefühl erzeugen, hat aber am nächsten Tag fatale Konsequenzen – in manchen traurigen Ausnahmefällen im wahrsten Sinne des Wortes.

Alle glücksgerichteten Handlungen lassen sich übrigens in zwei Kategorien einteilen: die sofortige Befriedigung (*instant gratification*) und die verzögerte Befriedigung oder Genugtuung (*delayed gratification*). Das Problem: Wir alle neigen leider zur ersteren.

Die meisten Menschen optimieren ihr Glück für die nächsten Stunden: Fertigpizza, Netflix und ein paar Bier am Abend sind nicht umsonst überall auf der Welt so populär. Nur eine Minderheit optimiert das Glück für die nächsten Monate, Jahre oder gar Jahrzehnte. So könnte man beispielsweise die gesunde Ernährung und Sport als Investition in sein eigenes zukünftiges Ich betrachten. Doch viele denken: »Was kümmern mich die Dinge von morgen?« – und investieren lieber in jene Freuden, die man sofort spürt. Was diesen Gedankengang ungünstigerweise noch verstärkt: Jene Dinge, die ich in diesem Buch beschrieben habe und die uns dauerhaft glücklich machen, wie etwa Meditation, Anwendung des erlernten Optimismus oder das Aufstellen einer persönlichen Verfassung, machen uns im Hier und Jetzt eben nicht sofort glücklich wie eine Tüte Chips, eine Tafel Schokolade oder Selbstbefriedigung. Ganz im Gegenteil: Meditation kann anstrengend sein, weil uns ständig negative Gefühle und Gedanken in den Sinn kommen; die ABCDE-Technik des erlernten Optimismus kann anstrengend sein, weil wir uns nicht noch einmal gedanklich in eine unangenehme Situation versetzen wollen; auch das Niederschreiben der persönlichen Verfassung oder die Arbeit an der Ich-Erzählung kann mitunter frustrierend sein, weil unsere festen Glaubenssätze sich eben nicht rasch verändern.

Doch genau darin besteht die verzögerte Befriedigung: Wenn man die im Hauptteil beschriebenen 16 psychologischen Techniken dauerhaft anwendet, ist das empfundene Glück umso größer. Das musst du mir jetzt nicht einfach glauben. Es ist ja bewusst ein Buch, in dem jede der 16 Techniken mit zahlreichen wissenschaftlichen Studien belegt ist. Ich hatte bereits in der Einleitung geschrieben, dass die meisten Menschen gute kurzfristige, aber schlechte langfristige Glücksmanipulanten sind. Doch warum eigentlich?

Weil wir Menschen evolutionär betrachtet Energiesparmaschinen sind, macht es in gewisser Weise auch Sinn, kurzfristige Glücksmacher zu nutzen – weil uns eine Flasche Bier oder eine Packung Pralinen fast nichts kostet. Doch es sind eben die langfristigen Glücksmacher wie Meditation, erlernter Optimismus und die glücksstiftende Ich-Erzählung, die dich dauerhaft glücklich machen werden. Was natürlich nicht heißt, dass man auf Chips oder Bier komplett verzichten soll. Ich hatte dir aber drei ganz konkrete Glücksformeln zur klugen Priorisierung deiner Handlungsoptionen versprochen. Daher genug des Philosophierens, es beginne das Kalkulieren!

Die quantifizierte Wochenschau des Glücks (Kalkulation Nr. 1)

Bisher ist es nicht möglich, objektiv zu messen, wie viel Glück und Zufriedenheit dir eine bestimmte Aktivität gibt. Doch die gute Nachricht ist: Objektivität ist für die Quantifizierung deines persönlichen Glücks gar nicht erforderlich. Es reicht, wenn du selbst weißt, wie glücklich dich eine gewisse Aktivität macht oder gemacht hat. Die erste Glückskalkulation stammt von Tal Ben-Shahar, einem Professor der Harvard University, dessen Glücksdefinition du bereits kennst: Glück als die Erfahrung von

Freude und Sinnhaftigkeit[217]. Er schlägt vor, dass du für eine Woche insgesamt zwei Listen anfertigst[218].

In die *erste Liste* schreibst du jede längere Aktivität am Tag (alles über eine halbe Stunde). Zum Beispiel notierst du in die Liste am Montag:

- Beantwortung von E-Mails: 2 Stunden
- Zeit in Meetings: 1,5 Stunden
- Kundenanrufe: 1,5 Stunden
- Arbeit am Projekt XYZ: 3 Stunden
- im Fitnessstudio: 1 Stunde
- in sozialen Medien: 1,5 Stunden
- Netflix/YouTube/TV: 2 Stunden
- etc.

Die *zweite Liste* erstellst du am Ende der Woche. In der ersten Spalte listest du alle Aktivitäten der Woche auf. In der zweiten Spalte notierst du dir, wie sinnhaft diese Aktivität für dich ist. Dabei nutzt du einfach eine Skala von 1 bis 5 (1 bedeutet, dass eine Aktivität gar keine Bedeutung für dich hat, 5 bedeutet die größtmögliche Sinnhaftigkeit). Das Gleiche machst du in der dritten Spalte mit der Freude, welche dir die jeweilige Aktivität bringt. In der vierten und wichtigsten Spalte notierst du dir die Wochengesamtzeit der Aktivität sowie einen wichtigen Zusatz dahinter: »=« bedeutet, dass du mit der Zeitinvestition zufrieden bist; »++« bedeutet, dass du nächste Woche dieser Aktivität viel mehr Zeit einräumen solltest; »+« bedeutet, du solltest darin etwas mehr Zeit investieren; »-« etwas weniger Zeit; schließlich steht »--« dafür, dass du viel weniger Zeit mit dieser bestimmten Aktivität verbringen solltest. Grafisch sieht das Ganze dann so aus:

Aktivität	Sinnhaftigkeit	Freude	Zeit/Woche
Kreative Arbeit	5	5	20 Std. ++
Zeit in Meetings	3	1	11 Std. --
E-Mails	3	3	9 Std. -
Netflix/Youtube/TV	1	3	7 Std. =

Dabei geht es natürlich nicht um die Angabe einer ganz exakten Dauer oder einer mathematisch genauen Einordnung der Freude oder Sinnhaftigkeit. Das ist ja gerade das Schöne an dieser relativ einfachen Glückskalkulation: Sie zeigt dir eine Richtung, wie deine nächste Woche aussehen sollte, um dein Glück zu maximieren. Und keine Sorge: Die tägliche Liste anzufertigen dauert nur wenige Minuten – die Abschlussliste am Ende der Woche etwa eine Viertelstunde. So viel sollte das Glück uns schon wert sein. Ben-Shahar fügt hinzu, dass diese quantifizierte Wochenschau des Glücks dir bestimmte Muster offenlegt, die dir vielleicht gar nicht bewusst sind. Hier wiederum greift der Gedanke aus dem Einstiegszitat von Peter Drucker: Was du messen kannst, kannst du lenken. Daher ist die quantifizierte Wochenschau auch ein Weg, dein eigenes Verhalten besser in die richtige Richtung, also in die Richtung von mehr Glück, zu manipulieren.

Noch drei Hinweise, bevor du (hoffentlich gleich heute Abend) mit deiner Kalkulation loslegst. Erstens: Bei der Sinnhaftigkeit geht es selbstverständlich nicht um das, was deine

Eltern, dein Umfeld oder die Gesellschaft einfordern, sondern darum, was du als sinnvoll erachtest (siehe dazu das Kapitel zum postreligiösen Lebenssinn, S. 275 ff.). Zweitens: Bei der Freude geht es natürlich um die Bewertung deines erinnernden Ichs (siehe dazu das Kapitel zur Ich-Erzählung, S. 220 ff.). Drittens: Beachte bitte, dass wir die meisten Dinge misswünschen und wir uns immer wieder in Erinnerung rufen müssen, welche Dinge uns nur scheinbar glücklich machen (siehe dazu das Kapitel zum Misswünschen, S. 107 ff.).

Das hedonistische Kalkül von Bentham (Kalkulation Nr. 2)

Was in der ersten Kalkulation von Ben-Shahar nur ganz grob auf einer Skala von 1 bis 5 angegeben werden soll, wäre für den englischen Philosophen und Mitbegründer des Utilitarismus Jeremy Bentham viel zu ungenau. Er hat in einem seiner Bücher die These aufgestellt, dass man den Wert der Freude (und des Leids) aus sieben Elementen berechnen kann. Allgemein geht Bentham davon aus, dass es zwei anthropologische Grundkonstanten gibt, nämlich das Streben nach Lust und das Vermeiden von Schmerz. Er formuliert diesen Gedankengang natürlich eloquenter[219]:

> *Die Natur hat die Menschheit unter die **Herrschaft zweier souveräner Gebieter – Leid und Freude** – gestellt. Es ist an ihnen allein aufzuzeigen, was wir tun sollen, wie auch zu bestimmen, was wir tun werden. Sowohl der Maßstab für Richtig und*

> *Falsch als auch die Kette der Ursachen und Wirkungen sind an ihrem Thron festgemacht.* ***Sie beherrschen uns in allem****, was wir tun, was wir sagen, was wir denken: jegliche Anstrengung, die wir auf uns nehmen können, um unser Joch von uns zu schütteln, wird lediglich dazu dienen, es zu beweisen und zu bestätigen […] Das* ***Prinzip der Nützlichkeit erkennt dieses Joch an*** *und übernimmt es für die Grundlegung jenes Systems, dessen* ***Ziel es ist, das Gebäude der Glückseligkeit durch Vernunft und Recht zu errichten****. Unter dem Prinzip der Nützlichkeit ist jenes Prinzip zu verstehen, das schlechthin jede Handlung in dem Maß billigt oder missbilligt, wie ihr die Tendenz innezuwohnen scheint, das Glück der Gruppe, deren Interesse infrage steht, zu vermehren oder zu vermindern, oder – das Gleiche mit anderen Worten gesagt – dieses Glück zu befördern oder zu verhindern.*

Als Utilitaristen geht es Bentham letztlich nicht um das individuelle Glück des Einzelnen, sondern um das größte Glück der größten Zahl – also um ein gesamtgesellschaftliches Kalkül, woraus er moralische und gesetzliche Folgerungen für den Staat ableitet. Für uns ist jedoch interessant, mit welchen sieben Elementen der große Denker die Freude (und das Leid) bewertet.

Hedonistisches Kalkül nach Bentham

Die Glückskalkulation hängt von diesen sieben Elementen ab:

1. *Intensität*: Wie stark spürt man die Freude?
2. *Dauer*: Wie lange dauert sie?

3. *Wahrscheinlichkeit des Eintritts*: Wie wahrscheinlich ist es, dass die erwartete Freude oder das Leid tatsächlich eintreten?
4. *Zeitliche Nähe:* Wie schnell tritt die Freude ein?
5. *Fruchtbarkeit:* Wie wahrscheinlich ist es, dass sie weitere Freuden ähnlicher Art nach sich zieht?
6. *Reinheit:* Wie wahrscheinlich ist es, dass die Freude keine Schmerzen erzeugt?
7. *Verbreitung:* Werden andere Personen von dieser Freude auch ergriffen?

Das Glück ist für Bentham also eine Frage der Arithmetik. Was auf den ersten Blick sehr theoretisch klingt, können wir durchaus im Alltag anwenden. Ich gebe dir dazu ein persönliches Beispiel. Anschließend erhältst du ein Übungsblatt, auf dem du deine eigene Glückskalkulation vornehmen kannst. Hierbei brauchst du keine Skalen verwenden, sondern gehst inhaltlich auf die sieben Fragen ein und bekommst dadurch Klarheit, ob dir eine bestimmte Tätigkeit ausreichend Freude bringt oder nicht.

Doch zunächst mein persönliches Beispiel, das dir als Inspiration für dein hedonistisches Kalkül dienen soll: Ich spiele Gitarre und bin zufällig in ein Musikgeschäft hineingegangen, um mich dort umzuschauen. Dort habe ich eine schöne E-Gitarre gesehen und mich gefragt, ob ich sie spontan kaufen sollte. Sie kostete 700 Euro. Bei größeren Entscheidungen wie dieser schaue ich immer auf das Foto vom hedonistischen Kalkül in meinem Handy, um die sieben Elemente schnell im Kopf durchzugehen. Es dauert nur fünf Minuten, wenn überhaupt. Nachdem ich mir die sieben Elemente angeschaut habe, habe ich meist eine ganz klare Tendenz, ob die Glücksinvestition sich lohnen wird.

Mein Gedankengang zum Gitarrenkauf nach Benthams sieben Kriterien: (1) Die Freude ist groß, da ich einen guten Gitarrensound mag und meine jetzige E-Gitarre alt ist. (2) Die Freude über die neue Gitarre wird sicher zwei bis drei Wochen anhalten, aber nicht länger, da ich schon immer lieber auf meiner klassischen Gitarre gespielt habe. (3) Die Wahrscheinlichkeit, dass die Freude eintritt, ist fast hundert Prozent. (4) Sie tritt im Grunde sofort ab Kauf ein. (5) Weitere Freuden sind nicht zu erwarten, da ich im Wohnzimmer zwei weitere Gitarren habe – und wenn ich klimpern will, würde im Grunde auch eine dieser Gitarren ausreichen. (6) Kann sein, dass ich nach zwei bis drei Wochen denken werde, dass der Kauf letztlich eine Geldverschwendung war (= Leid), da ich mittlerweile ziemlich selten spiele und sie vielleicht einfach nur im Wohnzimmer herumsteht und Staub fängt. (7) Andere werden von meiner Freude nicht ergriffen; die Freude meiner Freunde kann durch die aktuellen beiden Gitarren genauso entstehen – ihnen ist die Art der Gitarre egal.

Natürlich sind das alles sehr subjektive Bewertungen, doch für mich sind sie allesamt wahr – und nach diesen sieben Antworten hatte ich auch eine ganz klare Tendenz: nicht kaufen. Vor allem der sechste Punkt war in dieser konkreten Situation für meine persönliche Glückskalkulation entscheidend. Wie du siehst: Was hochphilosophisch und kompliziert klingt, kann man wunderbar in weniger als fünf Minuten im Alltag anwenden. Natürlich würde ich nicht empfehlen, bei jeder kleinen Entscheidung das hedonistische Kalkül herauszukramen. Bei wichtigen Entscheidungen können dir die sieben Elemente aber relativ schnell helfen, und du wirst deine Entscheidung mit mehr Klarheit und besserer Abwägung treffen – oder wie es Bentham ausdrückt: »mit einer klaren Sicht auf die eigenen Interessen«[220]. Jetzt aber zu dir. Versuche mit der folgenden Übung, Benthams Algorithmus anzuwenden.

Übungsblatt: Hedonistisches Kalkül

Denke an eine für dich gewichtige Entscheidung, bei der du dir nicht sicher bist, ob die Sache dir am Ende genug Freude bringt. Nachdem du sie notiert hast, gehe die sieben Elemente des Bentham-Kalküls durch und werde dir darüber klar, ob die konkrete Glücksinvestition sich lohnt.

Meine gewichtige Entscheidung:

1. *Intensität:* ....

....

2. *Dauer:* ....

....

3. *Wahrscheinlichkeit des Eintritts:* ....

....

4. *Zeitliche Nähe:* ....

....

5. *Fruchtbarkeit:* ....

....

6. *Reinheit:* ....

....

7. *Verbreitung:* ....

....

Was bei allen neuen Sachen gilt, gilt auch beim hedonistischen Kalkül: Wenn es nicht gleich mit einem klaren Ergebnis klappt, braucht es womöglich ein wenig Übung und einfach noch zwei oder drei Anwendungsversuche. Meine Coaches jedenfalls sind vom Bentham-Algorithmus begeistert – und alles Lob gebe ich natürlich weiter an seinen Erfinder Jeremy Bentham.

Die Glückskostenmatrix (Kalkulation Nr. 3)

Das Glücksparadoxon lautet wie folgt: Die *kurzfristigen* Glücksmacher (Alkohol, Schokolade, Chips, Fernsehen) geben uns zwar sofort ein Gefühl der Freude, beinhalten aber immer hohe Glückskosten wie Fettleber, Karies oder ein verschwendetes Leben und »rentieren« sich langfristig nicht. Dagegen geben uns die *langfristigen* Glücksmacher (die sechzehn in diesem Buch beschriebenen Techniken) nicht immer ein sofortiges Gefühl der Freude – erscheinen uns teilweise in der Gegenwart sogar lästig –, doch geben sie langfristig eine positive Glücksrendite. Regelmäßige Meditation, regelmäßiger Schlaf, regelmäßige Flow-Zustände – all das wirkt sich natürlich dauerhaft positiv auf unsere allgemeine Lebenszufriedenheit aus. Nur müssen wir dafür eben am Anfang Glückskosten zahlen in Form von Disziplin und Beständigkeit.

Doch ist das Leben eben komplex und ein Lebensbereich wie zum Beispiel der Schlaf, das Essen oder die Nutzung von sozialen Medien nicht schon an sich gut oder schlecht, sondern je nach Situation ist ein und dieselbe Aktivität aus glückstechnischer Sicht anders zu betrachten.

Genau dafür habe ich eine Glückskostenmatrix erdacht, welche jeweils auf einen Lebensbereich angewendet wird und dir zeigen kann, ob und wann bestimmte Facetten derselben Aktivität deinem Glück kurzfristig und/oder langfristig nutzen oder schaden. Der Zweck der Glückskostenmatrix ist, dir bewusst zu machen, unter welchen Umständen du mehr und unter welchen Umständen du weniger von dieser Aktivität brauchst. Hier zunächst eine Übersicht der Glückskostenmatrix, wobei unser Ziel sein sollte, alle Aktivitäten in die Ecke oben rechts zu verfrachten.

Natürlich befinden sich alle sechzehn Glückstechniken dieses Buches in der oberen rechten Ecke. Doch seien wir mal realistisch und gehen davon aus, dass dein Leben aktuell aus vielen Aspekten der sofortigen Bedürfnisbefriedigung besteht, die wir genauer inspizieren sollten. Wir erinnern uns an den schlauen Gedanken von Peter Drucker: Was wir messen können, können wir lenken. Doch wie wendest du die Glückskostenmatrix auf einzelne Lebensbereiche an?

Insgesamt sind es drei Schritte, mit denen wir die einzelnen Lebensbereiche glückstechnisch optimieren können. Dazu brauchen wir *im ersten Schritt* die Liste deiner Lebensbereiche, und anschließend wenden wir auf jeden einzelnen Lebensbereich die Matrix an. Hier zunächst eine Liste an Lebensbereichen, die sicherlich auch zu deinem Alltag gehören:

- Schlaf
- Trinken
- Essen
- Sexualität
- soziale Medien
- Fernsehen/Netflix/YouTube
- Arbeit
- Finanzen
- Familie
- Liebe/Partnerschaft
- etc.

Natürlich kannst du dieser Liste beliebig viele Bereiche hinzufügen. *Im zweiten Schritt* geht es darum, einen bestimmten Lebensbereich auszuwählen und ihn in Einzelfälle zu zerlegen, welche in die vier unterschiedlichen Quadranten kommen. Denn weil unser Leben eben komplex ist, fällen wir innerhalb jedes Lebensbereichs hin und wieder Entscheidungen, die kurz- oder langfristig entweder nützlich oder schädlich sind. Um das zu veranschaulichen, picke ich den Lebensbereich Schlaf heraus. So könnte die Glückskostenmatrix eines fiktiven jungen Menschen, nennen wir ihn Leonard, aussehen:

Sicher befindet sich Leonard über das Jahr hinweg in allen vier Quadranten. Doch würde ihm diese kurze Analyse seines Schlafverhaltens (natürlich sind pro Quadranten auch mehrere Einträge möglich) bewusst machen, welche Schlafaktivitäten kurz- und langfristig schädlich sind – und Leonard hat ja aus dem Kapitel »Schlaf verbessern« (S. 205 ff.) gelernt, wie groß der Einfluss des Schlafes auf seinen Glückszustand ist. Dieses Wissen wird ihn hoffentlich dazu motivieren, seltener in der Ecke unten rechts und häufiger in der Ecke oben rechts zu leben.

Im dritten Schritt wird er aber nicht nur auf eine Verhaltensänderung hoffen, sondern sogenannte »Umsetzungsabsichten« (*implementation intentions*) formulieren. Dieses Konzept wurde vor noch nicht allzu langer Zeit von der Forschung als eine effektive Möglichkeit der Selbstregulation bestätigt[221]. Im Gegensatz zur meist ineffektiven *Zielintention* (zum Beispiel: »Ich will täglich neun Stunden schlafen«) definiert man das genaue *Was*, *Wann*, *Wo* und *Wie* seines gewünschten Verhaltens in sogenannten »Wenn-dann-Aussagen«. Beispielsweise könnte Leonard, der regelmäßig neun Stunden schlafen möchte, die folgende Umsetzungsabsicht formulieren: »Wenn mein Wecker um 22.30 Uhr klingelt, dann schalte ich alle Digitalgeräte aus, gehe innerhalb der nächsten halben Stunde ins Bett und mache das Licht aus.« Über den Sinn des Abendweckers habe ich bereits im Schlaf-Kapitel geschrieben. Mit dieser Umsetzungsabsicht erhöht sich die Wahrscheinlichkeit immens, dass unser Leonard sich an sein eigenes Schlafziel halten wird. Natürlich sollte Leonard sich nicht immer sklavisch an seine Umsetzungsabsichten halten. Manchmal gibt es gute Gründe, eine Ausnahme zu machen (wie Geburtstagsfeiern oder sehr gut laufende Dates, die wir nicht abbrechen wollen). Doch haben wir für die meisten Nächte eben schlechte Gründe wie sinnloses »Komaglotzen« (*binge watching*), wodurch der Schlaf und dadurch das Glück langfristig leiden. Diese Nächte gilt es zu reduzieren.

Zum Ende des Exkurses noch eine gute Nachricht: Alle sechzehn im Hauptteil beschriebenen Glückstechniken haben keine negativen Nebenwirkungen. Sie alle sind dauerhafte Glücksmacher mit positiver Glücksbilanz, und ich wünsche dir, dass du möglichst viele von ihnen umsetzen wirst.

Schluss: Das Glück als Lohn

Die seltenste aller
menschlichen Qualitäten
ist die Beständigkeit.

Jeremy Bentham

Dieses Buch hat dir wissenschaftlich fundierte psychologische Techniken vermittelt, mit deren Hilfe du dich zu dauerhaftem Glück und mehr Zufriedenheit manipulieren kannst. Die Positive Psychologie hat mittlerweile in Tausenden Studien bewiesen, dass das Glück kein Zufallsprodukt bleiben muss (nach dem Motto: »Da habe ich mal Glück gehabt«), sondern ein planbares Produkt klugen Fühlens, Denkens, Handelns und Glaubens ist. Du weißt jetzt, dass das Glück eine Fähigkeit ist und der Lohn dafür, dass du die beschriebenen Techniken konsequent anwendest.

Warum dann also eher das düstere Bentham-Zitat, wenn das Glück doch so schön planbar ist? Wahrscheinlich ahnst du es schon: Trotz des ganzen Wissens um die Techniken und aller guten Vorsätze werden nicht alle Leser die eine oder andere Technik als *glückliche Gewohnheit* in ihrem Alltag integrieren. Beständigkeit ist für uns Menschen der absolute Endgegner: im Sparen, im Sport, im Sprachenlernen und auch in der Glücksmanipulation. Der anfängliche Enthusiasmus erkaltet, und wir springen nach der letzten Seite des einen Buches zum anderen, neuen Buch. Gerade Menschen wie du, die sich weiterbilden möchten, tappen damit in eine Falle, die im Amerikanischen *procrasti-learning* genannt wird (im Deutschen: *prokrastilernen*; ein Kofferwort aus prokrastinieren, aufschieben, und lernen): Man schiebt die praktische Umsetzung auf, weil man das Gefühl hat, noch nicht alle Informationen erhalten zu haben. Daher der Drang, weiter zu lernen und erst mal noch nichts in die Praxis umzusetzen. Doch wie es der chinesische Künstler und Menschenrechtler Ai Weiwei auf den Punkt gebracht hat: »Ein kleiner Akt ist eine Million Gedanken wert«[222]. Abgesehen davon wirst du nie alle Informationen haben – warum also nicht jetzt mit der beständigen Umsetzung starten?

Ich hatte am Anfang des Buches geschrieben, dass du die Glückstechniken als ein Büfett betrachten kannst, aus dem du nur die paar Techniken herausgreifst, bei denen du nach den obigen Übungen das Gefühl hattest, dass sie dir langfristig weiterhelfen werden. Denn auch bei den Glückstechniken gilt: Übung macht den Meister. Egal welche Technik du nimmst – ob Momentgenuss, erlernter Optimismus, Charakterstärken-Einsatz, dynamischer Ich-Glaube oder eine der anderen zwölf –, du wirst es erst mit der Zeit zur Meisterschaft darin bringen. Der Schlüssel dazu ist Beständigkeit. Die wahre Herausforderung also ist, die Glückstechniken in Glücksgewohnheiten zu verwandeln.

Kurz vor dem Ende des Buches ist es mir eine Freude, mit dir mein Lieblingszitat von Aristoteles zu teilen, das wir ebenfalls auf die Glücksmanipulation anwenden können:

> *Wir sind, was wir wiederholt tun. Exzellenz ist also keine Handlung, sondern eine Gewohnheit.*[223]

Das gewohnheitsmäßige Wiederholen deiner Lieblings-Glückstechnik(en) führt zu deren exzellenter Anwendung. Es ist also nur eine Frage der Zeit, bis du sie beherrschst und damit deinen Glückszustand effektiv manipulieren kannst. Die Wiederholung macht dich ganz nebenbei auch zu einem anderen Menschen, einem besseren Schmied deines Glücks.

Anmerkungen

1 Siehe dazu etwa Rozin/Royzman/Edward: Negativity bias, negativity dominance, and contagion, in: Personality and Social Psychology Review, 5 (4), S. 296–320 (2001).

2 Ähnlich auch John Stuart Mill: »There is in reality nothing desired except happiness« (Es wird in Wirklichkeit nichts anderes begehrt als das Glücklichsein), in: Utilitarianism, Kapitel IV (1861).

3 Blaise Pascal: Pensées (1670), eigene Übersetzung und eigene Hervorhebungen.

4 Eingeführt von Peter Glaser, in: heise online vom 24. August 2007, abrufbar unter https://www.heise.de/tr/blog/artikel/Sofortness-273180.html (Zugriff am 30.11.2021).

5 Siehe etwa Martin Seligman: Authentic Happiness. Using the New Positive Psychology to Realize Your Potential for Lasting Fulfilment, S. xi. (2002).

6 So auch Mihaly Csikszentmihalyi: Flow. The Psychology of Optimal Experience, Harper Parennial Modern Classics Edition, S. XI (2008).

7 Bryant/Veroff: Savoring: A New Model for Positive Experience (2006).

8 Siehe zum Beispiel: Erisman/Roemer: A preliminary investigation of the effects of experimentally induced mindfulness on emotional responding to film clips, in: Emotion, 10, S. 72–82 (2010).

9 Im Englischen klingt die Aussage von Fred Bryant noch schöner: »People who savor together, stay together«, abrufbar unter: https://greatergood.berkeley.edu/article/item/10_steps_to_savoring_the_good_things_in_life (Zugriff am 30.11.2021).

10 McIntosh: Facial feedback hypotheses: Evidence, implications, and directions, in: Motivation and Emotion, 20, S. 121–147 (1996); Adelmann/Zajonc: Facial efference and the experience of emotion, in: Annual Review of Psychology, 40, S. 249–280 (1989).

11 Le Bel/Dube, zitiert nach Bryant/Veroff: Savoring: A New Model for Positive Experience, S. 15 (2006); siehe vertiefend dazu auch Carriere/Cheyne/Smilek: Everyday attention lapses and memory failures: The affective consequences of mindlessness, in: Consciousness and Cognition, 17, S. 835–847 (2008).

12 Gross/John: Individual differences in two emotion regulation processes: Implications for affect, relationships, and well-being, in: Journal of Personality and Social Psychology, 85, S. 348–362 (2003).
13 Polman: Why are maximizers less happy than satisficers? Because they maximize positive and negative outcomes, in: Journal of Behavioral Decision Making, 23, S. 179–190 (2010); Schwartz et al.: Maximizing versus satisfying: Happiness is a matter of choice, in: Journal of Personality and Social Psychology, 83, S. 1178–1197 (2002).
14 Quoidbach, J., et al.: Positive emotion regulation and well-being: Comparing the impact of eight savoring and dampening strategies, in: Personality and Individual Differences 49 (5), S. 368–373 (2010).
15 Ben-Shahar, Tal: Happier. Can You Learn to be Happy? S. 25 (2008).
16 Danner et al.: Positive emotions in early life and longevity: Findings from the nun study, in: Journal of Personality and Social Psychology 80(5), S. 804–813 (2001).
17 Seligman und Schueller, zitiert nach Sonja Lyubomirsky: The How of Happiness. A Practical Guide to Getting the Life You Want, S. 199 (2010).
18 Paul Watzlawick: Anleitung zum Unglücklichsein, Piper-Ausgabe, 29. Aufl., S. 22 (2015).
19 Tulving, Endel: Memory and Consciousness, in: Canadian Psychology (26), S. 1–12 (1985).
20 Siehe etwa Feldman/Joormann/Johnson: Responses to positive affect: A self-report measure of rumination and dampening, in: Cognitive Therapy and Research, 32, S. 507–525 (2008), mit weiteren Nachweisen.
21 Bryant/Smart/King: Using the past to enhance the present: Boosting happiness through positive reminiscence, in: Journal of Happiness Studies, 6, S. 227–260 (2005).
22 Ebd., S. 242, eigene Übersetzung und eigene Hervorhebungen.
23 Lyubomirsky/Sousa/Dickerhoof: The costs and benefits of writing, talking, and thinking about life's triumphs and defeats, in: Journal of Personality and Social Psychology, 90, S. 692–708 (2006).
24 Ebd., S. 706.
25 MacLeod/Byrne: Anxiety, depression, and the anticipation of future positive and negative experiences, in: Journal of Abnormal Psychology (105), S. 286–289 (1996).
26 MacLeod/Conway: Well-being and the anticipation of future positive experiences: The role of income, social networks, and planning ability, in: Cognition and Emotion (19), S. 357–373 (2005).
27 Quoidbach/Wood/Hansenne: Back to the future: The effect of daily practice of mental time travel into the future on happiness and anxiety, in: The Journal of Positive Psychology, 4, S. 349–355 (2009).

28 Es ist ein Zitat aus meiner Erinnerung, also kein wörtliches. Sinngemäß gibt es aber den Gedanken wieder, der mich vor achtzehn Jahren stark beeindruckt hat.

29 McCullough/Emmons/Tsang: The grateful disposition: A conceptual and empirical topography, in: Journal of Personality and Social Psychology, 82, S. 112–127 (2002).

30 Watkins/Woodward/Stone/Kolts: Gratitude and happiness: Development of a measure of gratitude, and relationships with subjective wellbeing, in: Social Behavior and Personality, 31, S. 431–452 (2003); McCullough/Tsang/Emmons: Gratitude in intermediate affective terrain: Links of grateful moods with individual differences and daily emotional experience, in: Journal of Personality and Social Psychology, 86, S. 295–309 (2004).

31 Wood/Joseph/Linley: Coping style as a psychological resource of grateful people, in: Journal of Social and Clinical Psychology, 26, S. 1108–1125 (2007).

32 Wood/Joseph/Lloyd/Atkins: Gratitude influences sleep through the mechanism of pre-sleep cognitions, in: Journal of Psychosomatic Research, 66, S. 43–48 (2009).

33 Wood/Maltby/Gillett/Linley/Joseph: The role of gratitude in the development of social support, stress, and depression: Two longitudinal studies, in: Journal of Research in Personality, 42, S. 854–871 (2008).

34 Seligman/Steen/Park/Peterson: Positive psychology progress: Empirical validation of interventions, in: American Psychologist, 60, S. 410–421 (2005).

35 Emmons/McCullough: Counting blessings versus burdens: An experimental investigation of gratitude and subjective well-being in daily life, in: Personality & Social Psychology, 88, S. 377–389 (2003).

36 Lyubomirsky/Sheldon/Schkade: Pursuing happiness: The architecture of sustainable change, in: Review of General Psychology, 9(2), S. 111–131 (2005).

37 Seligman/Steen/Park/Peterson: Positive psychology progress: Empirical validation of interventions, in: American Psychologist, 60, S. 410–421 (2005).

38 Dieses Ergebnis sowie die Anleitung zur Übung stammt von Martin Seligman persönlich, siehe dazu Seligman: Flourish: A Visionary New Understanding of Happiness and Well-Being, S. 30–31 (2011).

39 Baer et al.: Using self-report assessment methods to explore facets of mindfulness, in: Assessment, 13 (27), S. 27–45 (2006); später entstand auch die deutsche Adaption des 5-Faktoren-Modells hier: Michalak et al.: Erfassung von Achtsamkeit mit der deutschen Version des Five Facet Mindfulness Questionnaires (FFMQ-D), in: Zeitschrift für Gesundheitspsychologie, 24 (1), S. 1–12 (2016).

40 Hollis-Walker/Colosimo: Mindfulness, self-compassion, and happiness in non-meditators: A theoretical and empirical examination, in: Personality and Individual Differences 50, S. 222–227 (2011); Brown/Ryan: The Benefits of Being Present: Mindfulness and Its Role in Psychological Well-Being, in: Journal of Personality and Social Psychology, 84, S. 822–848 (2004); Campos et al.:

Meditation and happiness: Mindfulness and self-compassion may mediate the meditation–happiness relationship, in: Personality and Individual Differences 93, S. 80–85 (2016); Kong/Wang/Zhao: Dispositional mindfulness and life satisfaction: The role of core self-evaluations, in: Personality and Individual Differences 56, S. 165–169 (2014); Diener/Oishi/Lucas: Personality, culture, and subjective wellbeing: Emotional and cognitive evaluations of life, in: Annual Review of Psychology, 54(1), S. 403–425 (2003); Fredrickson et al.: Open Hearts Build Lives: Positive Emotions, Induced Through Loving-Kindness Meditation, Build Consequential Personal Resources, in: Journal of Personality and Social Psychology, 95(5), S. 1045–1062 (2008); Keng/Smoski/Robins: Effects of Mindfulness on Psychological Health: A Review of Empirical Studies, in: Clinical Psychology Review, 31(6), S. 1041–1056 (2011).

41 Brown/Ryan: The Benefits of Being Present: Mindfulness and Its Role in Psychological Well-Being, in: Journal of Personality and Social Psychology, 84, S. 822–848 (2004); Falkenström: Studying mindfulness in experienced meditators: A quasiexperimental approach, in: Personality and Individual Differences, 48(3), S. 305–310 (2010).

42 Daniel Goleman: Emotional Intelligence: Why I Can Matter More Than IQ (1995).

43 Dieses interessante »Natürlichkeitsargument« habe ich vom Dalai Lama, siehe: The Dalai Lama / Howard Cutler: The Art of Happiness. A Handbook for Living, 10. Aufl., S. 233 (2009).

44 Max Tholl: Die gefährlichen Folgen der Achtsamkeitslehre, in: Der Tagesspiegel vom 19.08.2019, abrufbar unter: https://www.tagesspiegel.de/kultur/totalitarismus-der-selbstoptimierung-die-gefaehrlichen-folgen-der-achtsamkeitslehre/24915166.html (Zugriff am 30.11.2021).

45 Martin Seligman: Learned Optimism. How to Change Your Mind and Your Life, zuerst veröffentlicht 1990, die nachfolgenden Seitenverweise beziehen sich auf die Vintage Books Edition von Random House aus dem Jahr 2006.

46 Seligman: Learned helplessness, in: Annual Review of Medicine. 23 (1), S. 407–412 (1972).

47 Hiroto: Locus of control and learned helplessness, in: Journal of Experimental Psychology, 102 (2), S. 187–193 (1974).

48 Beispiele angelehnt an Seligman, Learned Optimism, S. 44–45.

49 Ebd., S. 46–48.

50 Ebd., S. 49–50.

51 Das ABCDE-Modell ist eine Weiterentwicklung des ABC-Modells von Albert Ellis, Seligman, Learned Optimism, S. 211.

52 Ebd., S. 223.

53 Lyubomirsky: The How of Happiness. A Practical Guide to Getting the Life You Want, S. 172 (2010).

54 Scheier et al.: Dispositional optimism and recovery from coronary artery bypass surgery: The beneficial effects on physical and psychological well-being, in: Journal of Personality and Social Psychology 57(6), S. 1024–1040 (1989).

55 Seligman et al.: Explanatory style as a mechanism of disappointing athletic performance, in: Psychological Science 1(2), S. 143–146 (1990).

56 Daniel Gilbert: Stumbling on Happiness, S. 168 (2006).

57 Ebd., S. 208–209.

58 Ebd., S. 208.

59 Gilbert/Wilson: Miswanting: Some problems in the forecasting of future affective states, in: Thinking and feeling: The role of affect in social cognition, hrsg. von Joseph P. Forgas, S. 178–197 (2000).

60 Ebd., S. 179–183.

61 Ebd., S. 183.

62 Gilbert et al.: Immune Neglect: A Source of Durability Bias in Affective Forecasting, in: Journal of Personality and Social Psychology, Band 75 (3), S. 617–638 (1998).

63 Wang-Sheng/Johnston: Extra Status and Extra Stress: Are Promotions Good for Us?, in: Industrial and Labor Relations Review 66 (1), S. 32–54 (2013).

64 Umfrage in der Chicago Tribune von 1987, zitiert nach Sonja Lyubomirsky: The How of Happiness. A Practical Guide to Getting the Life You Want (2010), S. 44.

65 Kahneman/Deaton: High income improves evaluation of life but not emotional well-being, in: PNAS, 107(38), S. 16489–16493 (2010).

66 Matthew A. Killingsworth: Experienced well-being rises with income, even above $75,000 per year, in: PNAS 118 (4), S. 1–6 (2021).

67 Ebd., S. 4

68 Zitiert nach Martin Seligman: Authentic Happiness, S. 52.

69 Lucas et al.: Reexamining Adaptation and the Set Point Model of Happiness: Reactions to Changes in Marital Status, in: Journal of Personality and Social Psychology, 84(3), S. 527–539 (2003).

70 Ergebnis der Studie des National Opinion Research Centers, zitiert nach Martin Seligman: Authentic Happiness, S. 55.

71 Siehe etwa: Hansen: Parenthood and happiness: A review of folk theories versus empirical evidence, in: Social Indicator Research 108(1), S. 29–64 (2012); Stanca: Suffer the little children: Measuring the effects of parenthood on well-being worldwide, in: Journal of Economic Behavior and Organization 81(3), S. 742–750 (2012).

72 Deaton/Stone: Evaluative and hedonic wellbeing among those with and without children at home, in: PNAS 111 (4), S. 1328–1333 (2014).

73 Glass/Simon/Andersson: Parenthood and Happiness: Effects of Work-Family Reconciliation Policies in 22 OECD Countries, in: American Journal of Sociology, 122(3), S. 886–929 (2016).

74 Blanchflower/Clark: Children, Unhappiness and Family Finances, in: Journal of Population Economics, S. 625–653 (2021).
75 Levine: Accuracy and artifact: Reexamining the intensity bias in affective forecasting, in: Journal of Personality and Social Psychology, 103(4), S. 584–605 (2012).
76 Gilbert et al.: Immune neglect: A source of durability bias in affective forecasting, in: Journal of Personality and Social Psychology, Band 75, S. 617–638 (1998).
77 Ebd.
78 Nickerson et al.: Zeroing on the Dark Side of the American Dream: A Closer Look at the Negative Consequences of the Goal for Financial Success, in: Psychological Science, 14, S. 531–536 (2003).
79 Cohen/Cohen, zit. nach: Lyubomirsky: The How of Happiness, S. 42.
80 Nickerson et al.: Zeroing on the Dark Side of the American Dream: A Closer Look at the Negative Consequences of the Goal for Financial Success, in: Psychological Science, 14, S. 531–536 (2003).
81 Richins: Social Comparison, Advertising, and Consumer Discontent, in: American Behavioral Scientist, 38(4), S. 593–607 (1995).
82 Schkade/Kahneman: Does living in California make people happy? A focusing illusion in judgements of life satisfaction, in: Psychological Science 9, S. 340–346 (1998).
83 Wengle: The Psychology of Cosmetic Surgery: A crictical overview over the literature 1960–1982 Part I, in: Annals of Plastic Surgery 16(5), S. 435–443 (1986).
84 Jackson et al.: Psychological changes following weight loss in overweight and obese adults: A prospective cohort study, in: PLOS, 9(8), S. 1–8 (2014).
85 Diener/Suh: Age and subjective well-being: An international analysis, in: Annual Review of Gerontology, 17, S. 304–324 (1998).
86 Bertrand Russell: The Conquest of Happiness, S. 84 (2013), eigene (freie) Übersetzung und eigene Hervorhebungen.
87 Abrufbar unter: https://www.youtube.com/watch?v=PkzZd_tbkFw (Zugriff am 30.11.2021).
88 Solnick and Hemenway: Is more always better?: A survey on positional concerns, in: Journal of Economic Behavior and Organization, 37, S. 373–383 (1997).
89 Medvec et al.: When less is more: Counterfactual thinking and satisfaction among Olympic medalists, in: Journal of Personality and Social Psychology, 69(4), S. 603–610 (1995).
90 Kenrick et al.: Effects of physical attractiveness on affect and perceptual judgments: When social comparison overrides social reinforcement, in: Personality and Social Psychology Bulletin, 19(2), S. 195–199 (1993).

91 Kenrick et al.: Influence of popular erotica on judgments of strangers and mates, in: Journal of Experimental Social Psychology, 25(2), S. 159–167 (1989).

92 Vogel et al.: Social comparison, social media, and self-esteem, in: Psychology of Popular Media Culture, 3(4), S. 206–222 (2014).

93 Feinstein et al.: Negative social comparison on Facebook and depressive symptoms: Rumination as a mechanism. Psychology of Popular Media Culture *2*(3), S. 161–170 (2013).

94 Burleigh/Meegan: Keeping Up with the Joneses Affects Perceptions of Distributive Justice, in: Social Justice Research, 26(2), S. 120–131 (2013).

95 Abrufbar unter: https://www.nytimes.com/interactive/2017/01/18/upshot/some-colleges-have-more-students-from-the-top-1-percent-than-the-bottom-60.html (Zugriff am 30.11.2021).

96 Abrufbar unter: https://charlierose.com/videos/29774 (Zugriff am 30.11.2021).

97 Perlow: The Time Famine: Toward a Sociology of Work Time, in: Administrative Science Quarterly, 44(1), S. 57–81 (1999).

98 Hershfield et al.: People who choose time over money are happier, in: Social Psychological and Personality Science, 7(7), S. 697–706 (2016); Whillans et al.: Valuing time over money is associated with greater happiness, in: Social Psychological and Personality Science, 7(3), S. 213–222 (2016).

99 Mogilner: The pursuit of happiness: Time, money, and social connection, in: Psychological Science, 21, S. 1348–1354 (2010).

100 Van Boven/Gilovich: To do or to have? That is the question. Journal of Personality and Social Psychology, 85, S. 1193–1202 (2003); Gilovich/Kumar: We'll always have Paris: The hedonic payoff from experiential and material investments, in: Zanna/Olson (Hrsg.): Advances in Experimental Social Psychology, Band 51, S. 147–187 (2015).

101 Mogilner: The pursuit of happiness: Time, money, and social connection, in: Psychological Science, 21, S. 1348–1354 (2010).

102 Seneca: Von der Kürze des Lebens, Absatz 3.

103 Wir kennen es als deutsches Sprichwort, doch genau genommen stammt der Gedanke vom römischen Konsul Appius Claudius Caecus, der bereits vor circa 2300 Jahren diesen Spruch genau so formulierte – nur eben in seiner Muttersprache. Für die Lateiner unter den LeserInnen: Fabrum esse suae quemque fortunae.

104 Mihaly Csikszentmihalyi: Flow. The Psychology of Optimal Experience, Harper Parennial Modern Classics Edition, S. 75 f. (2008).

105 Csikszentmihalyi: Flow, S. 49 ff.

106 Mihaly Csikszentmihalyi: Finding Flow: The Psychology of Engagement with Everyday Life, S. 31 (1997).

107 Christopher Peterson: A Primer in Positive Psychology, S. 67 (2006).

108 Aristoteles: Nikomachische Ethik, Erstes Buch, 1098 a10 – 1098 a20.

109 Seligman: Authentic Happiness, S. 132 f. (2002).

110 Ebd., S. 133.

111 Peterson/Seligman: Character Strengths and Virtues: A Handbook and Classification, Band 1 (2004).

112 Seligman et al.: Positive Psychology Progress: Empirical Validation of Interventions, in: The American Psychologist, 60, S. 410–421 (2015).

113 Lavy/Littman-Ovadia: My better self: Using strengths at work and work productivity, organizational citizenship behavior, and satisfaction, in: Journal of Career Development, 44(2), S. 95–109 (2017).

114 Harzer/Ruch: When the job is a calling: The role of applying one's signature strengths at work, in: The Journal of Positive Psychology, 7, S. 362–371 (2012).

115 Der Grundgedanke wird häufig auf Aristoteles zurückgeführt, wobei der Spruch anscheinend vom Jesuiten Franz Xaver aufgegriffen und grundlegend für die jesuitische Kindererziehung wurde. Den wahren Urheber des Ausspruchs konnte ich nicht ausfindig machen – er möge mir dafür bitte verzeihen.

116 Hier zur Playlist der 7-Up-Doku: https://www.youtube.com/watch?v=dwfyPcnQvWA&list=PLy_jRzSRPN107O77P5y1atZxXhjLRLWjY (Zugriff am 30.11.2021).

117 Alle Informationen und wissenschaftlichen Hintergründe dazu hier schön aufbereitet: https://www.adultdevelopmentstudy.org/ (Zugriff am 30.11.2021).

118 Aus einem CBC-Interview mit George Vaillant, eigene Übersetzung und eigene Hervorhebungen: https://www.cbc.ca/news/science/study-proves-beatles-right-all-you-need-is-love-1.813624 (Zugriff am 30.11.2021).

119 TEDx-Talk von Robert Waldinger: What makes a good life?, abrufbar unter https://www.youtube.com/watch?v=8KkKuTCFvzI (Zugriff am 30.11.2021).

120 Waldinger/Schulz: What's love got to do with it? Social functioning, perceived health, and daily happiness in married octogenarians, in: Psychology and Aging, 25(2), S. 422–431 (2010).

121 Diener & Seligman: Very happy people, in: Psychological Science, 13(1), S. 81–84 (2002).

122 Ebd., S. 83 (eigene Übersetzung).

123 Boothby et al.: Shared experiences are amplified, in: Psychological Science, 25(12), S. 2209–2216 (2014).

124 Berkman et al.: Emotional support and survival after myocardial infarction: a prospective, population-based study of the elderly, in: Annals of Internal Medicine 117(12), S. 1003–1009 (1992).

125 Friedrich Nietzsche: Also sprach Zarathustra, S. 33 ff. (Band 1 der Chemnitz-Ausgabe von 1883).

126 Dinges et al.: Cumulative sleepiness, mood disturbance and psychomotor vigilance performance decrements during a week of sleep restricted to 4–5 hours

per night, in: Sleep: Journal of Sleep Research & Sleep Medicine, 20(4), S. 267–277 (1997).

127 Matthew Walker: Why We Sleep. The New Science of Sleep and Dreams (2017).

128 Ebd., S. 209 f.

129 Ebd., S. 212.

130 Hogenkamp et al.: Acute sleep deprivation increases portion size and affects food choice in young men, in: Psychoneuroendocrinology, S. 1668–1674 (2013).

131 Chapman et al.: Acute sleep deprivation increases food purchasing in men, in: Obersity 21 (12), S. 555–560 (2013).

132 Die Studie von Mark Chattington ist abrufbar unter https://www.sciencedaily.com/releases/2007/06/070611074133.htm (Zugriff am 30.11.2021).

133 Die Studie von Sheldon Cohen ist abrufbar unter https://www.cmu.edu/homepage/health/2009/winter/not-sleeping.shtml (Zugriff am 30.11.2021).

134 Ellenbogen et al.: The role of sleep in declarative memory consolidation: passive, permissive, active or none?, in: Current Opinion in Neurobiology 6(6), S. 716–722 (2006).

135 Cappuccio et al.: Sleep duration predicts cardiovascular outcomes: a systematic review and meta-analysis of prospective studies, in: European Heart Journal, S. 1484–1492 (2011).

136 Liu et al.: Sleep Duration and Chronic Diseases among US Adults Age 45 Years and Older: Evidence From the 2010 Behavioral Risk Factor Surveillance System, in: Sleep, S. 1421–1427 (2013).

137 Hier ist die Kausalitätsbeziehung nicht eindeutig. Es kann sein, dass gerade jene Menschen, die bestimmte Krankheiten haben, viel mehr schlafen (zum Beispiel wegen Depressionen).

138 Thompson et al.: Short duration of sleep increases risk of colorectal adenoma, in: Cancer, 117 (4), S. 841–847 (2014).

139 Jensen et al.: Association of Sleep Disturbances With Reduced Semen Quality: A Cross-sectional Study Among 953 Healthy Young Danish Men, in: American Journal of Epidemiology, 177 (10), S. 1027–1037 (2013).

140 Cappuccio et al.: Sleep duration and all-cause mortality: a systematic review and meta-analysis of prospective studies, in: Sleep 33 (5), S. 585–592 (2010).

141 Walker: Why We Sleep, S. 341 f.

142 Siehe den Duden-Eintrag zum Thema Glaube, abrufbar unter https://www.duden.de/rechtschreibung/Glaube (Zugriff am 30.11.2021).

143 Planon: Symposion, Didot-Edition, 207 St.3 A – 208 St.3 A.

144 Epiktet: Handbüchlein der Moral, hrsg. von Wolfgang Kraus, S. 14 (1987).

145 Carol Dweck: Mindset. The New Psychology of Success (2006).

146 Nussbaum/Dweck: Defensiveness versus remediation: Self-theories and modes of self-esteem maintenance, in: Personality and Social Psychology Bulletin 34 (5), S. 599–612 (2008).
147 Moser et al.: Mind your errors: Evidence for a neural mechanism linking growth mind-set to adaptive posterror adjustments, in: Psychological Science 22 (12), S. 1484–1489 (2011).
148 So Carol Dweck im Gespräch bei »Talks at Google« 2015, abrufbar unter https://www.youtube.com/watch?v=-71zdXCMU6A (Zugriff am 30.11.2021).
149 Kamins/Dweck: Person versus process praise and criticism: implications for contingent self-worth and coping, in: Developmental Psychology 35 (3), S. 835–847 (1999).
150 Blackwell et al.: Implicit theories of intelligence predict achievement across an adolescent transition: A longitudinal study and an intervention, in: Child Development 78(1), S. 246–263 (2007).
151 Sheldon et al.: How to increase and sustain positive emotion: The effects of expressing gratitude and visualizing best possible selves, in: The Journal of Positive Psychology, 1(2), S. 73–82 (2006).
152 King: The health benefits of writing about life goals, in: Personality and Social Psychology Bulletin, 27, S. 798–807 (2001).
153 Der Wortlaut der Übung ist entnommen von Sheldon et al.: How to increase and sustain positive emotion: The effects of expressing gratitude and visualizing best possible selves, in: The Journal of Positive Psychology 1(2), S. 76 f. (2006).
154 Pennebaker et al.: Patterns of natural language use: Disclosure, personality, and social integration, in: Current Directions in Psychological Science, 10(3), S. 90–93 (2001); Singer: Narrative identity and meaning making across the adult lifespan: An introduction, in: Journal of Personality, 72(3), S. 437–460 (2004).
155 Sheldon et al.: How to increase and sustain positive emotion: The effects of expressing gratitude and visualizing best possible selves, in: The Journal of Positive Psychology, 1(2), S. 80 (2006).
156 Daniel Kahneman: Schnelles Denken, langsames Denken (Penguin-Ausgabe 14. Auflage), S. 365–375 (2012).
157 Kahneman et al.: When more pain is preferred to less: Adding a better end, in: Psychological Science 4, S. 401–405 (1993).
158 Kahneman: Schnelles Denken, langsames Denken, S. 472.
159 Redelmeier/Kahneman: Patients' Memories of Painful Medical Treatments: Real-time and retrospective evaluations of two minimally invasive procedures, in: Pain 66, S. 3–8 (1996).
160 Kahneman: Schnelles Denken, langsames Denken, S. 470.
161 Shih et al.: Stereotype susceptibility: Identity salience and shifts in quantitative performance, in: Psychological Science, 10(1), S. 80–83 (1999).

162 Sanitioso et al.: Motivated recruitment of autobiographical memories, in: Journal of Personality and Social Psychology, 59(2), S. 229–241 (1990).
163 Manchmal wird das Zitat »It's never too late to have a happy childhood« auch Milton Erickson zugeschrieben. Die originale Fundstelle konnte ich leider nicht finden und bitte vorsorglich bei beiden um Verzeihung.
164 Den Song findest du auf ihrem offiziellen YouTube-Kanal: https://www.youtube.com/watch?v=nsRls_7T8kE (Zugriff am 30.11.2021).
165 Eigene Übersetzung.
166 Siehe etwa seinen kurzen Focus-Beitrag als Video hier: https://www.focus.de/finanzen/karriere/management/fuehrungskompetenz/corssen/danke-situation-du-bist-mein-coach-problemloesung_id_2543493.html (Zugriff am 30.11.2021).
167 William Shakespeare: Hamlet, 2. Akt, 2. Szene.
168 Dazu empfehle ich den wunderbaren TED-Talk von Dan Gilbert: »The psychology of your future self«, abrufbar unter: https://www.youtube.com/watch?v=XNbaR54Gpj4 (Zugriff am 30.11.2021).
169 Quoidbach/Gilbert et al.: The End of History Illusion, in: Science 339, S. 96–98 (2013).
170 Das Zitat stammt möglicherweise nicht von Lincoln, sondern wurde ihm vielleicht etwa 50 Jahre nach seinem Tod von Dr. Frank Crane zugeschrieben.
171 Van Tongeren/Burnette: Do you believe happiness can change? An investigation of the relationship between happiness mindsets, well-being, and satisfaction, in: The Journal of Positive Psychology 13 (2), S. 101–109 (2018).
172 Jachtchenko: Dunkle Rhetorik: Manipuliere, bevor du manipuliert wirst, S. 141–148 (2019).
173 Strack/Martin/Schwarz: Priming and Communication: The social determinants of information use in judgements of life satisfaction, in: European Journal of Social Psychology, 18 (5), S. 429–442 (1988).
174 Van Tongeren/Burnette: Do you believe happiness can change? An investigation of the relationship between happiness mindsets, well-being, and satisfaction, in: The Journal of Positive Psychology 13 (2), S. 107 (2018).
175 An dieser Stelle darf ich betonen, dass die beiden Forscher meine Nachfragen zu ihrem Artikel kurzfristig beantwortet und mir die Zusatzmaterialien zu ihrer Studie schnell haben zukommen lassen – eine schöne Geste, für die ich beiden sehr dankbar bin und die mich glücklich gemacht hat.
176 Różycka-Tran et al.: Belief in a zero-sum game as a social axiom: A 37-nation study, in: Journal of Cross-Cultural Psychology 46 (4), S. 525–548 (2015).
177 Ebd.
178 Koo/Suh: Is happiness a zero-sum game? Belief in fixed amount of happiness (BIFAH) and subjective well-being, in: Korean Journal of Social and Personality Psychology 21 (4), S. 1–19 (2007), siehe auch: Paunio et al.: Longitudinal

study on poor sleep and life dissatisfaction in a nationwide cohort of twins, in: American Journal of Epidemiology 169 (2), S. 206–213 (2009).

179 Seligman: Authentic Happiness, S. 45 (2002).

180 Lyubomirsky: The How of Happiness, S. 20, sowie Lyubomirsky et al.: Pursuing Happiness: The Architecture of Sustainable Change, in: Review of General Psychology, 9 (2), S. 111–131 (2005).

181 Um genau zu sein, sieht Seligman den Anteil der Umstände bei 8–15 Prozent, siehe Seligman: Authentic Happiness, S. 61 (2002).

182 Mauss et al.: Can seeking happiness make people unhappy? Paradoxical effects of valuing happiness, in: Emotion 11(4), S. 807–815 (2011).

183 Green/Elliott: Religion, Health, and Psychological Well-Being, in: Journal of Religion and Health 49 (2), S. 149–163 (2010); Pargament: The bitter and the sweet: An evaluation of the costs and benefits of religiousness, in: Psychological Inquiry 13 (3), S. 168–181 (2002) oder Lun/Bond: Examining the relation of religion and spirituality to subjective well-being across national cultures, in: Psychology of Religion and Spirituality 5 (4), S. 304–315 (2013).

184 Koenig et al.: Modeling the cross-sectional relationships between religion, physical health, social support, and depressive symptoms, in: The American Journal of Geriatric Psychiatry 5(2), S. 131–144 (1997).

185 Daten des National Opinion Research Center, zitiert nach Lyubomirsky: The How of Happiness, S. 238–239.

186 Seligman: Authentic Happiness, S. 59.

187 McCullough et al.: Religion and the forgiving personality, in: Journal of Personality 67 (6), S. 1141–1164 (1999).

188 Lyubomirsky: The How of Happiness, S. 245, mit weiteren Nachweisen.

189 Pargament: The psychology of religion and spirituality? Yes and no, in: The International Journal for the Psychology of Religion, 9 (1), S. 3–16 (1999).

190 Pollner: Devine relations, social relations, and well-being, in: Journal of Health and Social Behavior, 30, S. 92–104 (1989).

191 Den Begriff der Sanktifizierung entnehme ich diesem Artikel: Mahoney et al.: Religion and the sanctification of family relationships, in: Review of Religious Research, S. 220–236 (2003). Die Idee, auch weitere Bereiche des Alltags zu »sanktifizieren«, äußerte Lyubomirsky: The How of Happiness, S. 242.

192 Ebd., S. 246–247.

193 Das Zitat wird meist Werner Erhard zugeschrieben, die ursprüngliche Quelle ließ sich leider nicht finden.

194 Siehe etwa Ranzijn/Luszcz: Acceptance: A key to wellbeing in older adults?, in: Australian Psychologist 34 (2), S. 94–98 (1999).

195 Seligman: Flourish: A Visionary New Understanding of Happiness and Well-Being, S. 14 (2011).

196 Viktor Frankl: Man's Search for Meaning, S. 108–109 (2006), eigene Hervorhebungen und eigene Übersetzung.

197 Seligman: Authentic Happiness, S. 249 (2002).
198 Seligman: Flourish: A Visionary New Understanding of Happiness and Well-Being, S. 13 und 18 (2011).
199 Dwyer et al.: Cousins or conjoined twins: how different are meaning and happiness in everyday life?, in: Comprehensive Results in Social Psychology, 2 (2), S. 199–215 (2017).
200 Ebd.
201 Die Definition stammt aus dem Buch von Tal Ben-Shahar: Happier. Can You Learn to Be Happy?, S. 33 (2008).
202 Michael Steger: Meaning in Life and Wellbeing, in: Wellbeing, Recovery, and Mental Health von Slade/Oades/Jarden (Hrsg.), S. 75–85 (2017) mit weiteren Nachweisen.
203 Roepke et al.: Meaning and Health: A Systematic Review, in: Applied Research Quality Life 9, S. 1055–1079 (2014).
204 Brassai et al.: A reason to stay healthy: The role of meaning in life in relation to physical activity and healthy eating among adolescents, in: Journal of Health Psychology 20(5), S. 473–482 (2015).
205 Siehe etwa Davis et al.: Making sense of loss and benefiting from the experience: Two construals of meaning, in: Journal of Personality and Social Psychology, 75(2), S. 561–574 (1998).
206 Wrzesniewski et al.: Crafting a job: Revisioning employees as active crafters of their work, in: Academy of Management Review, 26(2), S. 179–201 (2001).
207 Lyubomirsky: The How of Happiness, S. 245, mit weiteren Nachweisen.
208 Brunstein: Personal goals and subjective well-being: A longitudinal study, in: Journal of Personality and Social Psychology, 65(5), S. 1061–1070 (1993).
209 Earl Nightingale, zit. nach Brian Tracy: Goals! How to get everything you want – faster than you ever thought possible, S. 13 (2010).
210 Ebd., S. 14.
211 Frankl: Man's Search for Meaning, S. 106 (2006).
212 Siehe dazu Wladislaw Jachtchenko: Werde Menschenmagnet! Mit dem achtstufigen Charisma-Code zu mehr Anerkennung und Erfolg, mehr Infos unter www.werde-menschenmagnet.de (Zugriff am 30.11.2021).
213 Die japanische Kultur kennt diese vier Lebensfragen nicht, jedoch steht *ikigai* in Japan für die Aktivitäten und Objekte, für die es sich lohnt, morgens aufzustehen. Das Diagramm stammt ursprünglich von Andres Zuzunaga aus dem Buch »Qué Harías Si No Tuvieras Miedo?« von Borja Vilaseca (2012) und stieg zu großer Popularität auf, während es in der japanischen Ikigai-Auslegung eben nicht um diese vier Fragen geht, sondern um jedwede Aktivitäten, die einem persönlich Glück bescheren, wie Sport, Musik, Familie oder Beziehungen.
214 Sone et al.: Sense of Life Worth Living (Ikigai) and Mortality in Japan: Ohsaki Study, in: Psychosomatic Medicine 70 (6), S. 709–715 (2008).

215 Im Original, aus seinen Essays, III, 13: »Notre grand et glorieux chef-d'oeuvre, c'est vivre à propos. Toutes autres choses, régner, thésauriser, bâtir, n'en sont qu'appendicules et adminicules pour le plus.«

216 Epikur: Philosophie der Freude, übertragen von Paul Laskowski, 17. Aufl., S. 57 (2018).

217 Die Definition stammt aus dem Buch von Tal Ben-Shahar: Happier. Can You Learn to Be Happy?, S. 33 (2008).

218 Ebd., S. 46–49.

219 Jeremy Bentham: An Introduction in the Principles of Morals and Legislation (1781), Kapitel 1.

220 Ebd.

221 Peter M. Gollwitzer: Goal achievement: The role of intentions, in: European Review of Social Psychology 4, S. 141–185 (1993).

222 Ai Weiwei: Waiwai-isms, herausgegeben von Larry Warsh, S. 2 (2012).

223 Das Zitat selbst stammt übrigens nicht von Aristoteles, sondern vom Philosophen Will Durant in seinem Buch »The Story of Philosophy« (1926), in dem er den aristotelischen Grundgedanken aus Kapitel 2 der »Nikomachischen Ethik« schön auf den Punkt bringt. Wegen der prägnanten Formulierung darf Durants Name nicht unerwähnt bleiben.

Register

MENSCHEN ÜBERZEUGEN
mit Wladislaw Jachtchenko

Überzeugen ist kein Zufall, sondern eine erlernbare Kunst. In Wladislaw Jachtchenkos kostenfreiem Podcast »Menschen überzeugen« lernst du die effektivsten Überzeugungstechniken für Beruf und Alltag. Seine Gäste sind Politiker, CEOs, Speaker, Philosophen, Juristen, Künstler und andere Rhetorikprofis, die dank ihrer Überzeugungskraft erfolgreich geworden sind.

https://argumentorik.podbean.com/